朱子百题

肖 铮 — 主编

武夷学院朱子学研究中心 — 编

厦门大学出版社　国家一级出版社

XIAMEN UNIVERSITY PRESS　全国百佳图书出版单位

图书在版编目(CIP)数据

朱子百题/肖铮主编;武夷学院朱子学研究中心编. —厦门:厦门大学出版社,2018.11
ISBN 978-7-5615-7111-8

Ⅰ.①朱… Ⅱ.①肖…②武… Ⅲ.①朱熹(1130—1200)—哲学思想—问题解答
Ⅳ.①B244.7-44

中国版本图书馆 CIP 数据核字(2018)第 224448 号

出 版 人	郑文礼
责任编辑	薛鹏志
封面设计	蒋卓群
技术编辑	朱 楷

出版发行　厦门大学出版社

社　　　址	厦门市软件园二期望海路 39 号
邮政编码	361008
总 编 办	0592-2182177　0592-2181406(传真)
营销中心	0592-2184458　0592-2181365
网　　　址	http://www.xmupress.com
邮　　　箱	xmup@xmupress.com
印　　　刷	厦门集大印刷厂

开本	720 mm×1 000 mm　1/16
印张	20
插页	2
字数	320 千字
印数	1～3 000 册
版次	2018 年 11 月第 1 版
印次	2018 年 11 月第 1 次印刷
定价	68.00 元

厦门大学出版社
微信二维码

厦门大学出版社
微博二维码

本书如有印装质量问题请直接寄承印厂调换

《朱子百题》编委会名单

编委会主任

肖　铮　中共武夷学院党委书记

编委成员

李存山　中国社会科学院哲学所研究员
朱杰人　华东师范大学教授
黎　昕　福建省社会科学院研究员
姚进生　武夷学院教授
蔡方鹿　四川大学教授
张品端　武夷学院研究员
徐公喜　上饶师范学院教授
解光宇　安徽大学教授
朱人求　厦门大学教授
杨儒宾　台湾清华大学教授
陈昭瑛　台湾大学教授
张崑将　台湾师范大学教授
冯会明　上饶师范学院教授
周茶仙　上饶师范学院教授
吴吉民　《朱子文化》杂志副研究员
黄柏翰　武夷学院副教授
黎晓玲　武夷学院助理研究员
钟鑫焱　武夷学院博士后
王志阳　武夷学院博士
陈国代　武夷学院副研究馆员

前　言

　　朱子学作为中华传统文化的组成部分,自南宋诞生以来,一直受到各方的重视。今逢盛世,习近平总书记非常重视儒家思想的宣传、挖掘和利用,而福建将朱子文化建设当作第一文化品牌,自上而下形成共识。由于朱子思想博大精深,著作文字浩瀚,普通读者难以入手。为此,武夷学院朱子学研究中心专家提出编写一本基础性读物,以满足读者需要。基于此认识,该中心负责组织国内一批相关专家学者,从朱子思想宝库中,选择百题进行阐述,兼顾不同读者群的需要,做到雅俗共赏。

　　朱子是著名的理学家、教育家、文献家,在中华学术文化历史上占有重要地位。钱穆先生说:"在中国历史上,前古有孔子,近古有朱子,此两人,皆在中国学术思想史及中国文化史上发出莫大声光,留下莫大影响。旷观全史,恐无第三人堪与伦比。孔子集前古学术思想之大成,开创儒学……北宋理学兴起,乃儒学之重光。朱子崛起南宋,不仅能集北宋以来理学之大成,并亦可谓其乃集孔子以下学术思想之大成。"朱子毕生从事著述与讲学活动,是中国文化史上著述最多,留下文字最多,影响最深远者。纵观朱子存世文献,煌煌二千多万字,涉及当时社会生活的方方面面,内容相当丰富。就今日学科而言,一般分为哲学、文学、历史学、经济学、法学、教育学、理学、工学、农学、医学、军事学、管理学和艺术学等十三大门类,各门类下分若干学科。朱子著作的内容,几乎覆盖上述各门类,横贯自然学科与社会学科,上自天文,下至地理,宇宙间万事万物,无不究及,而对人和人类社会的关注,又是重中之重。本书从中选择一百个题目,基本上兼顾到各学科,但不是各学科均衡分配,而是有所侧重。如此编排的目的,在于启发读者对朱子研究,应从多学科入手。

朱子学是一门显学,其自身的价值及其影响的深远,国内外学术界越来越重视,研究越来越广泛,越来越深入,成果也日益丰富起来。本书的面世,将有益于朱子文化的普及宣传。由于本书面向的是各种文化群体,因此有许多要求,如在选题上,做到难易结合;在语言表达上,做到通俗易懂;在篇幅上,做到短小精悍。专家学者们,为此做出努力,为尚不能专业从事朱子研究者搭建了从彼岸到此岸的一座津梁。

编　者

2018 年 9 月 18 日

目　　录

何谓太极

儒家重人伦日用,所以长期以来缺乏系统的宇宙论,直到北宋明理学的出现,才弥补了这套理论。宋代以前,占主导地位的是宇宙生成论,北宋周敦颐率先从本体论角度思考宇宙本源问题。他对道教的《太极图》进行儒家哲学的改造和阐释,撰写《太极图说》。通过对宇宙的化生,万物的生成,最后推出人以及人的伦理与道德,从而完成了对儒家伦理的形而上的论证。

朱子对周敦颐的"太极"理论,从本体论上做了提升,赋予太极以理的内涵。他说:"极是道理之极至。"①"总天地万物之理,便是太极。"②"太极只是天地万物之理。在天地言,则天地中有太极;在万物言,则万物中各有太极。"③在朱子那里,除了具体的理,还有一个总括一切的理,它是万理的总和,众理的全体,这就是"太极"。太极是天地万物之理的总名,天地万物"本乎一源",都出自太极。

天地总体太极与万物之太级相互之间,是某种秉受的映照关系。朱子说:"本只是一太极,而万物各有禀受,又自各全具一太极尔。如月在天,只一而已,及散在江湖,则随处而见。"④这总体与分体之间的太极,彼此又是分与合的关系。他说:"合而言之,万物统体一太极也;分而言之,一物各具一太极也。"⑤这种"总体一太极"与分体"各具一太极"的区分,带有古代朴素系统论的萌芽。在这个系统中,整体的总系与分体的子系,构成了二重结构的运动。但其论述这总体与分体相互联结与协同运动时,往往带有当时"理一分殊"的性质。这在人类科学思想史上是很有价值的。

太极,如果从其理论渊源上探本求源,似乎朱子论太极的渊源来自《周

---

① 朱熹:《太极图说解》。
② 黎靖德:《朱子语类》卷九四。
③ 黎靖德:《朱子语类》卷一。
④ 黎靖德:《朱子语类》卷九四。
⑤ 朱熹:《太极图说解》。

易》，所谓"易有太极，是生两仪"，"一阴一阳之谓道"，即以"太极"与"阴阳"来阐发本体与万物的关系。朱子认为，太极是阴阳对立统一体的变易运动之理。他说："一阴一阳之谓道，阴阳，气也。其所以一阴一阳循环不已者，乃道也。"①"而其动其静，则必有所以动静之理焉，是则所谓太极也。"②太极作为二气五行之理的整体，从而形成一切存在物的共同本性。天地万物所禀有的阴阳五行之理也是其行为的最高法则。这也就是说，一切存在物的存在根据与它们的运动、变化的规律是一致的。

朱子认为，太极变异系统运动，往往还表现为一定运动层次的转换。他说："太极非是别为一物，即阴阳而在阴阳，即五行而在五行，即万物而在万物，只是一个理而已。"③"太极便是一，到得生两仪时，这太极便在两仪中；生四象时，这太极便在四象中；生八卦时，这太极便在八卦中。"④随着系统变易运动，太极转换为一定的层次，而其体用关系亦发生某种转换。尤其是他提出形而上下为标界的理气体用转换观，是很有意义的。

对"无极而太极"，朱子把"无极"解释为"无形"，把"太极"解释为"有理"。"无极而太极"就是"无形而有理"。"无形"是说"理"不可感知，"有理"是指"理"是真实存在。他强调，物之理虽"无形"，却真实存在（"有理"）。他认为，真实存在的世界与理想的世界有严格区别，但两者都要讲。如果不讲"理"是无形的一面，则"理"便等同于个别的，有形的事物，而不是为万物变化的根本；如果不讲"理"是真实存在（"无形而有理"）的一面，则"理"就沦为空虚寂灭的东西，而不能成为万物变化的根本。朱子用"理"和"太极"来统摄理想和现实中的一切，使现实与理想、感性和理性、相对和绝对统一起来。朱子"太极即理"论，确实达到了前代任何一个哲人所没有达到的高度。

这里的"太极即理"，是意味着最终的本体和最高的法则是"合二而一"的，意味着儒家的伦理之理从今就有一个至上的、唯一的、绝对的至极本体的支撑，形成一个超越的境界，作为"入圣"的根据。但又不把超越境界和现实境界隔绝开来，既能成为"万化根本"，又能"不属有无"、"不落方体"，以使整

---

① 黎靖德：《朱子语类》卷九五。
② 朱熹：《晦庵先生朱文公文集》卷四五，《答杨子直》。
③ 黎靖德：《朱子语类》卷九四。
④ 黎靖德：《朱子语类》卷二七。

个思想体系保持对芸芸众生的魅力。中国传统儒学一直以伦理道德说教为主的现实品格至此，方从根本上获得哲学本体上的根据，整个面貌也随之一新。

在朱子看来，理与人的理性是一致的，是一种世界理性。因此，人的理性按其本性说来是能够认识和把握理和太极的，这就是朱子"格物穷理"思想的本质。朱子强调"穷理"。"穷"可以训释为对形而上的本体"理"的追根穷底的探讨，它的途径是"求理于事物"。朱子说："人心之灵莫不有知，而天下之物莫不有理。惟于理有未穷，故其知有不尽也。"①而穷其理，关键在于"以求至乎其极"，这个"极"便是"太极"，而"太极"是人人有，物物有的。朱子认为，人心之知与世界之理本质上是一致的，人只要不断地依靠自己的理性与"格物"，就可能达到对理的全体，即"太极"的认识。这里也可以看出，朱子的"太极即理"论，使中国哲学对人与外部世界总的关系问题的探讨提高到一个新的层面。而这种提高，特别表现在它开创了统一认知主体与客体的新思维方式，即"格物穷理"上。这对中国文化史和中国科技史的发展都有着重要的影响。后人曾将自然科学称作"格致之学"。

就价值意义上，朱子从本性论出发，认为"太极"是极好至善的表德，是人行为最高准则。他说："太极本无此名，只是个表德。"②这种表彰道德的心态，在一定程度上反映了人的理性自觉，表达了人在天、地、人三才中，追求理想人格和完善道德原则，以更好地尽人性与尽物性，从而赞天地之发育，使人与天、地并立，以实现当时理学家所向往的那种"为天地立志，为生民立道，为去圣继绝学，为万事开太平"的"以道自任"的理想境界。

（张品端）

① 黎靖德：《朱子语类》卷一五。
② 黎靖德：《朱子语类》卷九四。

何谓天理

"天理"二字出现的较早,《庄子·养生主》就有"依乎天理"之说,《韩非子·解老》也有"理者,成物之文也。……万物各异理而道尽稽万物之理"的论断。庄韩的"天理"或"理"是指自然法则的意思,都还停留在条理规律这一层面,未能深入到本体论上。

到了北宋,程颢从本体上提出了"天理"的概念。他说:"吾学虽有授受,但天理二字是自家体贴出来的。"①他有一个命题,说:"天者,理也。"上古儒学把"天"作为本体问题进行思考,特别是《尚书》里边,它保留了作为神格的天的概念,所以就有"皇天震怒"这样的语句出现。程颢将"天理"视为宇宙的普遍法则,这就把上古儒学中一些迷信的东西扬弃掉,"天理"就被发展、诠释为最高的本原性的概念。程颢把儒学从尊"天"上升到讲"理",使儒家的天命论演化为天理观,天人感应的神学发展为天人一本的理学,儒家思想缺乏思辨的弱点得到改善和加强,从而大大增加了儒学的理性成分。这是程颢对理学建立的贡献。

如程颢一样,他的弟弟程颐也提出了理学思想中非常重要的一个命题,就是"性即理"。"性"就是指人的本性,这句话跟程颢所提的命题"天即理",在理学中具有同样重要的地位,都是非常核心的理学命题。程颢是用"理"来规定,界定天的概念,是最高的本体。程颐则用"理"来规定,来解释人的本性。这样,理学便从此具有了真正的意义。

朱子继承了二程天理论的思想。在本体论上,他把"天理"作为哲学的最高范畴,以"天理"为世界的本源,建立了他的"理本论"思想体系。

在朱子学说中,"天理"是什么? 朱子认为,"天理"是一个有着不同层次和内涵的哲学范畴,天理是形而上之道。朱子说:"未有天地之先,毕竟是先

---

① 《河南程氏外书》卷一二。

有此理。……且如万一山河大地都陷了，毕竟理却只在这里。"①这就是说，"天理"是无形体、无方所、无名状、无情意、无计度、无造作，超然于万有之上，不依赖于天地万物而永恒存在，具有超乎感觉、超乎时空的精神本体的性格，即形而上学的超感觉、超时空的绝对精神，是产生天地万物的总根源，即宇宙本体。

天理是客观世界的法则和规律，天地万物各自体现这种法则和规律。朱子说："天下之物，则必各有所以然之故与其所当然之则，所谓理也。"②又说："天命即天道流行而赋予物者，乃事物所以然之故也。"③这里所说的，"事物所以然之故"、"事物所当然之则"，就是"天理"，就是"天道流行"。这个"天理"、"天道流行"，就是事物的规律与法则。这也就是宇宙世界的"天理"，人类的一切行为活动，都要遵循这个"所以然之故"、"所当然之则"，即循天理而行。就"所以然之故"而言，它主要体现为自然界中的普遍规律和原则。如一年四季，春夏秋冬更替，春耕夏作，秋收冬藏。又如，车行之路，舟行之水。这些都是自然界中的普遍规律，也就是天理。就"所当然之则"而言，具有规范，包括道德规范的意义。朱子说："所谓天理，是何物？仁、义、礼、智，岂不是天理？"④又说："天理只是仁义礼智之总名，仁义礼智便是天理之件数。"⑤朱子认为，仁义礼智是由天理派生出来的，是人伦之本。因此，人们的道德修养应从"人伦之本"开始。实际上，一切道德原则在本质上，只不过是宇宙普遍法则在人类社会的特殊表现而已。

在儒家，仁义礼智被称为"四德"，后来加上"信"被称为"五常"。过去，流行的一个观点是认为，朱子所说的"天理"就是将古代的"三纲五常"提升为宇宙本体，从而为专制主义统治进行论证。事实如何呢？朱子确实说过，天理"张之为三纲，纪之为五常"这样的话，这显然是指"天理"落在现实层面而言的。其中，"三纲"是完全现实化的政治伦理，但"五常"则关系到人性问题，而人性正是一个哲学问题。更为重要的是，从深层理论上说，朱子所说"天理"不仅具有人伦性，而且是形而上学性质的，又是物之理性质的。当然，每个时

---

① 黎靖德：《朱子语录》卷一。
② 朱熹《大学或问》卷上。
③ 朱熹《论语集注·为政》。
④ 朱熹：《晦庵先生朱文公文集》卷五九，《答吴斗南》。
⑤ 朱熹：《晦庵先生朱文公文集》卷四〇，《答何叔京》。

代的社会公共准则有所不同。朱子所处的是封建时代，所以他有时说的具体准则是当时社会的规范准则，这是我们应当注意的。

朱子认为，天理还具有理性思维的意义。他说："盖天理者，心之本然，循之则其心公而且正。"①朱子将人"心之本然"界定为"天理"。其目的在于强调理欲之公私、邪正的是非之辨。这里所说的"心之本然"，具有保持心的理性思维作用。朱子还认为，"天理"具有普遍性。他说："夫天下之事，莫不有理，为君臣者有君臣之理，为父子者有父子之理，为夫妇、为兄弟、为朋友，以至于出入起居，应接事物之际，亦莫不各有理焉。"②质言之，天理制约着一切人伦关系。朱子非常重视道德规范之理，要求人们用大学的功夫认识道德规范之理，并通过不断的道德修养，把外在的道德规范化为仁体的内在自觉。这在今天的社会仍然有重要的意义。

从上可见，朱子所讲的"天理"，既是宇宙的本原、事物的主宰，超感觉、超时空的绝对精神本体，又是社会伦理道德的总和，还是自然界的普遍规律。

（张品端）

① 朱熹：《晦庵先生朱文公文集》卷一三，《辛丑延和奏折》。
② 朱熹：《晦庵先生朱文公文集》卷一四，《甲寅行宫便殿奏札》。

理 气 论

　　北宋理学家张载和二程分别建立了气本论和理本论哲学。他们主要关心宇宙的本原是气还是理的问题，而对于理气关系这一理学的基本问题，也是哲学的基本问题，尚未深入讨论和解决。朱子是第一个全面系统地探讨和解决理气关系问题并建立了理气论的哲学家。理气论是朱子学的理论基石。

　　"理"是朱子理学的最高范畴。在朱子学中，"理"是一个有着不同层次和内涵的哲学概念。其一，理是形而上之道。它既无形体、无方所、无造作，超然于万有之上，不依赖于天地万物而存在，是产生天地万物的总根源，即宇宙本体。其二，理是仁义礼智之总名。实际上，理是道德原则与规范的总称。其三，理又是物则。事事物物皆各有其"则"，即具体事物的准则、规律。

　　"气"也是朱子理学的一个重要范畴。所谓"气"，它是"理"的"挂搭处"、"安顿处"、"附着处"。朱子说："若无此气，则此理如何顿放。""无是气，则是理亦无挂搭处。""若气不结聚时，理亦无所附着。"①气是宇宙间最原始的物质，无始无终。气充塞天地之间，由于气的流行，便生出天地万物。但是气化流行，又离不开理，在气凝聚为人、物的过程中，理亦同时赋予其中。人、物之生，理气二者缺一不可。

　　朱子对于理、气的说法是："天地之间，有理有气。理也者，形而上之道也，生物之本也；气也者，形而下之器也，生物之具也。"②在朱子看来，理是"生物之本"，气是"生物之具"。"理"是物体所依以形成的原则或规律，而"气"则是成形后的物体。这里，他还没有明显说两者谁先谁后的问题，但已包含了这个意思。"理"是所以成物而无形无状的东西，虽是无形，却是成物的依据（本）；"气"则是成物的有形有状的东西，是体现物（具）。有了这个体现物，理也就通过它起作用。这就是说，天地之间，无不按其规律而成物，物以形成，

①　黎靖德：《朱子语类》卷一。
②　朱熹：《晦庵先生朱文公文集》卷五八，《答黄道夫书》。

则又反过来使物起一种规律性的作用。

在谈到关于理、气的主次问题时,朱子曾指出:"理终为主"①,理既是主,气当然只是次。这种主次观点,在朱子看来,各物(气)的特点,都是从其不同的结构与运动规律(理)显现出来的。一个物体的形成无疑离不开物质,但同一物质,它所以形成这种形态的物体,而不是那种形态的物体,却原于它有不同的形成规律。故物体(气)是按其一定规律(理)而形成的,而不是形成物体后才有这种规律在上面。正因如此,所以天下形形色色的物体才会出现。

朱子认为,表现物体的规律(理)是本是主,而表现规律的物体(气)则是末是次。物之"所以然"是本是主,而物之"然"则是次是末。所以,理应为主,气应为次。理是"本",气是"末",本即本体,末即现象,故理气关系也就是本体与现象的关系。

在理气孰为先后的问题上,朱子又把"理"理解为"先"。他说:"此本无先后之可言,然欲推其所从来,则须说先有理。然理又非别为一物,即存乎是气中。"②在这段话里,朱子首先认为理、气本无先后可言,但要"推其所从来",一直推到世界的本原,则又必须承认理先气后。这里所说的理在气的"先",是指逻辑上的在先,而不是时间上的在先。这也就是说,要从一物体所以形成的由来而言,应先有其规律,没先有规律(理)的存在,就不可能按某规律而形成某物体。朱子又认为,"理又非别为一物","无是气则是理亦无挂搭处",从而肯定理不能离气,规律应是在物体中。这就是说,理与气之间存在着不相离的关系。

朱子还提出过"理生气"的思想。所谓"理生气",非理产生气,而是指气之发育流行依赖于理。此与理先气后的观点相一致,是从本原上讲的。

在理气动静问题上,朱子认为:一方面,理无动静而气有动静,但理寓于气中,必然随气之动静而动静,这叫做理搭于气而行,犹如人跨马行走一样,气是主动者,理是被动者;另一方面,理自身虽无动静,却又是气之动静的根据,气之动静乃是因为其中有所以动静之理"使之然",否则气就不能动静。理气动静问题也是理气关系问题的内容之一。

朱子这种认为天地万物均依理而成,依理而行,依理而起作用的观点,似

---

① 朱熹:《晦庵先生朱文公文集》卷四九,《答王子合书》。
② 黎靖德:《朱子语类》卷一。

乎是认为宇宙间乃存在一种合乎理性的"力",使万物得以形成运动和发展。这种"力"是无形的,但是它作用于有形之物。它是物之"所以然"。物就是因为这个"所以然"的作用而致"然"。朱子肯定这个"所以然"之主要,认定从物去追求它的必要性。

朱子认为一定的物体总按一定的规律以形成,但他又认为规律必须通过物以研求,即所谓"置心在物中究见其理"。所以,朱子提出要"即物穷理"的观点。这个思想是以承认"理未尝离乎气"①、"气之所聚,理即在焉"②为前提的。朱子"即物穷理"这个命题,可以说是认识论中的实践论,是合乎科学的。

朱子的"循理成物"、"物中求理"思想,对我们今天哲学界和科学家也是很有启迪意义的。物是合乎规律(理)以形成,而合乎规律(理)的运动是物的运动。我们可以从物质中去发现规律,然后再根据已发现的规律去探求新的物质,这是我们今天进行科学研究所遵循的一般途径。

(张品端)

---

① 黎靖德:《朱子语类》卷一。
② 朱熹:《晦庵先生朱文公文集》卷四九,《答王子合书》。

格物致知

格物致知是一个古老而又常新的传统哲学命题。其为古老,在于它最早出现于《礼记·大学》;其为常新,在于这个命题提出之后,注家蜂起,各有自己的诠释,而朱子又是这方面理论的集大成者。朱子的"格物致知"论不止在南宋自成一大家,而且其影响延续到明清,乃至近现代。

《大学》首次提出"格物致知"命题。《大学》曰:"古之欲明明德于天下者,先治其国;欲治其国者,先齐其家;欲齐其家者,先修其身;欲修其身者,先正其心;欲治其心者,先诚其意;欲诚其意者,先致其知;致知在格物。物格而后知至,知至而后意诚,意诚而后心正,心正而后修身,修身而后家齐,家齐而后治国,国治而后平天下。"《大学》的这段话,虽然提出了以格物致知为修齐治平的基础,但没有对"格物致知"给出明确解说,这就给后人留下了充分发挥的空间。

"格物致知"的命题提出后,许多学者对它作诠释,汉代郑玄为之作注,唐代孔颖达为之作疏,韩愈强调《大学》之重要,把它看成如同《孟子》、《易经》那样的儒家典籍。不过,韩愈只讲"正心诚意",未及"格物致知"。他沿着《大学》所强调的思维路向,把治平原理和个人道德修养联系起来,并把治国平天下看成道德修养的必然结果。

到了宋代,司马光开其先,著成《大学衍义》,其中对"格物致知"详加诠释。程颐步其后,对《大学》推崇备至,撰《改正大学》,并认为人通过"格物致知"就能获得对天理的知识。其格物致知论围绕着对天理的体认而展开。道南学派的杨时,把格物致知作为明善之要,认为:"为是道者,必先于明善,然后知所以为善也。明善在致知,致知在格物,号物之数至千万,则物盖有不可胜穷者。反身而诚,则举天下之物在我矣。"①

这些对"格物致知"的阐释,为后来朱子格物致知论的形成提供了必要的

---

① 黄宗羲:《宋元学案·龟山学案》。

思想基础和理论思维的启示。

格物致知是朱子《大学》思想的核心观念，他在《大学章句》中所作补传说："所谓致知在格物者，言欲致吾之知，在即物而穷其理也。盖人心之灵莫不有知，而天下之物莫不有理。惟于理有未穷，故其知有不尽也。是以大学始教，必使学者即凡天下之物，莫不因其已知之理而益穷之，以求至乎其极。……"这就是说，致知格物是在即物穷理，通过格物的体认方法，而获得吾之知，达到穷理的目标。

何谓"格物"，朱子说："格，至也。物，犹事也。穷至事物之理，欲其极处，无不到也。"①又说："格物者，格，尽也，须是穷尽事物之理。若是穷得三两分，便未是格物，须是穷尽得到十分，方是格物。"②在朱子看来，"格物"思想有三个要点：第一是"即物"，第二是"穷理"，第三是"至极"。格物思想的核心是穷理，但穷理不能离开具体事物，穷理又必须穷至其极。

朱子又认为，格物的范围十分广泛，包括形而下之器和形而上之道。他说："天地中间，上是天，下是地，中间有许多日月星辰、山川草木、人物禽兽，此皆形而下之器也。然这形而下之器中，便各自有个道理，此便是形而上之道。所谓格物，便是要就这形而下之器，穷得那形而上之道理而已。"③可见，朱子讲的格物涵盖天地万事万物，无所不包，无所不格。但总体而言，可分为两类即格自然之理和格伦理之理。

就格自然之理而言，"上而无极、太极，下而至于一草一木，一昆虫之微，亦各有理。……须着逐一件与他理会过"。④理具有何物不在的普遍性，一般性。它是事物之所以是事物的根据，亦是事物存在的价值和意义。逐一件一件事物理会过，蕴涵着对于事物道理、原理的体认。

就格伦理之理而言，"格物，是穷得这事当如此，那事当如彼。如为人君，便当止于仁；为人臣，便当止于敬。又更上一着，便要穷究得为人君如何要止于仁，为人臣如何要止于敬，乃是"。⑤ 在这里，朱子所要穷究的理，是自我意识对象化了的无人身理性。这一无人身的理性即仁义礼智，于是见父母是

---

① 《大学章句》经一章。
② 黎靖德：《朱子语类》卷一五。
③ 黎靖德：《朱子语类》卷六二。
④ 黎靖德：《朱子语类》卷一五。
⑤ 黎靖德：《朱子语类》卷一五。

孝,见君自是忠。

在朱子看来,格自然之理和格伦理之理,后者更为根本。"涵养本源之功,所以为格物致知之本者也。"①格物的根本目的是穷尽"天理","人伦"是天理的体现。这就把伦理道德的修养作为格物的根本。

何谓"致知",朱子说:"致,推知也。知,犹识也。推极吾之知识,欲其所知无不尽也。""知至者,吾心之所知无不尽也。"②这就是说,致知是从已知之理推之于未知,以达到对事物的透彻认识。知至是天下事物之理知无不到,表里精粗无不尽。知至作为致知的终极境界,也是指心之所知无有不尽。

对于"格物"与"致知"的关系,朱子说:"致知是欲于事理无所不知,格物是格其所以然之故。……致知是自我而言,格物是就物而言,若不格物,何缘得知?"③又说:"格物所以致知,于这一物上穷得一分之理,即我之知亦知得一分……于物之理穷得愈多,则我之知愈广。"④这里讲的"格物所以致知",一方面格物以致知为目的,另一方面致知是在格物过程中实现的。由格物到致知,也有一个从"积累有渐"到"豁然贯通"的过程。

可见,格物致知是认识过程的不同方面,格物就是主体作用于对象而言,致知则就认识过程在主体方面引起的结果而言。格物与致知并不是分别以物和心为对象的两种不同的工夫。

(杜文霞)

---

① 《大学或问》卷一。
② 《大学章句》经一章。
③ 黎靖德:《朱子语类》卷一五。
④ 黎靖德:《朱子语类》卷一八。

理一分殊

　　"理一分殊"是宋明理学家广泛论及的哲学话语。"理一分殊"四字是程颐在回答杨时关于《西铭》的疑问时提出来的。杨时怀疑《西铭》的提法有混同于墨家兼爱论的弊病,对此程颐回答说:"《西铭》明理一而分殊,墨氏则二本而无分。分殊之蔽,私胜而失仁;无分之罪,兼爱而无义。"①程颐的"理一分殊"是一个伦理学命题,他强调爱有差等,虽然对一切人都应该仁爱,但是在具体实施时又各有差别。前者为"理一",后者为"分殊"。程颐的这一命题虽然强调《西铭》的万物一体说并不排斥个人对不同对象承担的义务不同,也包含了这样的思想,即一般的道德原理可以表现为不同的具体规范,不同的具体规范中含有共同的道德原理。

　　"理一分殊"是朱子学建构的基本方法,朱子把它发展到了一个崭新的高度。首先,"理一分殊"论证了宇宙本体与万物之性的同一性,论证了本原和派生的关系,论证了普遍规律与具体规律的关系,理与事物的关系。一理摄万理,万理归一理。理只有一个,但万事万物分享了此理而成为自身。朱子指出:"万物皆有此理,理皆同出一原。""然虽各自有一个理,又却同出于一个理尔。"②这从总体上论证了宇宙本体与万物之性的同一性。朱子把"理一分殊"形象化地比喻为"月印万川",认为天底下终极的理只有一个,但它派生了万事万物,每一个事物中又蕴涵了这个终极的理,就好像天上只有一个月亮,但所有的江海湖泊中都有一轮明月,水中的每一轮明月都分有了天上那一轮明月。

　　对于"理一分殊"的分析,朱子吸取了周敦颐的太极说。他说:"总天地万物之理,便是太极。"③"上天之载,无声无臭,而实造化之枢纽,品汇之根柢也。

---

① 程颢、程颐:《二程文集》卷一〇,《答杨时论〈西铭〉书》。
② 黎靖德:《朱子语类》卷一八。
③ 黎靖德:《朱子语类》卷九四。

故曰无极而太极,非太极之外复有无极也。"朱子把"太极"视为"理",太极与万物的关系就表现为一与多的关系。"合而言之,万物统体一太极也;分而言之,一物各具一太极也。"①"人人有一太极,物物有一太极。"②"宇宙之间,一理而已。天得之为天,地得之为地,而凡生于天地之间者,又各得之而为性。其张之为三纲,纪之为五常。盖皆此理之流行,无所适而不在。"③一旦以"天理"为核心的哲学本体论与儒家伦理相结合,"天理"也流行发用到人间世界,发展出了以"三纲五常"为核心的人伦秩序。

"理一分殊"适用非常广泛,可以对应一与多的关系,天理与人伦的关系,天理与万物的关系。"万物皆有此理,理皆同出一原。但所居之位不同,则其理之用不一。如为君须仁,为臣须敬,为子须孝,为父须慈。物物各具此理,而物物各异其用,然莫非一理之流行也。"④"如这片板,只是一个道理,这一路子恁地去,那一路子恁地去。如一所屋,只是一个道理,有厅,有堂。如草木,只是一个道理,有桃,有李。如这众人,只是一个道理,有张三,有李四;李四不可为张三,张三不可为李四。如阴阳,《西铭》言理一分殊,亦是如此。"⑤万物一"理",而"理"同出于一个源头,但是由于所处的境遇不同,"理"的作用也就不一样。万物的具体规律、具体性质各各不同,但都是"理"的具体表现;孝和仁、敬、慈一样,都是"理"的具体表现,这便是"理一分殊"。与佛老重视"理一"不同,朱子重点强调的是"分殊",这里的"分",指"分享"、"份额"或"等级";"殊"则指"多"或"差异"。"圣人未尝言理一,多只言分殊。盖能于分殊中事事物物,头头项项,理会得其当然,然后方知理本一贯。不知万殊各有一理,而徒言理一,不知理一在何处。"⑥《大学》的天下格局无非是对此理的认知、体验与发用,可分为三节来看:"致知、格物,是穷此理;诚意、正心、修身,是体此理;齐家、治国、平天下,只是推此理。"⑦可见,人世间所有的一切不过是理的发用与推广。具体落实在人伦秩序上,朱子尤其强调"理一"在"分殊"

---

① 《太极图说解》。
② 黎靖德:《朱子语类》卷九四。
③ 朱熹:《晦庵先生朱文公文集》卷七〇,《读大纪》。
④ 黎靖德:《朱子语类》卷一八。
⑤ 黎靖德:《朱子语类》卷六。
⑥ 黎靖德:《朱子语类》卷二七。
⑦ 黎靖德:《朱子语类》卷一五。

或"用"中的那种差序之爱,以及每个人对不同对象所承担义务的差别。朱子声称:"天地之间,人物之众,其理本一,而分未尝不殊也。以其理一,故推己可以及人;以其分殊,故立爱必自亲始。"①又说:"《西铭》大纲是理一而分自尔殊。然有二说:自天地言之,其中固自有分别;自万殊观之,其中亦自有分别。不可认是一理了,只滚做一看,这里各自有等级差别。且如人之一家,自有等级之别。所以乾则称父,坤则称母,不可弃了自家父母,却把乾坤做自家父母看。且如'民吾同胞',与自家兄弟同胞,又自别。龟山疑其兼爱,想亦未深晓《西铭》之意。《西铭》一篇,正在'天地之塞吾其体,天地之帅吾其性'两句上。"②在这一点上,朱子又回归到程颐的立场,儒家之爱,爱有差等,亲亲仁民,仁民爱物。

"理一分殊"是宋明理学家广泛论及的哲学话语,朱子把它发展到了一个崭新的高度。"理一分殊"适用非常广泛,可以对应一与多的关系,普遍性与多样性的关系,如全球一体化与民族文化的多元化、一国两制都可以用理一分殊来诠释。朱子为回应佛学的挑战,重点强调的是分殊,他提出要在"理一分殊"规约的指引下,重建道德伦理,这个方向,就是"存异求同"。在全球化的今天,我们还可以将它倒过来使用,既强调全球一体化的"理一",也要保持各民族文化的自身特点,求同存异,和而不同。

(朱人求 王凯立)

---

① 《孟子或问》卷一。
② 黎靖德:《朱子语类》卷九八。

"所以然"与"所当然"

朱子在谈及"格物致知"时曾说："若其用力之方,则或考之事为之著,或察之念虑之微,或求之文字之中,或索之讲论之际。使于身心性情之德,人伦日用之常,以至天地鬼神之变,鸟兽草木之宜,自其一物之中,莫不有以见其所当然而不容已,与其所以然而不可易者。"① 在朱子看来,格物致知就是要"穷理",而"理"遍及在万事万物之中,"所以然而不可易"与"所当然而不容已"就是"理"的两个重要内含。

其一,所以然而不可易者。 天高地厚,这是我们很容易观察到的事实。可是,天为什么高,地又为什么厚呢?为了回答这一问题,我们必须找到天高地厚这一事实背后的原理、根据,而这一原理、根据,就是天高地厚这一现象的"所以然而不可易者"。

在朱子看来,世间所有事物都有个"所以然而不可易者"。所谓"所以然",就是一个事物必然这样而不是那样的原理与根据。这个原理与根据是不可改变的,是必然要如此的,因而说它"不可易"。按照朱子的说法,"所以然而不可易者"大致可以分成两类:一类是自然物理的原理与规律,另一类是人伦道德的原则与根据。前者如天之所以高,地之所以厚,四时之所以更替。后者朱子曾举例说,一个君王之所以做仁爱之事,是因为君主是个主脑,人民和土地都要他来统管,因此做仁爱之事对君主来说是最合理的,"理"就是君王行仁爱之事这一事实背后的根据。

其实,在朱子那里,"理"是所有事物的"所以然而不可易者",因而自然物理的原理、规律与人伦道德的原则、根据是相通的。朱子说:"只天地生这物时便有个仁,它只知生而已。从他原头下来,自然有个春夏秋冬,金木水火土。故赋于人物,便有仁义礼智之性。"② 在朱子哲学中,"仁"很多时候就是

---

① 《大学或问》。

② 黎靖德:《朱子语类》卷一七。

"理"的另一个名称,因而"仁"既是四季交替、五行变化所依据的原理,同时也是我们在人伦道德领域中据以行事的根据。

其二,所当然而不容已者。让我们一起来体会一段日常对话。

小孩问妈妈:"苹果为什么会往下掉而不往上飞?"

妈妈:"因为地球引力在吸引它向下掉。"

小孩:"既然有地球引力,那其他水果是不是也会往下掉啊?"

妈妈:"当然。"

地球引力的吸引,这是苹果之所以往下掉而不往上飞的原理与根据,即"所以然而不可易者"。而有这一原理与根据的存在,就一定会表现出我们看得见的种种现象,这一表现过程的必然性与自然性,就是朱子所说的"所当然而不容已者"。所谓的"所当然"是说,有一事物的原理与根据,就一定会有该事物的产生与实现。朱子在解释"不容已"时曾说:"春生了便秋杀,他住不得。"①事物依据其原理与根据而产生的过程就如四季变换一般,如此自然而然,没有强制,也没有阻碍。如果说"所以然而不可易者"侧重于回答使得事物之所以如此的那个"理"本身,那么"所当然而不容已者"就侧重于描述"理"实现为具体事物的过程。朱子说:"理之所当为者,自不容已。"②朱子认为,有"理"当然就会有与之对应的"事物",这一过程是如此地自然而然,不假安排。

因为"所当然而不容已者"侧重于描述"理"实现为具体事物的过程,所以相较于指"理"而言的"所以然而不可易者","所当然而不容已者"则更多地指"事",当然,这"事"也同时包括了自然物理之事与人伦道德之事。比如,"太极"阴阳造化、化生万物之"事",是"所当然而不容已者";而"太极"本身是"理",是"所以然而不可易者"。又如,小孩子掉进井里,我们会有恻隐同情之心。产生恻隐之心这件"事"本身就是"所当然而不容已者",而我们之所以会产生恻隐之心所依据的那个"理",就是"所以然而不可易者"。

其三,"所以然"与"所当然"的统一。既然"所以然而不可易者"与"所当然而不容已者"都是对"理"的界说,那么"所以然"与"所当然"就肯定是统一在一起的。但问题在于二者之间是否有一个主次关系?

---

① 黎靖德:《朱子语类》卷一八。
② 黎靖德:《朱子语类》卷一八。

朱子曾说:"所以然之故,即是更上面一层。"①这好像是说"所以然"比"所当然"更具有优先性。但在答陈淳的一封信中,朱子指出"所当然"是切要处,体会到"所当然"之"不容已",自然就可以默会"所以然"了。② 其实,朱子这两处看似矛盾的说法却是一以贯之的。"所以然而不可易者"是指"理"本身,是事物如此而不如彼的终极原理,这相对于指"事"的"所当然而不容已者"当然更具有理论上的优先性。儒学的任何理论都是要落脚在"事"上,落脚在现实的工夫修养上,因此具有理论优先性的"所以然而不可易者"就显得过于抽象。把"理"落实在具体的"事"上,这才是工夫修养的完整内容。"所当然而不容已者"侧重于"理"实现为"事"的过程,它一头连接作为"所以然而不可易者"的"理",一头连接具体的"事"。可见,"所当然而不容已者"不仅囊括了"理"的抽象性,同时还囊括了"理"生生不息的具体化过程。对于现实的工夫修养而言,"所当然而不容已者"的含义更加全面,因而相对于"所以然而不可易者"而言,是"理"的一个更为主要的含义。

西方哲学家休谟曾论证说,仅根据一件事"是"如此,并不能合乎逻辑地推论出这件事"应该"如此,例如我们说一个人有恻隐之心,据此并不能推论出这个人应该有恻隐之心。这就是西方哲学史上著名的"实然"与"应然"的二分,其本质是自然物理与人伦道德的二分。在休谟的影响下,当今很多朱子学研究者认为,朱子的"所以然"与"所当然"就对应于这个划分。但事实上,"所以然"与"所当然"都包含了自然物理与人伦道德两个方面,而且都统一于"理"。由此可见,朱子的"所以然"与"所当然"与休谟的"实然"与"应然"有着完全不同的含义,将二者直接对应起来完全是鸡对鸭讲。

(朱人求　王凯立)

---

① 黎靖德:《朱子语类》卷一七。
② 朱熹:《晦庵先生朱文公文集》卷五七,《答陈安卿》。

"体"与"用"

"体用"这对范畴不曾出现在先秦的儒家典籍中,它之所以被宋明理学家广泛运用,很可能与佛教的影响有关。大体说来,"体用"就像"阴阳"一样,是一组用来分析事物的概念,而不是某个特定事物的名称,在这个意义上,我们也可以说先秦儒家虽没有"体用"概念,但早就具有了"体用"思维。其中,"体"通常是指事物较为本质的方面,如事物的根据、原因、必然性、合理性等;而"用"是指事物因其本质而产生的具体表现,如事物的结果、作用、运动等。在朱子哲学中,"体用"还有更为复杂的含义,陈荣捷先生曾将朱子对体用的论述分为了六个方面,即体用有别、体用不离、体用一源、自有体用、体用无定、同体异用。① 现依此分而述之。

体用一源,显微无间 程颐曾说:"体用一源,显微无间。"②朱子对"体用"的理解,大体上由此而来。按照朱子的解释,"一源"是从"体"的方面说,一个事物的本质方面已经涵盖了该事物的具体表现,因此"体用一源";而"无间"是从"用"的方面说,一个事物的具体表现虽然是显性的,但其中已包含了事物本质方面的微妙之处,因此"显微无间"。朱子说:"'体用一源',体虽无迹,中已有用。'显微无间'者,显中便具微。天地未有,万物已具,此是体中有用;天地既立,此理亦存,此是显中有微。"③就天地与"理"的关系而言,"理"是较为本质的方面,是"体";而天地是"理"的流行与表现,是"用"。有"理"就有天地,天地中又无一物没有"理",因而"体"中有"用","用"中有"体",这就是"体用一源,显微无间"。

体用不离 "体用一源,显微无间"首先包含了"体用不离"的意思,即不可能只有"体"而没有"用",也不可能只有"用"而没有"体",事物的本质方面

---

① 陈荣捷:《朱子新探索》之《朱子言体用》。
② 程颐:《易传序》。
③ 黎靖德:《朱子语类》卷六七。

与事物因本质而产生的具体表现永远不可分离地结合在一个事物中。朱子曾打过一个比方来说明这个道理,比如说人的身体是"体",那么起身而行就是"用",身体与行走本来就是不可分离地结合在一起的,没有人会有身体而不行走,也没有人会行走而没有身体。朱子这一"体用不离"的思想还为他批判佛学与心学提供了理论依据。在朱子看来,佛学凭空受寂,不问具体事物,因而有"体"无"用";而陆九渊的心学却体用相隔,有"用"就无"体",有"体"就无"用"。因而,不论禅学还是心学,朱子认为都是不合理的。

体用有别 "体用一源,显微无间"还包含了"体用有别"的意思,即事物的本质方面与事物因本质而产生的具体表现不可相混淆。在朱子看来,"一源"和"无间"这两个词本身就意味着"体"和"用"是两个东西,因为如果"体"和"用"是同一个东西,那么不论说它们是"一源"还是"无间"都是没有意义的。朱子之所以特别强调"体用之别",不仅是为了寻求一种对"体用"概念的合理解释,更有对工夫修养的考量。从逻辑上说,如果在工夫修养中不分"体用",要么会导致以"体"为"用",从而走向凭空守寂,要么会导致以"用"为"体",从而走向认欲作理。这两种工夫都为朱子所明确反对,他认为,从"用"处求其"体"才是工夫的正道。

自有体用 在朱子看来,事物各自有各自的体用,这也就是说,任何事物都有较为本质的方面与因其本质而产生的具体表现。如对天地而言,"道"是"体",天地作为"道"的流行则是"用",而"道"本身也自有一个"体用"。由此可见,"体用"范畴就好像"阴阳"一样。以男女相对而言,"男"是"阳","女"是"阴",但就男女单独来看,男女中又各自有各自的阴阳。同样,世界上也没有一件东西是完全的"体",也没有一件东西是完全的"用",在"体"与"用"中又分别有各自的"体用",以此类推。

体用无定 朱子的"体用"范畴具有很强的相对性,不仅在"体"与"用"中又分别有各自的"体用",而且"体"与"用"有时还可以互换。朱子把"体用"的这种相对性表述为"体用无定"。朱子在论及"体用"时曾特别强调过要灵活地理解,通常来说,朱子以事物"静"的一面为"体",而以"动"的一面为"用",但就"动"而后复归于"静"来说,"动"又是"体",而"静"却变成了"用"。由此看来,朱子将世界视为是一个体用交错的精美世界,他说:"如以两仪言,则太极是太极,两仪是用;以四象言,则两仪是太极,四象是用;以八卦言,则四象又是太极,八卦又是用。"①

同体异用 "体用"虽然具有很强的相对性,但朱子同时肯定了天地间可以有一个合万物而言的"大体用",因而朱子说"体用也定"。② 在朱子看来,天地万物都生于"一理",虽然事物的不同表现是因为事物具有各自不同的"体",但这种"不同"又无不是出自于"一理",因而,朱子肯定了"同体异用"的存在。在这个意义上,"同体异用"与"理一分殊"的含义相通。此外,"同体异用"有时也适用于较为具体的事物,如朱子认为礼虽然主于敬,乐虽然主于和,但二者无不是本于一心,这也是一种"同体异用"。当然,"同体异用"也有适用范围,如朱子就坚决反对说"天理"与"人欲"是"同体异用"。从"大体用"的方面说,"同体异用"肯定了天地万物本于"一理",从而确保了"体"对"用"的优先意义;从具体事物的方面说,"同体异用"具有适用范围,从而确保了诸如"天理"与"人欲"、"善"与"恶"等范畴的绝对差异。这两方面都肯定了"体用"的某种绝对性,因而朱子并没有因强调"体用"的相对性而走向相对主义。

（朱人求　王凯立）

---

① 黎靖德:《朱子语类》卷二二。
② 黎靖德:《朱子语类》卷六。

"天命之性"与"气质之性"

人性善恶是中西哲学家共同关注的问题。就儒学内部的发展而言,从先秦到两宋,在人性问题的探讨上发展出了性善说、性恶说、性无善恶说、性有善恶说、性三品说等多种理论。儒学一方面想要从人性中为人之所以能够成就善良品格寻找确定的根据,而另一方面还要对人性善恶的复杂现实做出合理的解释。正是为了兼顾这两方面富有张力的内容,儒学才催生出如此杂多的理论,这同时也反映了人性问题的复杂程度。作为理学集大成者,朱子以"天命之性"与"气质之性"这对概念较为成功地处理了人性问题,并在儒学史上独树一帜。

天命之性 众所周知,孟子提出了"性善说",而这一主张也为宋明理学家们所不敢违背。在朱子看来,孟子虽然提出了"性善说",但却缺少对"性"之所以"善"的那个根据的说明。北宋二程指出"性即理",这虽然在一定程度上蕴含了人性善的根据来源于天理的说法,但大体还是对孟子性善说的一种直接阐释。真正从本体论和宇宙论上对人性之所以善给出了明确说明的人,正是朱子。

朱子指出,在天地间流行的"理"是纯善无恶的,而人在天地造化中禀受得这个"理"而成为自己的性。这个"理"在天被称为"命",在人被称为"性"。"理"在天被"命"之于人,而成为人之"性",这就是朱子所言的"天命之性"。按照朱子的这一解释,人性之所以善,乃是因为人禀受了纯善无恶的"理"。朱子说:"性只是理,万理之总名。此理亦只是天地间公共之理,禀得来便为我所有。天之所命,如朝廷指挥差除人去做官。性如官职,官便有职事。"①人禀受天之"理"的过程,就好像朝廷差人做官一样,官职体现着朝廷的旨意,因而人之性理与天之公理在根本上是同一的。既然天之公理纯善无恶,那么人之性理同样也是纯善无恶的。朱子还打过一个比方,说人之性理与天之公理

---

① 黎靖德:《朱子语类》卷一一七。

就好像鱼肚子里的水和肚子外的水一样,两者在本质上没有区别。可以看到,朱子的这一禀受说不仅维护了儒家天人合一与性善论的传统立场,更以天之公理下贯为人之性理的本体论与宇宙论说明,为人性之所以善的根据给出了较为合理的解释。

气　质　仅谈"天命之性"并不足以解释人性善恶的复杂现实,也不足以说明人后天道德修养的重要意义。这里面的核心问题在于,道德修养以去恶存善为目标,既然人性善,那么现实中的种种恶又来源于何处呢?面对这一问题,朱子是靠"气质"这一概念来给出回答的。

所谓"气质",就是指阴阳五行之气积累、凝聚而形成一定的形质。在朱子看来,任何事物都是由气质与性理两个方面构成的。一方面,任何事物都是在天理流行中生成的,因而必然会对天理有所禀受;另一方面,理若无气质则没有安放处,就好像水必须有东西来盛一样,因而"只此气凝聚处,理便在其中"①。就气质与性理的关系而言,二者不离不杂。一方面,二者中的任何一者都不可独立自存,即性理必须安放在气质中,而气质中也必然安放着性理,此为"不离";另一方面,二者又不可相互混淆,即性理与气质始终是两个东西,此为"不杂"。具体到人身上而言,性理是纯善无恶的,而气质对性理有遮蔽作用,这就解释了现实中恶的来源。在这个意义上,人后天的道德修养就是要改变气质,使原本昏浊、偏塞的气质变得清明、正通,使原本的性理纯粹地在气质中实现出来。

此外,对人性问题的讨论历来都蕴含着对人与物何以不同的解释,人与物都是由性理与气质两部分构成的,既然人可以成为善良之人,那物为什么就不能呢?按照朱子的观点,这是因为物在性理与气质在两方面都与人有所区别。其中,性理的区别是较为根本性的,朱子认为,人禀受了天之公理的全部,而物所禀受的天之公理本身就是不全的,因此人具有成为善良之人的可能,而物却没有。此外,朱子还认为,虽然人与人之间的气质有偏塞清浊之别,但在总体上,人所禀受的气质都比物要更为清明、正通,而这也构成了人与物之间的重要不同。

气质之性　人因性理与气质而有了气质之性。朱子说:"论天地之性则

---

①　黎靖德:《朱子语类》卷一。

专指理言,论气质之性则以理与气杂而言之,非以气为性命也。"①在朱子这里,气质之性不是指气质本身的性,而是指性理落入气质中而形成的现实人性。在这一点上,朱子论气质之性与张载、二程有着明显不同。

在朱子对气质之性的独到理解下,天命之性与气质之性事实上就不是同一个层面上的不同概念,而是在根本上属于两个层面的概念。其中,天命之性专门指"理"而言,是纯善无恶的,是为人性善提供终极根据的抽象之性,它并不是真正现实的人性;真正现实的人性必然要将"理"落实到气质上,"理"受气质不同程度的遮蔽而呈现出人性不同的善恶状态,因而气质之性才是真正现实的人性,它是有善有恶的,且可善可恶的。

天命之性与气质之性虽然是两个层面上的概念,但朱子坚决反对把二者割裂开来。原因在于,若只谈天命之性而不谈气质之性,那么人性复杂的现实就得不到完备的解释;而若只谈气质之性而不谈天命之性,那么人性善的终极根据就得不到明确的说明。气质之性是就"理"落实到气质上而言之,因而专就"理"而言的天命之性也就不能独立于气质之性外。事实上,气质之性根本上也是天命之性转化而来的,是天命之性落入现实中的一种特殊形式,因此也就不可能有完全独立于气质之性的天命之性。

(朱人求　王凯立)

---

① 朱熹:《晦庵先生朱文公文集》卷五六,《答郑子上》。

心与理一

　　"心与理一"关涉着朱子对心、理关系的基本看法,是朱子哲学心性论的重要命题之一。在本体层面上,"心与理一"强调心与理的本来贯通;在工夫层面上,"心与理一"并不是当下即成的,而要靠持久的为学工夫才能使之实现;在境界层面上,"心与理一"是圣人的境界,是"仁者不忧",是"孔颜乐处",也是心之全体大用的完满实现。

　　心与理本来贯通　"心与理一"首先有本体层面上的意义,即心在本来的状态中就是与理贯通为一的。

　　曾有人问朱子说:"心是知觉之心,而性是理。心和理怎么贯通为一呢?"朱子回答说:"不须要额外再说贯通,心与理本来就是贯通的。"该人又问:"心与理是如何本来贯通的?"朱子说:"理如果没有心,就没有居积的地方。"让提问者产生疑惑的原因在于,心具有知觉功能,而性或理却没有,这就意味着心与理是两个东西,那如何能说心与理贯通为一呢?按照朱子的回答,"心与理一"是说理一定会居积在心中,就好像水一定会有东西盛住它一样,这一回答本身就蕴含着心与理是两个东西的意思。因此,"心与理一"不是直接将心与理等同起来,而是"心具众理"。朱子说:"心之全体湛然虚明,万里具足。"[1]理就好像馅一样被包在心里,但心又不能完全包住理,理常常会从心里表现出来。这意味着,虽然道德法则与道德品质不直接就是心,但已经先天地包含在了我们的心中,并随时能靠我们的心展现出来。

　　此外,本体层面的"心与理一"还具有明辨儒释之别的意义。朱子说:"儒、释之异,正为吾以心与理为一,而彼以心与理为二耳。"[2]在朱子看来,佛家仅把心视为知觉,其中空虚无理;而儒家见得"心具众理"、"心与理一",因此能依理修养,从而避免佛家的空疏之弊。

---

① 黎靖德:《朱子语类》卷五。
② 朱熹:《晦庵先生朱文公文集》卷五六,《答郑子上》。

惟学之久则心与理一 "心与理一"有工夫层面的意义,即"心与理一"不是一个当下即成的事实,而是要靠现实的工夫修养才能实现。

朱子说:"然近世一种学问,虽说心与理一,而不察乎气禀物欲之私,故其发亦不合理,却与释氏同病,又不可不察。"①这里所说的"近世一种学问"是指陆九渊的心学。在朱子看来,陆学虽然也主张"心与理一",但是却没有看到人后天气禀对于心的影响,这就等于是说所有人的心都与理为一,从而有导致认欲作理的危险。朱子认为,心虽然在本来的状态下是与理贯通为一的,但人往往会因为后天气禀的作用而丧失心的这种本来状态,因而"心与理一"并不是一个当下即成的事实,而是一个要靠后天的道德修养以变化气质后,才能恢复的状态。朱子说:"惟学之久,则心与理一,而周流泛应,无不曲当矣。"②在朱子的语录中,"心与理一"往往与读书为学联系在一起。朱子在论及读书时曾说:"若读得熟,而又思得精,自然心与理一,永远不忘。"③这里的"读"是指"诵读","读"与"思"的结合,就是为学。朱子曾教读书之法:"读一遍了,又思量一遍;思量一遍,又读一遍。读诵者,所以助其思量,常教此心在上面流转。"④朱子所教的为学是在心上做工夫,因而为学愈久,心中道理愈明,久而久之,自然心与理一。

仁者心与理一 "心与理一"最后还有境界层面的意义,即所有思虑行为都自然合理、无过不及的理想人格状态。

孔子曾说"仁者不忧"⑤,朱子曾解释道:"仁者心与理一,心纯是这道理。看甚么事来,自有这道理在处置他,自不烦恼。"⑥"心与理一"是仁者的境界,当然也是圣人的境界。如果说"心与理一"对常人而言只有在心之本体的意义上才能成立,那么对圣人而言,"心与理一"则获得了完满的现实性,即圣人的一举一动都出于理,自然而然,不假强制,从容中道。在朱子看来,人之所以会有所忧虑,乃是因为在突然遇到事情的情况下,心中没有理来应对,这本质上是因为人气禀所偏而产生的私欲使心丧失了本然的状态。而圣人则是

---

① 朱熹:《晦庵先生朱文公文集》卷五六,《答郑子上》。
② 黎靖德:《朱子语类》卷二〇。
③ 黎靖德:《朱子语类》卷一〇。
④ 黎靖德:《朱子语类》卷一〇。
⑤ 《论语·子罕》。
⑥ 黎靖德:《朱子语类》卷三七。

心中无丝毫私欲杂念的仁者,即由心所发出的一切思虑都自然合理,因此凡遇事之时都能以理应之,故"圣人不忧"。在这个意义上,"心与理一"的境界也就是"孔颜之乐"。依据《论语》的记载,孔子和颜回都能在贫贱中保持心中之乐,这种"乐"不是如听一首歌、看一幅画这类依赖于一个客观对象的审美活动,而是心与理贯通为一,并超越于伦理道德的精神境界。这种境界,同时也是心中"明德"光明璀璨、周流于天地之间的内圣外王,是一种"众物之表里精粗无不到,而吾心之全体大用无不明"①的境界。在朱子看来,理想人格既具有高尚的道德品格,还具有超越于伦理道德的精神境界,更为重要的是,理想人格还能实现家齐、国治、天下平。从修己到治天下,天地间只是一个理,因而这样的理想人格境界本质上就是将理借由人之心完全地实现出来,即"心与理一"。

(朱人求　王凯立)

---

① 《四书章句集注》。

心统性情说

　　"心统性情"说是朱子心性论的重要内容,是朱子哲学思想体系的核心。"心统性情"最早由张载明确提出。他认为,心是总括性情与知觉而言的,而性是根本的,"天授于人则为命,亦可谓性。人受于天则为性,亦可谓命"①。"性即天也",所以"性又大于心",有性再加知觉,便成为心;性之发为情,情亦是心的内容。张载曾经把内心的直觉体验消除在心的功能之外,把性说成是形上学本体,因而有"性大于心"的说法。其实,张载是从两个不同的角度讲心性的统一性的。从心的认知方面说,心小性大;而从心的形而上道德本体方面说,则是"心统性情"。二程则不同意张载的"心小性大"或是"心大性小"说,他们认为这二者既不是统与被统的关系,亦非此小彼大或此大彼小的关系,而是相互合一的。朱子发展了张载的"心统性情"的思想,将其变成系统的学说,使之成为理学人性论的重要组成部分。朱子曾说过,程颐的"性即理也"和张载的"心统性情"这两句话是"颠扑不破"②的永恒不变的真理。他尤其赞扬张载的"心统性情"说:"横渠云:'心统性情',此说极好。"③朱子将程颐的"心有体用"说和张载的"心统性情"说二者结合起来,并加以发展,从而提出了自己的"心统性情"思想。程颐虽然提出了心有体用的思想,但是他却没有明确把心之体规定为性,把心之用规定为情。张载虽然最早提出"心统性情"的命题,但从现存的史料来看,找不到其命题的具体内容。朱子发展了程颐的思想,同时又赋予张载的命题以具体的内涵,并把二者结合了起来,提出了:"性以理言,情乃发用处,心即管摄性情者也。故程子曰:'有指体而言者,寂然不动是也',此言性也;'有指用而言者,感而遂通是也',此言情也。"④他

---

① 《张子语录·语录中》。
② 黎靖德:《朱子语类》卷五。
③ 黎靖德:《朱子语类》卷五三。
④ 黎靖德:《朱子语类》卷五。

明确地把心之体称为性,把心之用称为情,心贯通两端,管摄性情。

朱子"心统性情"的思想主要有两层的含义:一是心兼性情,二是心主宰性情。

心兼性情　心兼性情,是从存在上说的,是指心兼体用而以体用分性情,一心兼而有之。"心统性情,统犹兼也。"①心兼性情,是对心兼动静、体用、已发未发的综合与概括,并以其为基本内容。这里"兼"为兼备的意思,而不是兼顾的意思,是指把性情都包括在心之中。他说:"心者,兼性情而言。兼性情而言者,包括乎性情也。"②"一心之中自有动静,静者性也,动者情也。"③朱子认为,心兼动静,贯通于动静两端之中。他批评只以静言心,或是只以动言心的观点。他指出,不是只在动时才有心,而静时心"无所用";也不是只在静时才有心,而"动处不属心矣,恐未安也"。④朱子认为,动与静是相互联系的。心静,寂然不动;心动,感而遂通。既要在静时存心、养心,又要在动时察心、识心,把静与动、存养与察识结合起来。以静为心之体,以动为心之用,把动静与体用结合起来。

"性者,理也。性是体,情是用。性情皆出于心,故心能统之。"⑤在体用问题上,心统性情便是心兼体用。朱子认为,心兼体用是在分别体用的前提下来兼体用,体用的区别是确定的,这就是性体情用,不能笼统地性情不分。朱子把心兼体用与心兼未发已发联系起来。所谓未发,是指思虑未萌时,心的状态;所谓已发,是指思虑已萌发时心的状态。他说:"心统性情,故言心之体用,尝跨过两头未发、已发处说。"⑥未发已发是心体流行一静一动的两个不同的阶段。心之未发与心之体、心之静相联系;心之已发与心之用、心之动相沟通。心具有未发、已发两种状态,即心兼未发已发。朱子说:"思虑未萌,事物未至之时为喜怒哀乐之未发。当此之时,即是心体流行寂然不动之处,而天命之性体段具焉。以其无过不及,不偏不倚,故谓之中。然已是就心体流行

---

①　黎靖德:《朱子语类》卷九八。

②　黎靖德:《朱子语类》卷二〇。

③　黎靖德:《朱子语类》卷九八。

④　朱熹:《晦庵先生朱文公文集》卷四〇,《答何叔京十二》。

⑤　黎靖德:《朱子语类》卷九八。

⑥　黎靖德:《朱子语类》卷五。

处见,故直谓之性则不可。"①指出心之未发可谓之中,然不可谓之性。心之已发,谓之和,情为心之用,但情也不等同于心。

心主宰性情　心主宰性情是朱子"心统性情"说的重要内容。"问:'心统性情,统如何?'曰:'统是主宰,如统百万军。'"②心对性情的主宰是指心统御管摄性情,它包括两个方面,一是心主宰性,二是心主宰情。也就是指人的理智之心对于人的本性和人的情感的把握与控制。"人多说性,方说心。看来当先说心。古人制字,亦先制得心字,性与情皆从心。以人之生言之,固是先得这道理,然才生这许多道理,却都具在心里。……盖性即心之理,情即性之用,今先说一个心,便教人识得个情性底总脑,教人知得个道理存着处。若先说性,却似性中别有一个心。"③性情皆出于心,有心而后有性情,不是有了性情而后有心,这个"心"是性情得以存在的载体。先说心,后说性,心是性情的"存着处"、"发生处"。这里"存着处"是说心是性的承载者;"发生处"则是说性情都出于心,从心发出。朱子认为,当心是未发,性存于心时,就要以心来主宰性。当心是已发,且性表现为情时,也要用心来主宰情,使情符合善的原则。他说:"未发之前是敬也,固已主乎存养之实。……人自有未发时,此处便合存养。"④这里所说的存养,是指平时的道德修养,朱子认为保持善性的根本就在于此。关于已发,他说:"已发之际是敬也,又常行于省察之间。"⑤这里所谓的省察,是指遇到事情时,想要按照道德原则办事,就要省察其心,以使事情不离性善的轨道。朱子认为要通过心的主宰,把性与情统一起来,也就是他所主张的把未发和已发、存养和省察结合起来。他强调如要把平时的道德修养和遇事按照道德原则办事相互沟通并使之不离开心的统御,就要使心主宰性情之两端。朱子心主宰性情的思想主要涉及了伦理学的问题,要认识和保持内在的道德理性就要发挥理智之心的主观能动性。无论是心主宰性还是心主宰情,讲的都是伦理道德问题以及发挥主体的能动性以加强道德修养。

(朱人求　朱萌萌)

---

① 朱熹:《晦庵先生朱文公文集》卷六七,《已发未发说》。
② 黎靖德:《朱子语类》卷九八。
③ 黎靖德:《朱子语类》卷五。
④ 朱熹:《晦庵先生朱文公文集》卷三二,《答张钦夫》。
⑤ 朱熹:《晦庵先生朱文公文集》卷三二,《答张钦夫》。

尊德性而道问学

　　"尊德性而道问学",语出《中庸》第二十七章:"苟不至德,至道不凝焉。故君子尊德性而道问学,致广大而尽精微,极高明而道中庸。温故而知新,敦厚以崇礼。"朱子认为此五句中第一句"尊德性而道问学"是纲领,是统摄,而五句中上半部分"尊德性、致广大、极高明、温故、敦厚"是大纲工夫,以"尊德性"为根本;下半部分"道问学、尽精微、道中庸、知新、崇礼"则是细密工夫,以"道问学"为根本。①《中庸》篇在此谈到君子所应具有的秉性,君子不仅要发扬天赋的善的德性,而且要努力学习道德知识。只有把二者结合起来,固有的道德天性才能发扬光大,才能达到"中庸"的至德境界。朱子在《四书章句集注·中庸》中解读曰:"尊者,恭敬奉持之意;德性者,吾所受于天之正理。道者,由也……尊德性,所以存心而极乎道体之大也;道问学,所以致知而尽乎道体之细也。二者修德凝道之大端也。"尊德性与道问学均为"为学之方",此解释大抵无误,后朱子与陆九渊兄弟鹅湖论争,"道问学"与"尊德性"便演变成为学方法的二分。据与会者记述其大略:"鹅湖之会,论及教人,元晦之意,欲教人泛观博览,而后归之约。二陆之意,欲先发明人之本心,而后使之博览。朱以陆之教人为太简,陆以朱教人为支离,此颇不合。"②

　　朱子认为必须以"道问学"为先为重。所谓"道问学",也就是即物穷理,泛观博览,然后归之于约。朱子认为,只有多读圣贤书,多应接人伦事物,才能印证天理。所以他不同意"一理通而万理通"的说法,主张为学格物穷理,为学有渐,积累而贯通。他说:"道问学,所以致知而尽乎道体之细也。"③在朱子看来,《中庸》篇所表述的"道问学"有五个步骤:"博学之,审问之,慎思之,明辨之,笃行之。"任何一点都是必要的,都是不可省略的,依此序而渐进的。

---

① 黎靖德:《朱子语类》卷六四。
② 陆九渊:《陆九渊集》卷三六。
③ 《中庸章句》第二十七章。

朱子作诗曰:"旧学商量加邃密,新知培养转深沉。"①无论是旧学还是新知,都要经历"道问学"的五个步骤,经由"商量"、"培养",才能走向精密、沉稳与深刻。

与朱子相对,陆九渊则把"尊德性"放在首位。所谓"尊德性",就是"先立乎其大者",以"立志"、"知本"为先。他认为,每个人都应该堂堂正正做一个大写的人。只有首先明确为学和做人的目标,才能读书应物,这样方能做到:"自立自重,不可随人脚跟,学人言语。"②在陆九渊看来,若不知仁、义、礼、智、信等德性之尊,不先存心而极乎道体之大,学问就失去了根本,正所谓:"既不知尊德性,焉有所谓道问学?"③他强调在道德行为之前必须先有目标和方向,否则就会误入歧途。他说:"未知学,博学个甚么? 审问个甚么? 明辨个甚么? 笃行个甚么?""学不见道,枉费精神。"④这表明,不知学问的目的,所谓"博学"、"审问"、"明辨"、"笃行"必然迷失方向。他称朱子为学为"支离",自己为"易简"。陆子为此而作诗曰:"易简工夫终久大,支离事业竟浮沉。"⑤陆九渊还把自己的为学之方称为"减他底",而把朱子的叫做"添人底":"某读书只看古注,圣人之言自明白。且如弟子入则孝,出则弟,是分明说你入便孝,出便弟,何须得传注。学者疲精神于此,是以担子愈重,到某这里,只是于他减担,只此便是格物。"⑥"今之论学者只是'添人底',自家只是'减他底',此所以不同。"⑦

朱陆为学之方的分歧,遂成学界的公案。黄宗羲在《宋元学案·象山学案·按语》中说:"先生之学,以尊德性为宗,谓'先立乎其大,而后天之所以与我者,不为小者所夺'。夫苟本体不明,而徒致使劳于外索,是无源之水也。同时紫阳之学,则以道问学为主,谓格物穷理,乃吾人入圣之阶梯。夫苟信心自是,而唯从事于覃思,是师心自用也。"章学诚亦在《文史通义·朱陆》中评论道:"然谓朱子偏于道问学,故为陆氏之学者,攻朱氏之近于支离;谓陆氏之

① 朱熹:《晦庵先生朱文公文集》卷四。
② 陆九渊:《陆九渊集》卷三五。
③ 陆九渊:《陆九渊集》卷三四。
④ 陆九渊:《陆九渊集》卷三四。
⑤ 陆九渊:《陆九渊集》卷二五。
⑥ 陆九渊:《陆九渊集》卷三五。
⑦ 陆九渊:《陆九渊集》卷三四。

偏于尊德性,故为朱氏之学者,攻陆氏之流于虚无;各以其所倚重者,争其门户,是亦人情之常也。"实斋两度用"偏"字,显示出朱陆尊德性与道问学之争只是有所侧重而已。

朱子后来甚至号召自己及门人向子静学习:"只是尊德性工夫,却不在纸上,在人自做,自尊德性至敦厚,凡五件,皆是德性上工夫。自道学问至崇礼,皆是学问上功夫。须是横截断看。问学工夫,节目却多;尊德性工夫甚简约。"①尊德性,道问学一段,"博我以文,约我以礼"两旁做工夫都不偏。而且二者还可相辅相成:"如今看道理未精进,便须于尊德性上用功;于德性上有不足处,便须于讲学上用功。二者须相趱逼,庶得互相振策出来。若能德性常尊,便恁地广大,便恁地光辉,于讲学上须更精密,见处须更分晓。若能常讲学,于本原上又须好。觉得年来朋友于讲学上却说较多,于尊德性上说较少,所以讲学处不甚明了。"②由此可见,朱子既觉得陆九渊"道问学"上欠缺,又觉得自己在"尊德性"上不够,故主张"和之长,补之短"。这里既见朱子对待学问的客观态度与胸襟,又见朱陆为学之方实无原则性区别。

(朱人求　王凯立)

---

① 黎靖德:《朱子语类》卷六四。
② 黎靖德:《朱子语类》卷九四。

人心道心

《尚书·大禹谟》有言:"人心惟危,道心惟微,惟精惟一,允执厥中。"这句话曾被称为"十六字传心诀",是朱子及其他宋明理学家建立"道统"的主要文献依据,因而显得十分重要。朱子曾在《中庸章句序》中说:"盖自上古圣神继天立极,而道统之传有自来矣。其见于经,则'允执厥中'者,尧之所以授舜也;'人心惟危,道心惟微,惟精惟一,允执厥中'者,舜之所以授禹也。尧之一言,至矣,尽矣! 而舜复益之以三言者,则所以明夫尧舜之一言,必如是而后可庶几也。"

朱子的"人心道心"学说,是在对"十六字传心诀"的系统解释中建立起来的。按照朱子四十五岁左右的看法,"人心"对应于"人欲",即违背道德法则的欲望与需求;而"道心"则对应于"天理",即符合道德法则的心理活动。在此时的朱子看来,一个人的心理活动要么是"人心",因而是邪恶的;要么是"道心",因而是善良的。"人心"与"道心"在道德上分属善恶的两极,互不相容,朱子的这一看法,基本上沿袭了北宋二程的观点。

将"人心"解释为"人欲",其实存在着一个问题,那就是与"危"的含义难以协调。"人心惟危"的意思是说"人心"很"危险",如果"人心"已经是"人欲",已经是邪恶的了,那么怎么能说"人心"很"危险"呢? 我们常常会说小孩子在池塘边玩耍很"危险",这是因为小孩子在池塘边不注意就会掉到池塘中,但我们从来不会对一个已经掉进池塘里的小孩子说"危险"。很显然,只有在小孩子将很可能掉进池塘而实际上还没有掉进池塘时,我们才会用"危险"这个词。朱子说:"谓之危者,危险,欲堕未堕之间。"①由此可见,"危"的含义指示了:"人心"并不就是邪恶的,因而并不直接对应于"人欲",而是处于一种将很可能堕入"人欲",但实际上还没有堕入"人欲"的状态。

朱子于五十六岁之后发现了这一问题,并逐渐修改了他的"人心道心"学

---

① 黎靖德:《朱子语类》卷七八。

说。朱子关于"人心道心"学说的晚年定论,在其六十岁所作的《中庸章句序》中有着较为凝练的表达。他说:"心之虚灵知觉,一而已矣,而以为有人心、道心之异者,则以其或生于形气之私,或原于性命之正,而所以为知觉者不同,是以或危殆而不安,或微妙而难见耳。然人莫不有是形,故虽上智不能无人心,亦莫不有是性,故虽下愚不能无道心。"我们每个人只有一个心,因而心所具有的知觉功能其实也是同一个,但知觉的内容却有不同。如果知觉的内容根源于"形气之私",那么知觉到的东西就是声色臭味,此心乃"人心";如果知觉的内容根源于"性命之正",那么知觉到的东西就是天理,此心乃"道心"。此时,"道心"仍然与"天理"对应,因而是善良的;而"人心"不再与"人欲"对应,而是泛指人的各种生理欲望与需求,因而是非善非恶的。需要强调的是,在朱子这里,"人欲"这个词主要指违背道德法则的欲望与需求,它有时也被叫作"私欲",是邪恶的,但这与人基本的生理求欲是不同的。朱子一向主张克除"人欲",但对人基本的生理求欲,朱子是肯定的,并且这也是儒家的基本共识。因此,说朱子是一个"禁欲主义"者,这完全是不折不扣的误解。

在朱子关于"人心道心"的晚年定论中,"人心"与"道心"的关系就好像船与舵的关系。一方面,我们饿的时候不仅仅是想填饱肚子,还想多点几个好菜,进而导致铺张浪费。这也就是说,人基本的生理求欲时刻都有堕入"人欲"的危险,因而需要用"道心"对"人心"加以正确的引导,这就好像船须有人掌舵才能行驶在正确的航向上,没有人掌舵的船只能在危险中肆意漂泊。另一方面,舵乃船之舵,离开了船,舵也不成其为舵。这也就是说,离开了人基本的生理求欲,"道心"就是去了领导的对象,从而不成其为"道心"。因此"道心"要在"人心"的基础上才能实现。

朱子的"人心道心"学说逻辑缜密,体系精美,但千言万语仍然还是要落实在人现实的工夫修养上。"人心惟危"是说"人心"危险难安,时刻都有陷于"人欲"、化为邪恶的可能;"道心惟微"是说代表"天理"的"道心"微妙难见。"人心"与"道心"常常杂糅在一起,稍不注意就会导致天理灭而人欲胜的恶果。因此,若要做到"允执厥中",即真诚地持守中庸之道,那么就必须切实地下"惟精惟一"的工夫。《中庸章句序》有言:"精则察夫二者之间而不杂也,一则守其本心之正而不离也。从事于斯,无少间断,必使道心常为一身之主,而人心每听命焉,则危者安、微者著,而动静云为自无过不及之差矣。"在朱子看来,"惟精"的工夫是要辨别"人心"与"道心",使二者不相杂糅,这事实上就是格物致知,就是择善工夫;而"惟一"的工夫是要执守本心之正,并使之常在一身之中而不相离,这事实上就是力行,就是固执工夫。只有将"惟精惟一"的工夫落实在我们的生命中,且没有丝毫懈怠,才能做到道心为主而人心听命,不偏不倚,常行中道,我们自身生命的成长也才如掌舵之船,时刻行驶在向善的航道上。

(朱人求　王凯立)

知与行

　　如果要成就一个高尚的道德人格(成贤成圣)，那么我们的道德知识与道德践履之间应该保持什么样的关系？这就是儒家所常常讨论的知行问题。儒家讨论这一问题并不旨在回答我们如何获取知识、从哪里获取知识，而是期望为我们的道德修养指明方向。对此，朱子回答说："知、行常相须，如目无足不行，足无目不见。论先后，知为先；论轻重，行为重。"①其中，"知行相须"是朱子回答知行问题的总原则，"知为先"为我们指明了道德修养的下手处，而"行为重"则指明了道德修养的落脚点。

　　知行相须　在朱子那里，知行问题中的"知"本质上是对"理"的理会，而"行"是把所理会的"理"充分地实现在行为中。成贤成圣，无非也就这两件事情。在朱子看来，圣贤是在道德知识与道德践履上都能做到极好的完整人格，因此，要培养这样的人格，就不能知而不行或行而不知，而是要"知"与"行"齐头并做，即对"理"的理会与对"理"的践行相互交发，这就是"知行相须"。朱子常用人走路来比喻知行关系，人如果没有眼睛就看不见，走不对，人如果没有脚就走不了，即使看得见了也无济于事。因此，如果要到达目的地，就要眼睛和脚并用。这就与道德修养一样，若要成就高尚的道德人格，需要道德知识与道德践履相交并用。

　　朱子注意到，"知"与"行"之间是相互促进的，他说："能穷理，则居敬工夫日益进；能居敬，则穷理工夫日益密。"②在具体的工夫条目中，"知"与"行"是一组相对而言的概念，在这里，"穷理"属"知"，"居敬"属"行"。道德认知能够促进道德践履的长进，而道德践履也能够促使道德认知变得更加细密真切。因此，"须是于知处求行，行处求知"③，知行相发，相互促进，这是培养道德人

---

① 黎靖德:《朱子语类》卷九。
② 黎靖德:《朱子语类》卷九。
③ 黎靖德:《朱子语类》卷一三。

格的切实之道。

此外，朱子还强调，对于知行相须或知行相发而言，我们不要刻意去领会"相须"或"相发"，而是要分别在"知"与"行"两方面上切实用功。"若知有未至，则就知上理会，行有未至，则就行上理会，少间自是互相发。"①对朱子而言，"相须"或"相发"是在"知"与"行"两方面切实用功后所自然实现的效果，提出"知行相须（相发）"，也只是要提醒学者，在成就一个完整的道德人格时，在知行两方面都要用功，不可偏废。在这里，朱子并没有把"知"与"行"混而为一的意思，因此，朱子的"知行相须"在根本上有别与王阳明的"知行合一"。

知为先　在儒学对知行问题的讨论史上，朱子的"知先行后"说显得尤有特色。朱子说："夫泛论知行之理而就一事之中以观之，则知之为先，行之为后，无可疑者。"②比如走路，我们首先须要看见路，然后才能去走。需要特别注意的是，朱子说"知先行后"是仅就某件单独的具体事情而言的，并不是说我们要把所有该知道的东西都知道了以后才去行动。对于涉及很多件事的整个工夫进程而言，朱子明确说，我们应该"知行相须"。

朱子力主"知先行后"说的一个重要目的，是为我们培养道德人格指明一个下手处。他说："万事皆在穷理后。经不正，理不明，看如何地持守，也只是空。"③朱子认为，我们应该首先通过阅读圣贤留下来的经典，从而明白其中为人处事的道理，这样才能为我们道德人格的养成找到正确的基准。在朱子那个时代，禅学十分兴盛，禅学家大都主张轻视文字，注重顿悟。与朱子同时代的陆象山，同样主张类似的工夫方法。朱子很清楚这类工夫方法的缺陷，他说："某也曾见丛林中有顿悟者，后来看这人也只寻常。"④在朱子看来，不先明"理"就去行为、去顿悟，这样的修养方式是靠不住的。由此看来，朱子的"知先行后"说很有针对禅学、陆学流弊的意味，其背后的要旨在于教导我们以格物穷理为修养工夫的下手处。

行为重　成贤成圣的修养工夫固然要以"知"为先，但其落脚点毕竟还是在我们的行为上。朱子强调："论轻重，当以力行为重。"⑤在朱子看来，如果不

---

① 黎靖德：《朱子语类》卷九。
② 朱熹：《晦庵先生朱文公文集》卷四二，《答吴晦叔》。
③ 黎靖德：《朱子语类》卷九。
④ 黎靖德：《朱子语类》卷一一四。
⑤ 黎靖德：《朱子语类》卷九。

把道德知识落实在道德践履之中，那么道德知识也是毫无意义的。因此，朱子十分强调把道德知识转化为道德践履，这样工夫才算落到了实处，才能真正将自己培养成为一个善良的人。朱子说："善在那里，自家却去行他。行之久，则与自家为一；为一，则得之在我。未能行，善自善，我自我。"①若要成为一个善良的人，必须要把"善"落实在自己身上，而把"善"落实在自己身上，就是要切实去做善事。

"行为重"的另一层含义，乃是"知易行难"。朱子说："这个事，说只消两日说了，只是工夫难。"②的确，我们要知道一个道理很容易，但把这个道理真切地落实在行为中，却是十分困难的事情，但工夫的着力点与落脚点却也恰恰在这件困难的事情上。《尚书》中有言："知之非艰，行之惟艰。"朱子曾对此评论道："工夫全在行上。"③

（朱人求　王凯立）

---

①　黎靖德：《朱子语类》卷一三。
②　黎靖德：《朱子语类》卷一三。
③　黎靖德：《朱子语类》卷一三。

敬通贯动静,成始成终

　　程颐主张孔门两种修养工夫:"涵养须用敬,进学则在致知。"此说对应于《中庸》的"尊德性"和"道问学"两条做人成圣的道路,并创新地拈出"敬"和"致知"作为具体的方法。涵养主敬与进学致知,如车之两轮,鸟之两翼,夹持互进,于圣学缺一不可。这构成程朱学派一大思想标志。朱子说:"敬之一字,真圣学之纲领,存养之要法。"①他对程颐标举敬字,曾经再三致意,说:"圣人言语,当初未曾关聚。……到程子始关聚,说出一个敬字来教人。"又说:"程先生所以有功于后学者,最是敬之一字有力。"②现代学者谈朱子,详于致知论,略于主敬说,两轮之教变为独轮之教,不能反映朱学原貌。清康熙帝《御纂朱子全书》卷二选录朱子说敬之语,《语类》32 条,《文集》27 条,内容便十分可观,何况还不是全部。

　　程颐主敬,稍早周子则主静,说"圣人定之以中正仁义而主静,立人极焉"③。朱子综合之,谓"敬字工夫,通贯动静,而必以静为本"④。系统地把敬字通贯于动静,是朱子的贡献。朱子与湖湘学派张栻等人辩论心的已发未发问题,对于"敬",他说:"未发之前是敬也,固已主乎存养之实;已发之际是敬也,又常行于省察之间。"⑤张栻之师胡宏以性为未发、心为已发,而在朱子(己丑之悟后)看来,已发未发都是心,心周流贯彻于人的动静语默之间。心发为活动时不难知其存在,而静时如何肯定"心"存在? 便是通过它的敬。不活动的心何以能有敬? 其故,敬不是未发之性,也不是已发之情,只是心的"主一"。《二程粹言》载:"主一之谓敬,无适之谓一。"朱子注孔子的"敬事而信",

①　朱熹:《晦庵先生朱文公文集》卷四〇,《答何叔京》。
②　黎靖德:《朱子语类》卷一二。
③　《太极图说》。
④　朱熹:《晦庵先生朱文公文集》卷三二,《答张敬夫》。
⑤　朱熹:《晦庵先生朱文公文集》卷三二,《答张敬夫》。

继续说："敬者，主一无适之谓。"①什么是主一无适？更通俗地说："敬，莫把做一件事看，只是收拾自家精神，专一在此。"②近人颇把主一解读为心专注于一意或一事，不知其本质是专于此心自身，也就是维持原生之心，心自我主宰。朱子分明说过："敬，只是此心自做主宰处。"③有此主宰力，遇事自能专心一意。朱子有言："(敬)只是莫走作。且如读书时只读书，着衣时只着衣。理会一事时，只理会一事，了此一件，又作一件，此'主一无适'之义。"④便要理解为第二义的敬(当然也重要)。

心的自主自为，可以表现于动时，也可以其纯粹形态完成于静时。"心自作主宰"，看字面，"主宰"也是"动作"，似乎不能在静态下完成。然而在朱子，心自身不论如何，只要未与物交涉，未生发感应，便是寂然不动。因为尚有"自主"和"它适"两种(相反的)可能倾向，静中之心仍然是有作为的：其能自主而不它适，便是"敬"；若相反，便是"不敬"。至于"它适"概念，似有离心自体而交涉于他物之意，有人可能会因此说这是已发状态，不能用来界定未发之心。这种嫌疑有一定道理。只是在其他地方，朱子也用"勿忘勿助长"来表示敬，勿字所否定的"忘"和"助长"，则可以确信不关涉心外的对象，从而可证存在未发的心自体所拥有的纯粹的敬。

纯粹的敬是在心的静态下被界定的，故也叫"死敬"。这个词意味着纯粹的敬不足恃；因为根本上，心不得不发用成活动的心。朱子说："敬有死敬，有活敬。若只守着主一之敬，遇事不济之以义，辨其是非，则不活。若熟后，敬便有义，义便有敬。静则察其敬与不敬，动则察其义与不义。……须敬义夹持，循环无端，则内外透彻。"⑤动静的区分，在于"遇事"与否，一旦遇事，心为他物活动起来，死敬就需要转化为活敬——一种结合了义的敬。义是对事物的恰当认识和处置，事关格物穷理，持敬工夫就这样与进学致知工夫发生联系，敬字从而能脚跨两轮。朱子说："学者工夫，唯在居敬穷理二事。此二事互相发。能穷理，则居敬工夫日益进；能居敬，则穷理工夫日益密。"⑥此话说

---

① 《论语集注·学而》。

② 黎靖德：《朱子语类》卷一二。

③ 黎靖德：《朱子语类》卷一二。

④ 黎靖德：《朱子语类》卷九六。

⑤ 黎靖德：《朱子语类》卷一二。

⑥ 黎靖德：《朱子语类》卷九。

居敬穷理二事平行,同时互相加强。只是由于动静的区隔,居敬工夫能渗入格物穷理过程,反之则否。简言之,唯有敬贯动静,彻上彻下。

朱子认为,《中庸》的慎独工夫即是主敬工夫,它纵贯动静,特别地,其"戒慎乎其所不睹,恐惧乎其所不闻"指向了于静中持敬涵养的工夫,而这段工夫是《乐记》没有的:"《中庸》彻头彻尾说个谨独工夫,即所谓敬而无失、平日涵养之意。《乐记》直到'好恶无节'处方说'不能反躬,天理灭矣'。殊不知未感物时若无主宰,则不能安其静,只此便昏了天性,不待交物之引然后差也。"① 换句话说,《乐记》只提供了思虑萌动以后的一段察识穷理工夫,有很大的缺陷。

敬之于圣人养成,不仅通贯动静,无内无外,而且"成始成终",是从小学到大学的一致工夫,从儿童的洒扫应对、习惯培养到长大后的进德修业、修齐治平,无不应当持敬以为本②。

敬的哲学内涵可以说得很深,做起来其实又很浅显,基本的无非是身体行为上的恭敬。朱子说:"持敬之说不必多言,但熟味整齐严肃、严威俨恪、动容貌、整思虑、正衣冠、尊瞻视此等数语而实加功焉,则所谓直内,所谓主一,自然不赘安排,而身心肃然,表里如一矣。"③他本人以此恭敬持身,堪为楷模。黄榦《朱子行状》介绍朱子生前:"其可见之行,则修诸身者,其色庄,其言厉,其行舒而恭,其坐端而直。其闲居也,未明即起,深衣、幅巾、方履,拜于家庙以及先圣。退坐书室,几案必正,书籍器用必整。其饮食也,羹食行列有定位,匕箸举措有定所。……威仪容止之则,自少至老,祁寒盛暑,造次颠沛,未尝有须臾之离也。"后人觉得程朱一派道学家特别严肃,渊源在此。其实朱子所行,原是孔子教颜子的话:"非礼勿视,非礼勿听,非礼勿言,非礼勿动。"朱子诠释道:"勿者,禁止之辞,是人心之所以为主,而胜私复礼之机也。"④人心之所以为主,岂不就是"主一",就是"敬"?容貌、颜色、辞气上的端庄中礼,某种程度上可以靠人力勉强维持,但终究是由内而外的结果,也就是由心中之敬自然表现为形体之敬。故朱子说:"大抵身心内外,初无间隔。所谓心者固

---

① 朱熹:《晦庵先生朱文公文集》卷四三,《答林择之》。
② 《大学或问》。
③ 朱熹:《晦庵先生朱文公文集》卷四五,《答杨子直》。
④ 《论语集注·颜渊》。

主乎内，而凡视听言动、出处语默之见于外者，亦即此心之用，而未尝离也。"①
因为"内外无间隔"，一个合理的推断是，一人若自心尚不能自主，通过长期身
体敬的训练，也有助于从外而内催生其恭敬之心。这便是朱子重视儿童礼仪
教育（如洒扫应对）的合理性所在。

　　关于敬，另一个不可忽视的维度是敬天敬鬼神。如果说前面的敬着重于
人心的内在超越，敬天之敬则指向外在超越。从孔子的非礼勿视听言动之教
可以看出，"敬"是儒家之礼最不可或缺的精神，而礼重点是祭礼，祭天神地祇
人鬼。《中庸》引孔子之言曰："鬼神之为德，其盛矣乎！……使天下之人斋明
盛服，以承祭祀。"祭祀中的端庄严肃，为的是恭敬鬼神。朱子相信人死为鬼
神，而面对鬼神的情感态度应是诚敬："祭祀之礼尽其诚敬，便可以致得祖考
之魂魄。"②前引黄榦的记录，朱子每日拜于家庙祖先和孔圣，是如何毕恭毕
敬。论鬼神，最高存在是天。天不仅是苍穹，还是主宰之天、理之天③。朱子
的《敬斋箴》，通篇都在讲敬字。而所以持敬，一为对得起内心，构成内在动
力；一为对得起上天，构成外在动力。故箴言末言："於乎小子，念哉敬哉。墨
卿司戒，敢告灵台（心灵）"，而首言："正其衣冠，尊其瞻视。潜心以居，对越上
帝。"上帝就是天。朱子解孟子，说："存其心，养其性，所以事天也。心性皆天
之所以与我者，不能存养而梏亡之，则非所以事天也。"④可见，即使是心性的
存养问题，敬同样能够指向天。理解朱子的敬，论心不论天，未及外在超越，
是不真确的。

（袁鑫淼）

---

① 朱熹：《晦庵先生朱文公文集》卷四五，《答杨子直》。
② 黎靖德：《朱子语类》卷三。
③ 黎靖德：《朱子语类》卷一。
④ 朱熹：《晦庵先生朱文公文集》卷三二，《答张敬夫问目》。

义利之辨

在古代,如何认识和处理道德原则与物质利益,个人利益与集体利益的矛盾成了一个突出的社会问题。朱子作为我国古代著名的思想家,对前人的义利观做了阐发,形成了自己独特的义利之辨思想。

朱子认为,义是"天理之所宜"、"心之制"①。所谓宜,就是指这事合当这样,那事合当那样。"合当"即"应当"或"当作"。"天理之所宜",就是天理所当作的,便合乎义。譬如做官的应当廉勤,这便合乎天理之所宜。所谓"心之制"是说以义心裁制万事,有什么难事而不济,无事不成。在这里,朱子强调"义"是人心内在的自我规范,显发于外便是待人处事的合理与适当。

朱子认为,利是"人情之所欲"②。这里所说的"人情之所欲",是指口鼻耳目四肢之欲,即以追求肉体感性情欲为满足。利又是"人欲之私"。朱子认为,利有公利和私利之别。"将天下正大底道理去处置事,便公;以自家私意去处之,便私。"③明义利之辨,能够使"自天子以至于庶人,人人得其本心以制万事"。人人谨守天理之所宜,而不去追求不应当得到的各种利,以义利来调整社会各种冲突。

在义利关系上,朱子认为"义"与"利"体现在"公"与"私"的问题上,从政者,首先就要讲一个"公"字,不论官职大小,若小官做事公正,就被人们所敬重。反之,大官做事不公就被人们所唾弃。他说:"官无大小,凡事只是一个公字。若公时做得来也精彩,使若小官人也望风畏服,若不公便是宰相做来做去也只得个没下梢。"④意思是说为官不公,即使像宰相这样的大官到后来也是下不了台阶的。朱子自己在"公"字上便是身体力行者,例如,他杜绝亲

---

① 朱熹:《论语集注·里仁》。
② 朱熹:《论语集注·里仁》。
③ 黎靖德:《朱子语类》卷一三。
④ 黎靖德:《朱子语类》卷一一二。

友的私情求荐，坚持任人唯贤的原则。有亲戚托人求举。先生曰："亲戚固是亲戚，然荐人于人，亦须是荐贤始得。今乡里平平等人，无可称之实，某都不与发书恳人。况某人事母如此，临财如此，居乡曲事长上如此，教自家荐举他甚么得！"①

义利关系是道德哲学的价值观念。朱熹认为，义是先天固有的，为天理之公的道德价值；利是来自后天物我关系的比较，为人欲之私的道德价值。

朱子提出"利者，义之和"的观点。他说："义，各有分别，如君臣、父子、夫妇、兄弟之义，自不同。似不和，然而各正其分，各得其理，便是顺利，便是和处""利者，义之和。义疑于不和矣，然处之而各得其所则和。义之和处，便是利。"②"义之和"，就是义所达到的和谐状态。这里所说的"各正其分"，"各得其理"，"各得其所"，是朱子作为协调社会人际关系和国家关系的基本原则。朱子提倡的"利者，义之和"说，强调"凡事处制得合宜，利便随之"，"义之和处，便是利"。这些精辟的见解，不仅在当时有着深刻的社会现实意义，即使在今天，对我国社会主义精神文明建设，亦仍有一定的道德借鉴价值。

义利作为价值导向，具有不同的特征。在朱子看来，义利对待，但亦不绝对排斥，因为物欲价值是人所不可无，而义的价值追求，也包含着功业、利益等行为的结果。从这个意义上说，义蕴含利。虽然义包含行为结果的利，但不能先有利。这就是朱子所说："循天理，则不求利而自无不利；徇人欲，则求利未得而害己随之"的意思。就此而言，朱子的义利之辨是义利统一论。

在建设社会主义现代化的今天，义利之辨仍然是判断人的行为的最高标准，大公无私仍然是人们所要追求的高尚的精神境界。

朱子义利之辨体现的是一种"义以为上"，即以德性作为人之所以为人之本的精神追求。当道义与利益、德性精神与感性欲求发生冲突时，人们理当超越利益的纠结与感性的欲求，而致力对于道义与德性的追求，并在其中得到精神的满足与心灵的自由。由此，超越物欲与私利的诱惑，不断提升自己的精神境界，成就以德性精神为依归的思想人格，就成为儒家精神追求的一个重要特色。

以朱子为代表的传统儒家所追求的"义"，主要体现的是一种顾全大局的

---

① 黎靖德：《朱子语类》卷一〇七。
② 黎靖德：《朱子语类》卷六八。

观念,强调集体、社会乃至整个人类的整体利益。在满足个体利益需求时,不得以伤害他人和社会整体利益为基本前提,并在此基础上努力实现社会整体利益的最大化。朱子认为,一旦实现社会整体利益的最大化之后,"义便兼利",个体利益也就在其中得到了充分的满足。就此而言,"义即利","义""利"具有相通性。这就告诉我们,人们不必计较眼前利益和一时的得失,而应将目光放长远,把对个人利益、局部利益的满足,投放到社会整体利益的最大化之中去。若能够真正做到这一点,我们就不仅能实现个人利益与集体利益、局部利益与整体利益之间的双赢,还能有效提升个体修养,实现个人德性的完满,使自己的人生更加充实而有意义。

以这种传统的儒家义利观为价值导向,结合现代经营管理理念,维护和评价现代市场经济秩序以及市场经济环境下,个人思想品质和行为,是传统儒家义利观当代价值转换中,最具典型意义的事例。有学者就曾指出,所谓"儒商",其特点在于并非只关心无休止地积累财富,他们的伦理准则,最突出的是自制观念,把抑制人类的贪婪作为第一步,去创造一个可控制、规范性的社会和道德秩序。这种"自制"与"创造"的有机结合,正是儒家传统的"以义制利"、最终"义""利"兼得的义利之辨思想的当代实践。

可见,朱子对儒家"义利之辨"做了深刻的反思,提出义是"天理之所宜",利是"人情之所欲","利者,义之和"等义利观。这种道德哲学的价值观,对人们正确处理"义"与"利"的关系是很有意义,具有时代价值。

(张　芸)

何谓道统

儒家心法的圣圣传授,其谱系就构成道统。朱子最早提出哲学化的"道统"观念,他继承二程,建立道统,以"危微精一"阐释其理想的"道统"。在《中庸章句序》中,他说:"上古圣神继天立极,而道统之传有自来矣。其见于经,则'允执厥中'者,尧之所以授舜也。'人心惟危,道心惟微,惟精惟一,允执厥中'者,舜之所以授禹也……自是以来,圣圣相承。"尧舜禹之后,成汤文武周公孔子承接道统,孔子继往开来,传道于颜子、曾子、子思,孟子私淑孔子。到了两宋,周子二程承接千年不传之绪。朱子自觉地以道统自任,他的道统观首推十六字心传,率先确立了道统的哲学内涵,功不可没。

陈荣捷先生认为,朱子道统是哲学化的道统,这一真知卓识得到了众多学者的认同。唐君毅、牟宗三先生认为,中国文化学术思想的大归趋即所谓道统之相传。余英时先生曾引钱穆先生的说法,认为宋明儒家的道统观念首先由韩愈提出,这显然来自禅宗,而整个文化大传统即是道统。刘述先先生指出,钱穆这一说法对于朱子之建立道统缺乏相应的理解。禅宗的确是单传的道统,但儒家根本不采取这样的方式,由古代圣王转移到孔孟程朱,重心已自觉地由君道转移到师道,发明本心,修德讲学,教化百姓,弘扬斯学,这才是道统的核心,它强调的是知识分子的自觉担当。也正是在此意义上,狄百瑞先生把道统表达为"道之重新把握"(the Repossession of the Way)。这说明宋儒认为只有历史、文化、政治、社会、经济的关注是不够的,必回返心性的源头,才能担承道统。由此可见,对宋儒来说,尽管"内圣—外王"是连续体,但实际上无法切割,互为先后。就根源来说,必是以内圣为主,外王为从,这里不存在余英时所谓的"哥白尼的回转"。朱子道统的建构,影响深远,但他的道统观一直受到严重的误解,必须加以澄清。朱子道统的十六字心传"人心惟危,道心惟微,惟精惟一,允执厥中"源出《尚书·大禹谟》,清儒阎若璩考证为伪作,似乎动摇了道统的基础。刘述先借鉴田立克(Paul Tillich)的说法,分别"耶稣学"(Jesusology)的考据与"基督学"(Christology)的信仰,指出朱子建立道统属于信仰层面，不是考证可以推翻的。有关耶稣其人的考证缺乏确定性，但耶稣基督钉十字架为人类赎罪之后复活的信仰确实是绝对的。同样，三皇五帝的传说缺乏确定性，"危、微、精、一"的心传对道学者而言确是绝对的。刘先生高屋建瓴，就朱子"道统"观与全球汉学界积极对话交锋，进一步深化了对朱子"道统"的认识。德国特里尔大学苏费翔（Christian Soffel）仔细爬梳了"道统"一词的来源。近来出土有一篇刻于 698 年的唐代墓志铭——《大周故处士前兖州曲阜县令盖府君墓志铭并序》中就出现了"道统"一词。北宋李若水（1093—1127）的《上何右丞书》、刘才邵（1086—1158）的《乞颁圣学下太学札子》、南宋李流谦（1123—1176）的《上张和公书》都早于朱子使用"道统"一词。

然而，朱子对道统的传授阐释过于笼统，仅对尧舜禹之间的心法授受做了简单的揭示，对三圣之后的传授则语焉不详。朱子之后，其高足黄榦在《圣贤道统传授总叙说》一文中对此做了详细的叙述。黄榦认为，道统源于天，尧得道统于天，尧传道统与舜曰"允执厥中"，舜得道统于尧，"舜之命禹则曰人心惟危，道心惟微，惟精惟一，允执厥中"。"禹之得统于舜者也，其在成汤则曰：以义制事，以礼制心"，"敬以直内，义以方外"则是武王、周公从文王那里继承来的道统，至于孔子则以"博学于文，约之以礼"、"文行忠信"、"克己复礼"与《大学》八条目为周公相传的道统。颜子得于"博文约礼，克己复礼"之言，曾子得之《大学》之义，子思"则先之以戒惧慎独，次之以知仁勇，而终之以诚"，至于孟子，则"先之以求放心，而次之以集义，终之以扩充"，这是孟子从子思那里继承的道统。到了宋明，周子"以诚为本，以欲为戒"以继孔孟不传之绪，二程则曰"涵养须用敬，进学则在致知"，此二程得于周子者也。"先师文公之学，见之《四书》，而其要则尤以《大学》为入道之序"，这正是朱子从二程那里继承得来的道统。[①] 陈荣捷先生认为，道统即哲学之统，"黄氏所言，太过武断，不足以尽诸儒之要旨，更不足以窥朱子之本意。……然其以哲学眼光观道统，则其功不少"。黄榦揭示出不同时期不同思想家独特的思想命题，这也是他们对中国哲学所特有的贡献。对于黄榦的道统传授理论，真德秀略作补充并加以系统化。黄榦没有具体说明禹从舜、文王从成汤那里得到的道

---

① 黄榦：《勉斋集》卷三，《圣贤道统传授总叙说》。

统精神，真西山指出"安汝止"①和"克宅心"②，分别为禹、文王所得之道统："曰安止，曰几康，圣人养心之要法也。……舜以精一执中告禹，禹复以安止几康告舜，用功若异而归宿实同。欲知舜禹之学者，合而玩之可也。""文王之宅厥心，即禹所谓安汝止也。尧舜以来，累圣相传，一本乎此。成王即政之始，周公恐其知文王之治法，而未知文王之心法也，故作此书。……其所谓克宅心者，是乃文王之学也。"③真德秀指出，圣贤所传的道统一以贯之，其精神实质就是"道"，是"天理"，是"诚"。"然则所以相传者果何道邪？曰尧、舜、禹、汤之中，孔子、颜子之仁，曾子之忠恕，子思之中之诚，孟子之仁义，此所谓相传之道也。知吾圣贤相传之正，则彼异端之失可不辩而明矣。然此数者之中，曰中曰仁曰诚，皆道之全体。"④由于圣贤相传之道即为中、仁、诚，它们皆为道之全体，皆为天理之表征，三者有其内在的一致性。

（朱人求　王凯立）

---

① 安汝止，安定其心，知其所止。
② 克宅心，能安定其心。
③ 《大学衍义》卷二。
④ 《大学衍义》卷一三。

"三纲五常"与尊卑问题

　　三纲五常,"五常"指仁、义、礼、智、信;"三纲",近代默认为"君为臣纲,父为子纲,夫为妻纲",是众矢之的。"三纲"一名,孔孟没提过,迟至汉代《春秋繁露》《白虎通义》才出现。至于"三纲""五常"连称,则迟至汉末:马融注解《论语·为政》"子曰:殷因于夏礼,所损益可知也;周因于殷礼,所损益可知也"句,提出:"所因,谓三纲五常;所损益,谓文质三统。"以下分四点说明朱子与三纲五常的关系。

　　第一,朱子及其身后的道学家,都提倡三纲五常。朱子《论语集注·为政》吸收了马融的注:"马氏曰:所因谓三纲五常,所损益谓文质三统。愚按,三纲谓君为臣纲,父为子纲,夫为妻纲,五常谓仁义礼智信。"朱子之前,北宋五子鲜有言及三纲。大概只有周敦颐《通书·乐上第十七》说过一句:"古圣王制礼法,修教化,三纲正,九畴叙,百姓大和,万物咸若。"其中"三纲"何谓,周敦颐没说。唯朱子注曰:"三纲者,夫为妻纲,父为子纲,君为臣纲。"周氏语收入《近思录》,朱子的注随之被叶采《近思录集解》、江永《近思录集注》采纳。朱子之后,三纲被许多人理解为"君为臣纲,父为子纲,夫为妻纲",正是通过《论语集注》与《近思录》两种道学文本传播开的。有趣的是,《论语集注》以"君为臣纲"为首,而《近思录》以"夫为妻纲"为首,次序有弹性。

　　第二,三纲五常不是朱子中心思想。关于五常,孟子讲"仁义礼智"四德,到董仲舒才讲五常。朱子继承孟子,其哲学体系中,四德比五常的分量重得多,"仁义礼智"系其道德形而上学的本体,而"信"不是。关于"三纲",除了朱子《论语集注》及《通书注》中的两条训诂之语,他有三个话头近代以来被引率极高:(1)将"三纲五常"抽象为普遍的历史规律,指出"三纲五常,亘古亘今不可易"或"纲常千万年磨灭不得",出自《朱子语类》卷二四所载19条针对《论语·为政》孔子语及马融注的朱门问答。(2)"宇宙之间,一理而已。天得之而为天,地得之而为地,而凡生于天地之间者,又各得之以为性,其张之为三纲,其纪之为五常。盖皆此理之流行,无所适而不在",出自朱子《文集》卷七〇《读大纪》。(3)"三纲五常,天理民彝之大节,而治道之本根",出自《文集》卷一四《戊申延和奏札一》。朱子把三纲纳入其哲学体系,赋予形上依据,自无可疑,但另一个事实被有意无意忽略了,即三纲完全不是朱子的中心概念。简单说,其"四德"比"五常"重要,其"三纲领"("明明德、亲民、止于至善")也比"三纲"重要。

第三,三纲首先指以君臣、父子、夫妻三伦为纲。从《白虎通义》开始,三纲一直是两种定义并行:其一,三纲即"君臣、父子、夫妻"三大人伦关系,它们贯穿人类历史,是社会秩序的纲领,此为普通义;其二,"君为臣纲,父为子纲,夫为妻纲",此为特殊义。特殊义支持普通义,普通义不一定支持特殊义。《白虎通义·三纲六纪》原文是:"三纲者,何谓也?谓君臣、父子、夫妇也。六纪者,谓诸父、兄弟、族人、诸舅、师长、朋友也。故《含文嘉》曰:'君为臣纲,父为子纲,夫为妻纲'。"明明白白,所引《含文嘉》是特殊义,而《白虎通义》自己的陈述是普通义。之所以引用,不过因为特殊义支持普通义,可以引为旁佐。之后,南北朝皇侃《论语义疏·为政》、唐初颜师古《汉书注·谷永传》等用普通义,训"三纲"为"君臣、父子、夫妇"。唐孔颖达《礼记注疏·乐记》、邢昺《论语注疏·为政》等用特殊义,训"纪纲"、"三纲"为"君为臣纲,父为子纲,夫为妻纲"。

考朱子,两种定义都有涉及,并以普通义居多。《论语集注》、《通书注》相关文字已如上引,所表达的特殊义是后人最熟悉的。而检索其浩繁的《文集》《语类》,全无"君为臣纲"、"父为子纲"、"夫为妻纲"字样。特别地,《语类》第二四卷谈《论语》马融注,次数那么多,"三纲"密集出现,就是没有一句"君为臣纲"或"父为子纲"、"夫为妻纲",与《论语集注》迥然两个面貌。朱子谈三纲,如"秦之继周,虽损益有所不当,然三纲五常终变不得。君臣依旧是君臣,父子依旧是父子,只是安顿得不好尔"[1],如"仁莫大于父子,义莫大于君臣,是谓三纲之要,五常之本"[2],又如"道莫大于三纲,而夫妇为之首"[3],都是说普通义。当然,形式上是普通义,而当朱子说"君臣父子夫妇"时,往往也暗含"君

---

① 黎靖德:《朱子语类》卷二四。

② 朱熹:《晦庵先生朱文公文集》卷一三,《垂拱奏札二》。

③ 朱熹:《晦庵先生朱文公文集》卷二〇,《论阿梁狱情札子》。

仁臣忠、父慈子孝、夫和妇柔"①,一种别于"君为臣纲、父为子纲、夫为妻纲"的特殊义。

第四,朱子也承认"君为臣纲,父为子纲,夫为妻纲",其中主要是尊卑之义,而此尊卑相去几何,是问题关键。我们的认识是有限尊卑则有之,无限尊卑则绝无。对此不妨直接看他经世的一面,特别是礼法主张。人们总是诟病程朱的礼教纲常,事实又如何?

按朱子《家礼·丧礼》,(1)父子之间:父亲去世,子服"斩衰"三年(母亲去世,服"齐衰"三年);嫡子去世,父亲也是服斩衰三年;众子(除嫡子外)去世,父亲服"齐衰"三年。父亲要为嫡子(主要继承人)服斩衰这一最重之丧,这里父子乃同尊。在朱子自己,他62岁在漳州知州任上,长子朱塾在婺州去世,"报至,即以继体服斩衰,丐祠,归治丧葬"。② 可谓言行合一。(2)夫妻之间:丈夫去世,妻子服斩衰三年;妻子去世,丈夫服齐衰三年。父亲为众子,丈夫为妻子,都服齐衰,是第二重丧。这里儿子、妻子略卑。就此,那种认为父与子、夫与妻尊卑悬绝的论调不攻自破。儒者制定父子夫妻之间的丧服等级,就是对他们的尊卑关系进行量化的一个过程。

据西汉董仲舒以来的理论,父子、夫妻乃阴阳之配合,或可同尊。然而基于世情,同尊者同处难免互争而相伤,须是一主一副,略分尊卑次第。父与子、夫与妻,观其物性,一刚强一柔弱。自应以刚强为主,柔弱为副,故朱子有"父为子纲,夫为妻纲"。

至于君臣丧礼,朱子《家礼》未之言。查《周礼》等可知,臣为君服斩衰,君为臣吊服,吊服所着丧服为锡缞、缌缞,属于五等丧服中最轻的缌麻等级。君臣之间相去几何,于此一目了然,虽超过父子、夫妇的尊卑,但仍不出五服内。君主过度卑,或过度尊,均非朱子所许。(1)君主过卑。朱子批评曹操、司马懿:"君臣之际,权不可略重,才重则无君。且如汉末,天下唯知有曹氏而已;魏末,唯知有司马氏而已。"③曹氏、司马氏都是反君尊臣卑之道而行之,以臣为纲而作乱。(2)君主过尊。朱子批评秦始皇:"至秦欲尊君,便至不可仰望;抑臣,便至十分卑屈。"④尊君可以,但过犹不及,法家过度尊君,成另一种乱。

---

① 见《朱文公家训》等。
② 王懋竑:《朱子年谱》卷四。
③ 黎靖德:《朱子语类》卷一三。
④ 黎靖德:《朱子语类》卷二四。

天子虽为天下至尊,终究不过爵位序列中的一级而已,《白虎通义》所谓"天子者,爵称也"。此朱子所谓"君为臣纲"。

（袁鑫淼）

仁是生生之心、爱人之理

　　孔子学说,礼学占一半,仁学占一半,而孟子学说,大半是仁学。故儒者无不言仁。朱子言仁极多,并以《仁说》一文为标志,建立了一套儒家新仁学。《仁说》全文只824字①,陈荣捷先生说它"经若干年之讨论,三更四改,然后成编。后复润色,总经十有余年……显然于朱子心目中比太极、中和、王霸等论,更为重要"。

　　仁的内涵极难讲说。朱子认为,孔孟谈仁,都是"指示"语,而非定义语。他对程颐的理论最满意,说:"程子言仁,本末甚备。今撮其大要,不过数言。盖曰'仁者,生之性也','而爱其情也','孝悌其用也','公者所以体仁,犹言克己复礼为仁也'。"②朱子作《仁说》,为的是二程之后,学者纷纷言仁,异说横生,故欲祖述程颐,做理论清算。其矛头指向的主要"异说",一是以物我一体为仁,一是以知觉为仁。前者的代表是杨时,后者的代表是谢良佐以及胡宏的湖湘学派。

　　朱子仁学的纲领,尽在《仁说》开头两句:"天地以生物为心者也,而人物之生,又各得夫天地之心以为心者也。故语心之德,虽其总摄贯通,无所不备,然一言以蔽之,则曰仁而已矣。"③归纳《仁说》全文对仁的定义:第一,仁是天地生物之心;第二,仁是心之德,爱之理。

　　第一,仁是天地生物之心——"天地以生物为心"是程颐的话,"人物以天地生物之心为心"则是朱子所添。凭什么断定天人以仁心相授受?朱子在另一个地方说:"天地之大德曰生,人受天地之气而生,故此心必仁。"④依朱子的心性论,人心是气,那么既然气有仁德,人心就有仁德。

---

　　①　朱熹:《晦庵先生朱文公文集》卷六七。

　　②　朱熹:《晦庵先生朱文公文集》卷三二,《答张敬夫书四十四"又论仁说"》。

　　③　以下引《仁说》不注。

　　④　黎靖德:《朱子语类》卷五。

在中外对最高主宰的各种人格化表述中，认为天地造物以"生物"为"心"（而非以理智、情感、意志等为心），算得上"唯物主义"的"神学"了，能使一些宗教理论失灵。朱子对此毫不含糊，他说："天地之心，别无可做，大德曰生，只是生物而已。"①当然，同样是生之德，天人表现有所不同：天地之心，"其德有四，曰元亨利贞，而元无不统"；人之心，"其德亦有四，曰仁义礼智，而仁无不包"。这样就回到了人本位的"仁"德，而它"无不包"，蕴含"仁义礼智"原本并列的四大德目，一下消化了儒家旧的狭义的"仁"。

朱子屡屡说，"生底意思是仁"、"仁是个生底意思"、"只从生意上说仁"、"仁是天地之生气"②。无论天人，其生物活人之意，就是仁的根本义。

由于把"仁"训为生物之德，朱子的仁学便和易学紧紧拥抱在一起。"天地之大德曰生"一句出自《易·系辞》。依《系辞》"生生之谓易"的观点，易之大道就在于生生不息。《易·复卦·象辞》："复，其见天地之心乎！"为什么这么说？就因为复卦代表阳气绝而复生，天地的精神不在于寂灭，而在生命与运动。宋儒发扬了这种世界观，十分看重宇宙迁流不息过程中的"生意"，并为之感到兴奋。朱子认为生意无处不在、无时不在："谓如一树，春荣夏敷，至秋乃实，至冬乃成。方其自小而大，各有生意。到冬时，疑若树无生意矣，不知却自收敛在下。每实各具生理，更见生生不穷之意。"③朱子之前，程颢也说过："万物之生意最可观。此'元者善之长也'，斯所谓仁也。"④"元者，善之长也"一句，出自《易·文言》，朱子的注释是："元者，生物之始；天地之德，莫先于此。故于时为春，于人为仁，而众善之长也。"⑤生命存在的根源"元"与道德的极致"仁"，就这样统一起来。

朱子用"元"统摄"亨利贞"，进而用"仁"统摄"义礼智"，其理论依据是《易》对"乾元""坤元"的描述——"大哉乾元，万物资始，乃统天"；"至哉坤元，万物资生，乃顺承天。"乾坤的分别这里不讨论。若把乾坤一体化为"一元"，那就是万物得以存有、得以成长变化的总根据。程颐说："元者，万物之始；亨

---

① 黎靖德：《朱子语类》卷六九。
② 黎靖德：《朱子语类》卷六。
③ 黎靖德：《朱子语类》卷六九。
④ 《二程遗书》卷六。
⑤ 《周易本义》。

者,万物之长;利者,万物之遂;贞者,万物之成。"①元亨利贞四德都能够以生物论。有此意义,朱子才敢断言元无不包;《仁说》有曰:"论天地之心者,则曰乾元、坤元,则四德之体用不待悉数而足。"同理,仁就是人心之"元"德,完整地规定着人心的本体,故能统摄仁义礼智四德。朱子说:"羞恶、恭敬、是非之心(即义、礼、智三德的发用),皆自仁中出。"②在朱子,仁心自然会发展出义、礼、智:"仁,便是个温和底意思;义,便是惨烈刚断底意思;礼,便是宣著发挥底意思;智,便是个收敛无痕迹底意思。……若常存得温厚底意思在这里,到宣著发挥时,便自然会宣著发挥;到刚断时,便自然会刚断;到收敛时,便自然会收敛。"③

第二,仁是心之德,爱之理。在朱子,心统性情,性是体,情是用;而仁是性体,又不能不发用为情,这种情就是爱。由于程颐一句"爱(是)情、仁(是)性,不可以爱为仁",程门诸人纷纷反对"以爱言仁"。朱子指出,他们根本是误会:"盖所谓情性者,虽其分域之不同,然其脉络之通,各有攸属者,则曷尝判然离绝而不相管哉!"本体(仁)与发用(情),层次虽不同,然脉络相通,没有发用,本体不能显。朱子说得清楚:"仁是爱之理,爱是仁之用。未发时只唤做仁,仁却无形影;既发后,方唤做爱,爱却有形影。"④仁只有表现为爱时,才被察觉。或许可以说,爱就是仁道在现象界的推行。

仁之为爱,与前文仁之为生生,二者的关系很少人注意到。其实,爱是仁民爱物,生是生物活民,那么欲其生不欲其死,立人达人,岂不是最伟大的爱?

如何理解仁是"心之德"?与前揭仁包仁义礼智诸德有关,程颐有言:"四德之元,犹五常之仁,偏言则一事,专言则包四者。"⑤说仁是心之德,就是"专言"的仁,内中含种种小德。而"偏言"的仁,与义礼智相对,特指爱之理(或说爱之本)。因为义礼智与爱没有直接关系,是其他东西的理。所以朱子说:"义、礼、智亦性之德也。义,恶之本;礼,逊之本;智,知之本。因性有义故情能恶,因性有礼故情能逊,因性有智故情能知,亦若此尔。"⑥羞恶、逊让、知识,

---

① 《程氏易传》。
② 黎靖德:《朱子语类》卷五三。
③ 黎靖德:《朱子语类》卷六。
④ 黎靖德:《朱子语类》卷二〇。
⑤ 《程氏易传》。
⑥ 朱熹:《晦庵先生朱文公文集》卷三二,《答张敬夫书四十四"又论仁说"》。

也都是心体的不同发用。换言之,偏言之仁,一发为一,故有爱;专言之仁,系心德的全体,一发为四,故有爱、恶、逊、知。

同时,仁是"心之德",也表明仁不等同于心。用朱子的话说,"心非仁,心之德是仁"①。严格从定义上讲,心分为性情,心之德专指未发之性,故不包括发出的情。孟子有"仁,人心也"的说法,朱子认为这只是表明"仁只在人心",而非"以人心训仁"②。他评价道:"要就人身上说得亲切,莫如就'心'字说","孟子是兼体用而言"③,也就是兼人心的性与情两方面而言。也就是说,孟子之语是权宜的说话,而非定义。可见朱子仁学之缜密。

(袁鑫淼)

---

① 黎靖德:《朱子语类》卷二〇。
② 黎靖德:《朱子语类》卷五九。
③ 黎靖德:《朱子语类》卷二〇。

存天理，灭人欲

　　朱子"存天理，灭人欲"一语，自 20 世纪初新文化运动以来，屡受批判。实际上，这些批判多半是望文生义，凿空妄言。欲正确理解朱子，首先要明了"天理"、"人欲"的含义。

　　"天理"、"人欲"二词，源自儒家经典《礼记》。其《乐记》篇说："好恶无节于内，知诱于外，不能反躬，天理灭矣。……灭天理而穷人欲者也。于是有悖逆诈伪之心，有淫泆作乱之事。"认为天理、人欲对立，并以天理为善，人欲为恶。存天理、灭人欲是儒家集体的主张，在宋代道学兴起后很受重视。除了朱子，宋元明清时期提倡"存天理，灭人欲"的大儒很多，包括程颢、程颐，也包括张载、王守仁。朱子的天理人欲理论，大体上继承自程颐，但更加深广精细，影响遂巨。后世常把"存天理灭人欲"之说冠于朱子一人，与此有关。

　　什么是"天理"？本书他处说"理"已多，这里再交代个大概。朱子说："天理只是仁义礼智之总名。"[1]又说："事事物物上皆是天理流行。……日用之间，莫非天理。"[2]天理就在我们身边，在于每个人的生命中，不仅反对不得，也离开不得。明白这一点非常重要。

　　什么是"人欲"？朱子说："饮食者，天理也。要求美味，人欲也。"[3]简单一句话，清晰划出了天理人欲之间的界线。要吃要喝，按说也是我们日常说的"欲望"，但在朱子那里，却也是包含着"仁义礼智"的天理；饮食作息即天理，这个天理多么平常！换言之，朱子不仅不反对，简直在赞美正常的人生欲望。关键在于度——人生欲望不可过分或偏失，否则就成"人欲"。同样的意思，朱子多次谈到。在《大学或问》第五章，他说，"饮食男女之欲"，"推其本则固亦莫非人之所当有而不能无者也，但于其间自有天理人欲之辨而不可毫厘差

---

　　① 朱熹：《晦庵先生朱文公文集》卷四〇，《答何叔京》。

　　② 黎靖德：《朱子语类》卷四〇。

　　③ 黎靖德：《朱子语类》卷一三。

尔。"对食欲、性欲，以及住房、货利等等，朱子无不认同。只有在这些人生欲求过当时，才是朱子反对的"人欲"。这种人欲，朱子在他处也用"私欲""物欲"等词表示，比较不容易被误解。怎奈有人不读书，抓住"人欲"二字不放，说朱子反对人的一切欲望。连清代戴震攻击理学家"以理杀人"，说理学家"虽视人之饥寒号呼，男女哀怨，以至垂死冀生，无非人欲"。对照朱子本人所言，便知他是信口雌黄。

朱子的天理人欲之辨，严格的地方在于引文里指出的，二者"不可毫厘差尔"。这是一个哲学家的严厉。他说："只一毫发不从天理自然发出，便是私欲。"①再拿饮食来说，"凡饥渴而欲得饮食以充其饱且足者，皆人心也。然必有义理存焉。有可以食，有不可以食"。吃了不该吃的，哪怕是一点点，便失了义理，瞬间从天理滑向人欲。天理、人欲之间没有丝毫模糊地带，像朱子说的，"人之一心，天理存则人欲亡，人欲胜则天理灭，未有天理人欲夹杂者"②；"人只有天理、人欲两途，不是天理，便是人欲。即无不属天理又不属人欲底一节"③。天理人欲二者，你进我退，你存我亡，朱子把这种矛盾关系表述得再清楚不过。

"天理中本无人欲，惟其流之有差，遂生出人欲来。"④这句话既表明天理人欲的相对关系，也指明了人欲的来源：天理先有，人欲后起；人欲之为人欲，不过是原有天理的缺失。鉴于朱子思想中天理人欲的关系，从逻辑上讲，当给出"存天理"时，已经含有"灭人欲"之义，因为人欲即是天理的反面，此存彼即不存。因此，"存天理，灭人欲"一句，是一个同义反复，后半句是多余的。

然而，"存天理，灭人欲"的后半句仍然不可丢，原因在它有实践意义。朱子说："善者便是天理，恶者便是人欲。"⑤天理人欲之分直接关系到人间的善恶，止于概念分析显然不够。论儒家的修养工夫，存天理与灭人欲，二者结果虽一致，毕竟是两条不同的途径——可以抓住天理保存好，也可以抓住人欲消灭掉。后者就涉及孔门"克己复礼"中的"克己"工夫。朱子注解孔子的"克己复礼为仁"，说道："心之全德莫非天理，而亦不能不坏于人欲，故为仁者必

---

① 朱熹：《晦庵先生朱文公文集》卷三二，《问张敬夫》。

② 黎靖德：《朱子语类》卷一三。

③ 黎靖德：《朱子语类》卷四一。

④ 朱熹：《晦庵先生朱文公文集》卷四〇，《答何叔京》。

⑤ 朱熹：《晦庵先生朱文公文集》卷六二，《答傅诚子》。

有以胜私欲而复于礼。"①对于少不了人欲的常人,克制私欲成为达成"复礼"这一目标的入手处。朱子教门人"日用间只就事上仔细思量体认,哪个是天理,哪个是人欲"②,"就思虑萌处察其孰是天理,孰是人欲,取此舍彼"③;也就是从知上辨别天理人欲,然后在行上取天理而舍人欲。这里的取和舍,可以有多种操作,其中一种无疑是通过制服、舍弃人欲来达成天理。明代一些理学家甚至认为朱子的全部工夫就在这里,使它和直存天理本心的阳明心学对立起来。实际上,朱子未尝不教人存天理,他的"存天理,灭人欲"蕴含着多种可能的工夫路径。

理解了朱子的"人欲"概念,就会明白他的立场,说到底是孟子"寡欲"的中庸哲学。朱子注解孟子的"养心莫善于寡欲",说:"口鼻耳目四肢之欲,虽人之所不能无,然多而不节,未有不失其本心者。学者所当戒也。"④节制欲望,就这么简单。老庄、佛门才教人彻底地"绝欲"或者"无欲",而他们恰是朱子反对的。

(袁鑫焱)

---

① 《论语集注·颜渊》。
② 黎靖德:《朱子语类》卷四一。
③ 朱熹:《晦庵先生朱文公文集》卷三二,《答董叔仲》。
④ 《孟子集注·尽心下》。

如何是圣贤气象

朱子、吕东莱选辑的《近思录》最后一卷，专讲圣贤气象。如说孔子是"天地"，"无所不包"，颜子是"和风庆云"，孟子是"泰山岩岩"，诸葛孔明"有儒者气象"，周子"胸中洒落，如光风霁月"，程颢"纯粹如精金，温润如良玉"，"坐如泥塑人，接人则浑是一团和气"，张子"气质刚毅，德盛貌严，然与人居，久而日亲"，等等。此等议论，犹如《世说新语》之写魏晋名士，令人神往。然而"名士"是风流倜傥，不拘一格，最好还要外形俊美，而儒家之圣贤，如上所示，殊为不同。

圣贤气象是圣贤可见可感的风度或性格表现。反过来，此等气象之有无成为判定某人是否圣贤的外在线索乃至必要条件。道学诸子着力宣扬圣贤气象，便于众人形象地把握仁人君子可以达到的人生高度，并心生追慕。《大学》里说："诚于中，形于外。"孟子说："君子所性，仁义礼智根于心。其生色也睟然，见于面，盎于背，施于四体，四体不言而喻。"[①]内在的仁义礼智之心，会"溢出"到人体表面，"流淌"于辞气行为中。有气象可验，才令人觉得亲切可近，这样的儒学才有感召力。从名士风度转向圣贤风度，背后是宋儒重振孔孟之道的不懈努力。

自古圣贤被孔孟、被道学承认的，性情不同者常有。如孟子说，孔子是"圣之时"和"集大成"者，而不能集大成的伯夷和柳下惠，一个"圣之清"，一个"圣之和"[②]，在愿不愿与不洁者为伍的问题上，竟至相悖。如出一辙的是二程兄弟。二程赴宴，见座中有妓，程颐拂袖而去，程颢则尽欢畅饮而止。这则轶事十分有名，程颢的形象是淡定和乐，程颐的形象是紧张清苦。前者比较招人喜欢。朱子对程颐之学自是无上肯定，却认为其气象逊于兄长："其严厉如此，晚年接学者乃更平易。盖其学已到至处，但于圣人气象稍差从容尔。明

① 《孟子·尽心上》。
② 《孟子·万章下》。

道则已从容,惜其早死,不及用也。"①从《近思录》"圣贤气象"一卷结构看,表彰明道的篇幅最大,对伊川则没有表彰(除了一句"二程从十四五时,便脱然欲学圣人"),原因在此。劳思光先生曾断言,周子"在理论上虽有一属于儒学之系统,但其生活非一圣贤型儒者的生活,而是一种名士或高士之生活。而此种生活情调,正道家人士或道教人士所具之情调。"②这便是片面理解了儒家的圣贤气象,不允许个体间的性情差异;劳氏实际上是把程颐的"危苦意味"当作了标准的圣贤气象,无乃失之太远。

朱子说圣贤气象,对宋代人物的评判开始趋向统一,那就是突出严于律己治事、和以待人接物这一标准,而且似乎以后者为重。程颢、张载、周敦颐都符合该标准。和以待人接物,是对儒家仁恕之道的发扬;心怀仁恕,便形成爱人怜物的真情实意,显得一团和气,而此气不可掩饰。周子"窗前草不除去"③,"观天地生物气象"④,程颢"观鸡雏,此可观仁"⑤,爱人怜物,友好和蔼,是仁心仁德的自然表露。张子"见饿殍者,食便不美"⑥,也是对于他者的亲爱使然,联系他的"民吾同胞,物吾与也"⑦思想,可知其爱人之德如何见诸生活细节。圣贤的和气是由内而外的天然之气,不是为了讨好别人的庸俗之气。所以程颢"和气充浃,见于声容",然而"望之崇深,不可慢也"⑧。"和"使人如沐春风,爱从而被爱,程颢达到了这样的境界:"教人而人易从,怒人而人不怨,贤愚善恶咸得其心。"⑨朱子说程颐缺一点"从容",既指做事,也指对人。不能从容对人,便难以亲近;不能亲和他人,则不足以见仁爱之心。

宋儒追寻圣贤气象,是从追寻"孔颜之乐"开启的。孔子"饭蔬食饮水,曲肱而枕之,乐亦在其中矣",颜回"一箪食,一瓢饮,在陋巷,人不堪其忧,回也不改其乐"⑩,这是孔颜之乐。主持西北军务的范仲淹告诫想从军的年轻张

---

① 《伊川先生年谱》。
② 《新编中国哲学史》(三上)。
③ 《近思录》。
④ 《二程遗书》卷六。
⑤ 《二程遗书》卷三。
⑥ 《近思录》。
⑦ 《西铭》。
⑧ 《近思录》。
⑨ 《近思录》。
⑩ 《论语》。

· 62 ·

载："儒者自有名教可乐，何事于兵！"①仅仅几年后，偏处江西南康军的周敦颐令二程兄弟"寻颜子、仲尼乐处，所乐何事"②。此后二程、张载用各自的方式做出了回答，而表达最清楚的莫过于朱子。他解释孔子的快乐："圣人之心，无时不乐，如元气流行天地之间，无一处之不到，无一时或息也，岂以贫富贵贱之异，而有所轻重其间哉！"③他多次提到，圣人之乐即是心与万物为一而流行无碍。如颜子"安其所得后，与万物为一，泰然无所窒碍，非有物可玩而乐之也"④；"万物为一，无所窒碍，胸中泰然，岂有不乐"⑤。因为是与万物为一，那就不是限于一事一物的快乐；反之，若执着于一事一物，胸中形成窒碍，便无快乐可言。那么可否说是"乐于道"？程颐说过一句"使颜子乐道，则不为颜子"，似乎否定了"乐道"，引起很多反响。程洵给朱子写信讨论："夫颜子舍道，亦何所乐？然先生（指程颐）不欲学者作如是见者，正恐人心有所系，则虽以道为乐，亦犹物也。须要与道为一，乃可言乐。"朱子回答："此只是赞咏得一个乐字，未尝说着圣贤乐处，更宜于着实处求之。"⑥换言之，圣贤之乐是个实践问题。其他地方他还告诉学生："谓颜子为乐道，有何不可"，"乐道之言不失"。就是说，圣贤之乐是乐于道，理论上没有错。但不识道为何物，随口说"乐道"，便不亲切，不如不说。朱子明确指出，孔颜乐处是个微妙的东西，不是思考或语言所能表达，只能靠工夫积累而来："不用思量他！只是'博我以文，约我以礼'后，见得那天理分明，日用间义理纯熟后，不被那人欲苦楚，自恁地快活！"⑦把自身锻造成浑是天理一片，无丝毫理欲交争，就是极乐世界。

在宋儒话语中，同样表示了圣人境界的是所谓"曾点气象"，即曾点当着孔子所畅想的："暮春者，春服既成，冠者五六人，童子六七人，浴乎沂，风乎舞雩，咏而归。"看起来竟与庄周相似。程颢记自己受到周子的感染："自再见周茂叔后，吟风弄月以归，有'吾与点也'之义。"⑧这种被孔子大加赞许的风范，

---

① 《宋史·张载传》。
② 《二程遗书》卷二上。
③ 《论语或问》卷七。
④ 朱熹：《晦庵先生朱文公文集》卷五七，《答陈安卿》。
⑤ 黎靖德：《朱子语类》卷三一。
⑥ 朱熹：《晦庵先生朱文公文集》卷四一，《答程允夫》。
⑦ 黎靖德：《朱子语类》卷三一。
⑧ 《二程遗书》卷三。

毕竟是儒家的。单看曾点这段话，抑或程颢的"吟风弄月"，儒者的人世关怀——修身齐家治国平天下是没有的。朱子看到了这点，特别指出："曾点气象，固是从容洒落。然须见得他因甚到得如此始得。若见得如此，自然见得它做得尧舜事业处。"①即尧舜般的经世事业与曾点从容洒落的气象是相通的，得其一便能得其二。他还进一步用天理浑然进行解释，如同上文对孔颜之乐的解释："曾点之学，盖有以见夫人欲尽处天理浑然，日用之间随处发见，故其动静之际从容如此。"既然天理充沛，发于志意则"天下之乐无以加"，用之行事则"虽尧舜事业亦不外此"。②朱子相信，一本生万殊，万殊归一本。人最高的事业成就和最好的风度，看似风马牛不相及，却都从天理的占有中流出，本可以兼得。如上文所见，儒者的和气，要求爱人怜物。细心一点我们会发现，即使曾点所乐，也是一个十几人（冠者五六人，童子六七人）的群体之乐，如若不能与人和，不用心于世，岂能如此？此可见儒道圣人之不同。

（袁鑫淼）

---

① 朱熹:《晦庵先生朱文公文集》卷六一,《答欧阳希逊》。
② 朱熹:《晦庵先生朱文公文集》卷五一,《答万正淳》。

澄心静坐

朱子年轻时从学延平李侗。道南学派重视《中庸》,其基本修养工夫是"体验未发",即龟山杨时所言:"学者当于喜怒哀乐未发之际,以心体之,则中之义自见。"①龟山以此传罗从彦,罗从彦以此传李侗。到罗、李时,静坐这种模式定型下来,被当作体验未发的上佳手段。李侗报告:"某曩时从罗先生问学,终日相对静坐。只说文字,未尝一及杂语。先生极好静坐,某时未有知,退入堂中亦只静坐而已。"②李侗以此再授朱子:"学问之道,不在多言,但默坐澄心,体认天理。若见,则虽一毫私欲之发,亦听退矣。久久用力于此,庶几渐明,讲学始有得力耳。"③李侗教导朱子在静中存养本心、体认天理。此所谓"静",首先指身体的收敛和静止。李侗把静坐当作一切修为的基本功。朱子在另一处报告:"李先生教人,大抵令于静中体认大本未发时气象分明,即处事应物自然中节。"④把"发而中节"视作静中体认未发后水到渠成的事情,这是首开"已发未发"课题的《中庸》没有讲到的。

朱子《中和旧说序》回忆,李侗教他道南指诀,他不能相契,直到老师去世(1163年),34岁的他还是觉得隔膜。嗣后转向湖湘学派,与张栻等人切磋求益,乾道丙戌年(1166年)突然有悟:"人自婴儿以至老死,虽语默动静之不同,然其大体莫非已发,特其未发者为未尝发也。"人心都是已发,流行无间断,未发的是性,属于人力所不能到;"凡言心者,皆指已发而言"。换句话,对于未发,人心作用不到,所谓存养未发、体认未发,根本不可行。这样一来,道南学派于静中用力的工夫成了空中楼阁,于是朱子与李先生渐行渐远。然而乾道己丑年(1169年),朱子再悟,推翻丙戌之说,转以心统性情,心既有已发态,也

---

① 杨时:《龟山文集》卷四。
② 朱熹《延平答问》。
③ 朱熹《延平先生行状》。
④ 朱熹:《晦庵先生朱文公文集》卷四〇,《答何叔京》。

有未发态。这是朱子此后的定见了。这种心性论,相应的工夫论则是,心能兼用力于已发和未发,未发则以涵养,已发则以察识,并且涵养为先;唯一正确的涵养手段是主敬于未发之际,有此预备然后再察识义理。敬字是朱子思想成熟后的修养功夫的要领。敬是心自作主宰,它通贯动静,不排斥静的工夫;实际上,心未与物交接时的庄敬涵养,从动静的角度看,也可说即是静中工夫。这样就为李侗的静坐澄心留出了空间,在这时的朱子看来,起码不再是只能做工夫于已发处。朱子《中和旧说序》末尾感慨,他的己丑新悟"独恨不得奉而质诸李氏之门,然以先生之所已言者推之,知其所未言者,其或不远矣。"苦苦参悟中和问题多年之后,朱子相信自己走了弯路,最后向老师回归。

关于朱子的庄敬涵养与道南先贤的静中体认未发的异同,刘述先先生评论:"表面上朱子由南轩(张栻)而折返延平,其实还是与延平有距离,只当时不自觉耳。故晚年语录对延平即不无微词。但在心理上朱子确是由追思延平遗教而感到静养工夫之不可废……"①从朱子后来对涵养工夫的大量论述来看,如恭敬于洒扫应对进退之际,培养孝悌忠信直至纯熟等等,至少未把静坐澄心当作中心义。周敦颐主静,二程主敬,朱子选择了二程,他说:"言静则偏,故程子又说敬。"②敬中容许有静,故静坐可以在有限的范围内得到安排。很多研究者提到,朱子把静坐当作一项方便措施,也就是他自己说的:"且收敛在此,胜如奔驰;若一向如此,又似坐禅入定。"③

朱子肯定静坐助人收敛身心的效用,静坐能澄心,澄心然后好读书。他不止劝一个人去静坐。如:"人要读书,须是先收拾身心,令稍安静,然后开卷,方有所益。……但且闭门端坐,半月十日,却来观书,自当信此言之不妄也。"④又:"读书闲暇,且静坐,教他心平气定,见得道理渐次分晓。"⑤朱子自己也有不少静坐经验。明代儒学受此影响,高攀龙、刘宗周等非常重视静坐。然而一旦静坐过头,就偏离了朱子原意。朱子有一语,曰"半日静坐,半日读书"⑥,本是针对门人郭友仁的因材施教,从未当作教育的通例。清代颜元妄

---

①　刘述先:《朱子哲学思想的发展与完成》,学生书局,1984,第114页。
②　朱熹:《晦庵先生朱文公文集》卷六七,《已发未发说》。
③　黎靖德:《朱子语类》卷一〇三。
④　朱熹:《晦庵先生朱文公文集》卷六三,《答周深父》。
⑤　黎靖德:《朱子语类》卷一一。
⑥　黎靖德:《朱子语类》卷一一六。

诋之为朱门的根本法门,讥之曰:"朱子'半日静坐',是半日达么(即达摩)也;'半日读书',是半日汉儒也。试问十二个时辰,那一刻是尧、舜、周、孔乎?宗朱者可以思矣。"①颜元颠倒是非,近儒钱穆、陈荣捷等颇为朱子抱不平。

朱子十分警惕他的静坐变成禅宗般的静坐。静坐有前提,首要的前提就是"无事",即使教郭友仁,也是让他没事做、衣食无忧的时候去静坐。既为儒者,就不能放弃人世义务,只有当应事接物的闲暇,才可选择静坐。朱子说:"专一静坐,如浮屠氏块然独处,更无酬酢,然后为得;吾徒之学,正不如此。遇无事时则静坐,有书则读书。以至接物处事,常教此心光晗晗地,便是存心。岂可凡百放下,只是静坐。"②像禅宗"特地将静坐做一件工夫"③,把静坐看得太重,舍弃了人的种种事业。朱子的静坐具有标志意义的一点,是未必要摒弃念虑,他提出两种模式的静坐:"心也有静坐无思念底时节,也有思量道理底时节,岂可画为两涂,说静坐时与读书时,工夫迥然不同!当静坐涵养时,正要体察思绎道理,只此便是涵养。"④除了无思无虑的静坐,静坐中不妨像读书时一样去体察思考道理,这样甚至更好。此处的静坐,表现出它最平常的含义,即安静地坐着,从而与静坐冥想以求"觉悟"的佛教宗旨分道扬镳。因为思虑已萌发,它也不是纯粹的未发处的工夫。静中体认天理,是李侗说过的话;同时,如上引李侗语所示,他与罗从彦相对静坐,是伴随着谈论(以及思考)经典的。朱子唯有到这里才终于与先师合拍。只是道南先贤把已发未发分得太开,"体认"未发不免要思虑,而思虑又是一种已发态,这里面的理论困难他们没有说清楚。朱子在概念上保留了已发未发之分,但在工夫实践中他相信从未发到已发难以构成绝对的先后关系,也许它们就是共时的,人心根本无从把捉定未发态,专门做工夫。在这个意义上,他的静坐得以不依赖未发之静,而是可以和已发之思虑结合。所以他说:"'喜怒哀乐未发谓之中',只是思虑未萌,无纤毫私欲,自无所偏倚,所谓'寂然不动',此之谓中。然不是截然作二截,如僧家块然之谓。……若以为截然有一时是未发时,一时是已发时,亦不成道理。今学者或谓每日将半日来静坐工夫,即是有此病也。"⑤

---

① 《朱子语类评》。
② 黎靖德:《朱子语类》卷一一五。
③ 朱熹:《晦庵先生朱文公文集》卷六二,《答张元德》。
④ 黎靖德:《朱子语类》卷一二。
⑤ 黎靖德:《朱子语类》卷六二。

心意纷扰且有时间,则不妨静坐,作为涵养主敬与进学致知工夫的辅助。其技法,如杨儒宾先生《主敬与主静》一文所归纳:第一,与佛教要求坐姿、手印等不同,朱子不强调坐姿与任何特殊的调心、调气法门。第二,与道教强调时辰不同,在朱子,随时都可以静坐以收敛身心。朱子是写过一篇《调息箴》的,其全文曰:"予作调息箴,亦是养心一法。盖人心不定者,其鼻息嘘气常长,吸气常短,故须有以调之。鼻数停匀,则心亦渐定。所谓持其志,无暴其气也。箴曰:鼻端有白,我其观之。随时随处,容与猗移。静极而嘘,如春沼鱼。动极而翕,如百虫蛰。氤氲阖辟,其妙无穷。孰其尸之,不宰之功。云卧天行,非予敢议。守一处和,千二百岁。"调息是在静坐(或静卧)中完成的,有理由相信,朱子静坐用过这种调息法。这里头包含多少道教元素且不说,其目的在于养心养气持志,则显然是儒家的。箴言透露了一条重要信息,调息炼神(以及静坐),对朱子来说,既为涵养致知,也为养生,后者是谈道学者不常注意的。朱子晚年体衰,又读书不辍,精力不济时,颇赖静坐调养。他说:"某今年顿觉衰惫,异于常时。百病交攻,支吾不暇。服药更不见效,只得一两日静坐不读书,则便觉差胜。"[①]其实静坐本身无益气血通畅,但静坐可以养心,而心为一身主宰,善养心者其身体在方药不能到之处,自然得到最佳养护。儒者相信"仁者寿",一部分道理正在于此。朝鲜大儒李退溪对朱子《调息箴》也有兴趣,明确说此调息工夫对防治"心恙"有效[②]。

(袁鑫焱)

---

① 朱熹:《晦庵先生朱文公文集·别集》卷四,《答林井伯》。
② 《退溪文集》卷二四写给郑子中的信。

如何面对生死

常人怕死,这是许多神学理论建构美好死后世界的逻辑起点。儒家不是这样的看法。如苏轼习染佛教,对《易·系辞》的"原始反终,故知死生之说"句,解释道:"人所以不知死生之说者,骇之耳。'原始反终',使之了然而不骇也。"朱子就批评他:"(苏轼)溺于坐亡立化、去来自在之说以为奇,而于圣人之意则昧矣。"那么儒家圣人的真谛是什么呢? 是"穷理"以知我来处、归处,知我所以生、所以死,然后能"顺生而安死","岂徒以了然不骇为奇哉?"①

有道者不惊惧死亡,佛、老、耶能之,儒亦能之。至于何以能不惧,儒者不是靠死后升天或轮回的图景,而是相信生死一理,"有生者必有死,有始者必有终,自然之道也"②。朱子具体说明了人为什么会死:"人之所生,精气聚也。人只有许多气,须有个尽时。"③组成生命的"气"衰竭了,人就死了。都是自然现象,何以惧为? 朱子还把生死比作纸的正反两面:"人未死,如何知得死之说? 只是原其始之理,将后面折转来看,便见得。以此之有,知彼之无。"④死只是生的终结和消失,从生到死就像从昼入夜,没有神秘,没有什么不可预知的东西;知生之道则知死之道。一切都在理的范围内,不足为奇。

看透了死亡的本质,在朱子为代表的道学家来说,比普通宗教徒不怕死甚至憧憬死更高级的智慧,是顺生安死。将此态度较早明白说出,并对近世的中国民族精神产生深远影响的,是张载,其《西铭》曰:"生,吾顺事;没,吾宁也。"换成浅显的话,生死非我所虑,我能把握的,是活一天做一天事,死了便算休息。关于人生过程之为"事"的相续,朱子有言:"人在世间,未有无事时节;要无事,除是死也。自早至暮,有许多事。"⑤朱子的一生,是这种道学人生

---

① 朱熹:《晦庵先生朱文公文集》卷七二,《杂学辨·苏氏易解》。
② 扬雄:《法言》。
③ 黎靖德:《朱子语类》卷三。
④ 黎靖德:《朱子语类》卷七四。
⑤ 黎靖德:《朱子语类》卷一二。

观的绝佳示范。第一，朱子奉行孔子的"不知命无以为君子"，而最大的命是生死祸福不由己。朱子晚年陷于庆元党禁的旋涡，别人劝他散了学徒，关门避祸。他说："祸福之来，命也"；"今为避祸之说者，固出于相爱。然得某壁立万仞，岂不益为吾道之光？"死亡既然非我所决定，当作平常事即可，"古人刀锯在前，鼎镬在后，视之如无物也"。① 第二，朱子珍惜有限的生命，尽心人事，临深履薄，至死犹然。朱子有《劝学》诗："少年易老学难成，一寸光阴不可轻"。②庆元六年(1200 年)病革之际，他撰述不止，仍在改《大学》"诚意章"注，"夜里为诸生讲论，多至夜分"③。临终，未完的《仪礼经传通解》托付给黄榦等人；又写信给儿子，叫他早归，收拾遗作。他做好每件事以求无愧，他淡定而有序地迎接死亡。朱子寿终正寝，死在门人的安静守候中。咽气前示意家中女辈走开，按陈荣捷先生猜测，乃防止她们哀伤哭泣④。真可谓"没，吾宁也"。

以上是如何面对自己的死。另外是如何面对他人的死，这在儒家主要由礼学给出答案。丧礼、祭礼都是关于生者如何面对亡者的安排，起于人情而合于天理。丧礼是凶礼，主调是哀戚，最长三年。何谓哀戚？《孝经·丧亲章》："孝子之丧亲也，哭不偯，礼无容，言不文，服美不安，闻乐不乐，食旨不甘，此哀戚之情也。"合格的儒者自己也要对后事有所安排，包括丧葬之仪，以明其志，免得生者疑惑。故孔子"梦奠"，嘱咐子贡以殷人之礼殡己；朱子死前交代门人，丧葬之事，《仪礼》《书仪》参用。丧礼过后是祭礼，祭礼是吉礼，以时为之，主调是诚敬。《礼记·祭统》："贤者之祭也，致其诚信与其忠敬，奉之以物，道之以礼，安之以乐，参之以时。"朱子之重礼，年十七八即考订祭礼，四十岁母亲祝孺人卒，居丧尽礼，参酌古今，成丧葬祭礼。朱子临丧致祭，都能发乎情而止乎礼，《宋史》本传谓："其祭祀也，事无纤巨，必诚必敬，小不如仪，则终日不乐，已祭无违礼，则油然而喜。死丧之礼，哀戚备至，饮食衰绖，各称其情。"

祭礼的原则是"事死如事生"。《中庸》："践其位，行其礼，奏其乐，敬其所尊，爱其所亲，事死如事生，事亡如事存，孝之至也。"父母祖考生前怎么侍奉，

---

① 黎靖德：《朱子语类》卷一〇七。
② 此诗或谓系朱子自勉而作，不见于朱子文集。
③ 王懋竑：《朱子年谱》卷四。
④ 陈荣捷：《朱子新探索》之《朱子之于妇女》。

死后就怎么侍奉,生死如一,才是至孝。祭礼中的爱敬诚意,即是生时子孙本当具有的情怀。祭礼的核心环节是献祭(大祭必有初、亚、终三献),即以时鲜酒食奉献逝者,盼其能"歆享"(愉快地享用),恰如生时。众所周知,孔子告诉子路:"未能事人,焉能事鬼"、"未知生,焉知死"。事鬼即祭祀之谓,然而孔子并非要否定祭祀。朱子解释:"幽明始终,初无二理。但学之有序,不可躐等,故夫子告之如此。"①儒家哲学,死亡不是实存,其意义简单体现为生命的丧失,对死的认知取决于对生的认知。同理,对死人(鬼神)做的事,其依据在于对生时做的事。生死不但时间上有先后,逻辑上也有先后。所以对个人而言,无论知行,都要把生的问题摆在前,切近的事解决好,才可往玄远去考虑。儒家对事鬼之事其实非常重视,孔子原是祭祀礼仪方面的大师。朱子祭祖、祭孔、祭亡妻、祭亡友,所在多有,极其虔诚,而前提都是修德自牧。如对妻子刘氏,生前相濡以沫,爱敬有加,死后祭奠以时,深情款款,二十多年后选择与之同穴。

朱子大量关于鬼神的学说,都是为了证明祭祀的合理性。鬼神魂魄都是气,天地之间阴阳二气的聚散交感无非鬼神,这是道学的信条,它不承认鬼神的超自然性。朱子说:"气聚则为人,散则为鬼。然其气虽已散,这个天地阴阳之理生生而不穷。祖考之精神魂魄虽已散,而子孙之精神魂魄自有些小相属。故祭祀之礼尽其诚敬,便可以致得祖考之魂魄。"注意,人死气散是气完全消灭,而非飘散各处(可以复聚),这是朱子很强调的。既如此,子孙如何感应祖考的鬼神之气?祭祀奉献,意义何在?这就需要求诸"公共之气"概念。如朱子所言:"自天地言之,只是一个气。自一身言之,我之气即祖先之气,亦只是一个气,所以才感必应";"祖考亦只是此公共之气。此身在天地间,便是理与气凝聚底。"②也就是说,祖考一方面作为个体已经不存在了,另一方面却以某种形式"隐身"在宇宙的公共之气中,而其子孙即共享此气,因其气类异常相近,只要祭祀中能极其诚敬,便能"唤醒"祖考的精神(精神是精微的气),所谓"尽其诚敬,则亦能呼召得他气聚在此"。这里的关键是公共之气的媒介作用,此气使天地成一体,万物因之互通互联,如同海中亿万鱼虾体内体外都是水,且是同一片水。朱子尽可能不诉诸神秘,不过此气不是总量固定的现

---

① 《论语集注·先进》。
② 黎靖德:《朱子语类》卷三。

成气,而是生灭相循的气,其何以能造化不息本身是一个问题,这就给最高存在留下了空间。朱子思想中的最高存在只能是"天",而儒家的最高祭祀(郊祀)正是留给"昊天上帝"的。① 天从理气两面规定着万物,人死为鬼神,同样在此例。朱子信奉的"生死有命(天)",也不妨作如是解,即人基于气的生与灭,乃天运而然,非人的意志所能改变。

（袁鑫淼）

---

① 《程氏易传》:"夫天,专言之则道也……分而言之,则以形体谓之天,以主宰谓之帝"。

如何理解"即物思维"

即物思维源于万物皆有理,关键正是掌握事物内在之理,重点在于运用事物之理,其方法正是格物致知之法。朱子的即物思维主要呈现出三个方面的特点:

一是即物思维的途径是格物之法,具有主客观互动的特征。"格物致知"语出《大学》"古之欲明明德于天下者,先治其国;欲治其国者,先齐其家;欲齐其家者,先修其身;欲修其身者,先正其心;欲正其心者,先诚其意;欲诚其意者,先致其知;致知在格物",朱子注其文说:"明明德于天下者,使天下之人皆有以明其明德也。心者,身之所主也。诚,实也。意者,心之所发也。实其心志所发,欲其一于善而无自欺也。致,推极也。知,犹识也。推极吾之知识,欲齐所知无不尽也。格,至也。物,犹事也。穷至事物之理,欲齐极处无不到也。此八者,《大学》之条目也。"①由此可知,即物思维正是通过格物,即穷至事物之理方能实现真正认识事物之理。在格物致知之法当中,朱子将其定位为《大学》八条目之一,其目的是要通过格物的过程,认识内在的知识,使自身掌握事物规律,而在认识的过程中,呈现主观互动性原则。朱子说:"人于道理不能行,只是在我之道理有未尽耳。不当咎其不可行,当反而求尽其道。"②人的知识通过人的格物过程而获得事物之理,其所得之理是否正确,需要通过自己的行为与实践的检验,一旦不能够实现预期目标,则需要反省自身所掌握的知识是否符合事物之理,并再次探究事物之理,修正已有知识,直至能够在实践中实现预期目标。

二是即物思维具有广度与深度的特征。通过探究事物的内在规律,并践行到具体实践当中,这仅是一次性的过程而已,而要实现预期目标,尤其是实现传统士大夫的内圣外王之道,则需要在探究事物的过程中,不断触类旁通,

---

① 《四书章句集注·大学章句》。
② 黎靖德:《朱子语类》卷一三。

即物思维具有广度的特征。朱子说:"道理无穷。你要去做,又做不办;极力做得三五件,又倦了。盖是不能包括得许多事。"①事物之理蕴含于事物之中,仅了解一个规律,无法真正掌握事物的真实情况,因为规律具有相通性。故朱子说:"大凡义理积得多后,贯通了,自然见效。不是今日理会得一件,便要做一件用。譬如富人积财,积得多了,自无不如意。又如人学作文,亦须广看多后,自然成文可观。不然,读得这一件,却将来排凑做。韩昌黎论为文,便也要读书涵味多后,自然好。柳子厚云本之于六经云云。之意便是要将这一件做那一件,便不及韩。"②朱子以作文之法为例,尤以韩愈和柳宗元两人作文法的学习过程为例,论证理会道理与规律需要通过日积月累的过程,多方积累,方能真正掌握事物的规律。

与广泛探究事物规律相关,即物过程中要真正探究事物规律的内在本质,这就是深度性特征。"天理人欲,几微之间"③这就是规律运用的可行性与错误性之间仅在一念之间,故朱子说:"天理人欲之分,只争些子,故周先生只管说'几'字。然辨之又不可不早,故横渠每说'豫'字。"④这就是各类规律的运行与落实常会出现不合符事物本来状态的情况,需要真正掌握事物的内在规律,方能够真正落实到具体实践当中。在掌握天理之前,需要通过格物之法掌握事物之理,而在运用事物之理于实践之前仍旧需要继续辨别天理的本来形态是否受自己主观欲望的影响。故探究事物的规律不能仅限于事物的规律运行形态,还要具备掌握规律改造外在事物的能力,才算完成格物的过程。

三是即物思维具有持续性特征。格物之法,获得事物之理,并被用于改造外在事物,仍未真正完成即物的过程,而是要持续改造自身与探究事物的过程。对于掌握规律之后的心理状态,朱子说:"未知学问,此心混为人欲。既知学问,则天理自然发见,而人欲渐渐消去者,固是好矣。然克得一层,又有一层。大者固不可有,而纤微尤要密察。"⑤掌握事物规律之后,规律呈现出层层深入的特征,因为外在事物始终处于变化发展过程中。朱子说:"在阴阳

---

① 黎靖德:《朱子语类》卷九。
② 黎靖德:《朱子语类》卷九。
③ 黎靖德:《朱子语类》卷一三。
④ 黎靖德:《朱子语类》卷一三。
⑤ 黎靖德:《朱子语类》卷一三。

言,则用在阳而体在阴,然动静无端,阴阳无始,不可分先后。今只就起处言之,毕竟动前又是静,用前又是体,感前又是寂,阳前又是阴,而寂前又是感,静前又是动,将何者为先后?不可只道今日动便为始,而昨日静更不说也。如鼻息,言呼吸则辞顺,不可道吸呼。毕竟呼前又是吸,吸前又是呼。"[1]阴阳为太极所生,而动静为阴阳的特性,又因动静无端,则万物的形态处于动静不定的过程当中,故人所认识的外在之物仅属于一个片段的状态,一旦动静形态发生变化,事物的内在规律也就发生了变化,且外在事物之理也处于动静变化不定的状态当中,一旦没有掌握其最新状态,则失去了事物的运转规律。因此,在即物认识当中,需要始终坚持不断地探究外在事物的规律,方能掌握事物最新变化情况,也唯有坚持不懈地探索事物的规律,方能真正理解事物的规律与运用规律。

因此,格物思维的基础是格物之法,主客观互动性、广度性与深度性、持续性正是其主要特征。

(王志阳)

---

① 黎靖德:《朱子语类》卷一。

如何理解"交替与对立"

交替与对立是事物存在的两种形态,呈现出以二元形式为主,交替融合而衍生出外在事物多种变化形态的思维模式。这是朱子分析外在事物最为重要的方法,大体分为三个方面:

一是交替与对立是万物存在的固有形态。对立的最重要命题是阴阳,而其表现形态正是动静。《易传·系辞上》有云:"是故,易有太极,是生两仪,两仪生四象,四象生八卦,八卦定吉凶,吉凶生大业",则太极生阴阳,阴阳生太阳、太阴、少阴、少阳,再生八卦,即乾、坤、坎、离、艮、震、巽、兑,两两相对,又两两相生相克,故周敦颐说:"太极动而生阳,动极而静;静而生阴,静极复动。一动一静,互为其根,分阴分阳,两仪立焉。"①朱子注说:"太极之有动静,是天命之流行也,所谓'一阴一阳之谓道'。"②则对立与转化是万物的本真状态,正如朱子对学生所说:"太极只是天地万物之理。在天地言,则天地中有太极;在万物言,则万物中各有太极。未有天地之先,毕竟是先有此理。动而生阳,亦只是理;静而生阴,亦只是理。"③则太极以阴阳形态存在于万物当中,呈现出对立形态。对立是事物存在的固有形态,其存在形态主要有两方面,即对立可以是方位上的相对,也可以是时间上轮转的相互对立。朱子说:"阴阳有相对言者,如夫妇男女、东西南北是也;有错综言者,如昼夜、春夏秋冬、弦望晦朔,一个间一个辊去是也。"④则朱子认为阴阳以对立作为基本形态,而其对立则分为方位和时间交叉进行,呈现出交互变化。但是在对立存在的形态之下,每个事物却以相互对立的某个特点居于主导地位,无法全部占有两个对立形态,即"天地间无两立之理,非阴胜阳,即阳胜阴,无物不然,无时不然。"⑤

---

① 《太极图说》。
② 《太极图说解》。
③ 黎靖德:《朱子语类》卷一。
④ 黎靖德:《朱子语类》卷六五。
⑤ 黎靖德:《朱子语类》卷六五。

这也就是阴阳处于绝对对立当中,朱子说:"程子言:'《易》中只是言反复、往来、上下。'这只是一个道理。阴阳之道,一进一退,一长一消,反复、往来、上下于此见之。"①在事物变化过程中,程颐概括为阴阳之道,其表现形式则是进退、长消、反复、往来、上下等对立关系。由此可知,对立是事物存在的固有形态。

二是交替与对立仅属于根据天地之理而划分的形态,实际上属于假设状态,由交替与对立引起的两种状态的转化过程才是万物存在的具体形态。交替与对立是绝对的,这已然可见于前文的阴阳变化的第二类情形,即阴阳是错综出现的,如寒暑变化。在阴阳与动静关系当中,两者呈现互为因果关系。朱子说:"在阴阳言,则用在阳而体在阴,然动静无端,阴阳无始,不可分先后。今只就起处言之,毕竟动前又是静,用前又是体,感前又是寂,阳前又是阴,而寂前又是感,静前又是动,将何者为先后? 不可只道今日动便为始,而昨日静更不说也。如鼻息,言呼吸则辞顺,不可道吸呼。毕竟呼前又是吸,吸前又是呼。"②朱子从太极图的形态回答学生对《太极图解》以动为先的问题,大体呈现了阴阳、动静、呼吸三对对立的事物,前两者为根本事物,后者为举例以说明前两者之理。由此可知,朱子以阴阳无始概括阴阳先后问题、动静先后问题,当是以假设的形态而存在的事物之理。故以呼吸称呼鼻息,而不宜以吸呼的称呼,实习惯之法,现实当中阴阳、动静、呼吸均是互为因果,互相转化而呈现的状态。在对立绝对性基础之上,朱子将对立的两个因素作为互相存在的基础,两者处于互相吸引的过程中,一旦失去了对方,也就失去了自身立命的基础,故万物能够通过阴阳对立的特性形成统一而和谐的状态。

三是交替与对立都仅属于一种理论形态,因为交替与对立是共性存在于任何事物当中。朱子说:"诸公且试看天地之间别有甚事? 只是阴与阳两个字,看是甚么物事都离不得。只就身上体看,才开眼,不是阴,便是阳,密拶拶在这里,都不着得别物事。不是仁,便是义,不是刚,便是柔。只自家要做向前,便是阳;才收退,便是阴意思。才动便是阳,才静便是阴。未消别看,只是一动一静便是阴阳。"③朱子强调阴阳为世界上任何事物都包括的理,而其阴

---

① 黎靖德:《朱子语类》卷六五。
② 黎靖德:《朱子语类》卷一。
③ 黎靖德:《朱子语类》卷六五。

阳的表现则仅属事物的动静之间的转化而已,实属于用阴阳界定事物的形态而已,两者共同存在于任何事物当中。故朱子说:"圣人系许多辞,包尽天下之理。止缘万事不离乎阴阳,故因阴阳中推说万事之理。"《周易》能够发挥作用的原因在于模拟阴阳变化之理,而达到模拟天下万物运行之理,则以阴阳之名描述对立与交替的状态正是事物运行的真实状态。正是阴阳囊括万物之理,且万物皆有阴阳之理,故《周易》在纯阳之卦的乾卦和纯阴之卦的坤卦里,不断强调纯阳之中隐含着阴的元素,纯阴之卦里蕴含着阳的元素。如《周易·文言传》说:"阴疑于阳必战,为其嫌于无阳也,故称龙焉。"朱子则注说:"坤虽无阳,然阳未尝无也。"在《文言传》当中虽未明确说明乾卦中有阴的因素,但是朱子在注解过程中也强调了阴隐含于纯阳之中,故说:"言乾元用九,见与它卦不同,君道刚而能柔,天下无不治矣。"①

综上所述,交替与对立存在于假设的理念当中,而他们之间的具体转化关系才是万物的具体生存状态。

(王志阳)

---

① 《周易本义·文言传第七》。

如何理解"感应"

朱子认为宇宙间的万物是气化而来,"气以成形,而理亦赋焉"。[①] "二气五行,交感万变,故人物之生,有精粗之不同。自一气而言之,则人物皆受是气而生;自精粗而言,则人得其气之正且通者,物得其气之偏且塞者。惟人得其正,故是理通而无所塞;物得其偏,故是理塞而无所知。"[②]人为万物之灵,可以感知自然世界各种事物的存在与变化。

朱子解释感知万物的存在与变化,常使用"感应"这一概念。感应之说,来源于《易·咸》:"柔上而刚下,二气感应以相与。"一般可以理解为受影响而引起反应。对人而言,通过四肢百骸与事物发生感应关系,古人将其归结于"心"。"心只是个动静感应而已。所谓'寂然不动,感而遂通'者是也。"[③]因为"心者,体用周流,无不贯彻。"[④]基于对此"心"功能的认识,它不是现代医学所称的血液循环系统中的心脏,而是神经系统。

朱子提醒,"感应"二字在不同语境中的含义有所区别:"以感对应而言,则彼感而此应;专于感而言,则感又兼应意,如感恩感德之类。"[⑤]第一种感应指的是同一范畴内部彼此相关联的事、物及概念间的交感作用,"同声相应,同气相求",也就是彼此能产生共鸣。第二种感应发生在同一事、物、概念内部,以固定的顺序不断重复出现,特别是那种会持久交替的事物。

第一种感应,涉及人与人,人与物,人与神,也包括物与物之间的感应。人与人之间会发生感应,且有相互作用与影响,如见到他人处于危难时,会动恻隐之心。亲人之间的心灵感应特别明显,常常关心对方冷暖饥寒。"'此以

---

① 黎靖德:《朱子语类》卷一。
② 黎靖德:《朱子语类》卷四。
③ 黎靖德:《朱子语类》卷六五。
④ 朱熹:《晦庵先生朱文公文集》卷四〇,《答何叔京书十二》。
⑤ 黎靖德:《朱子语类》卷九五。

心感,彼以心应,其效如此之速',感应神速,理固如此。"①当亲人去世后举行祭祀活动,就是以子孙诚意感格祖先之气,使之相凝而回来感应子孙。"大抵人之气传于子孙,犹木之气传于实也。此实之传不泯,则其生木虽枯毁无余,而气之在此者犹自若也。"②这与现代遗传基因学说相符。故有人以类聚,物以群分,或曰臭气相投,都是有生物学基础的。人与物之间,也有感应。朱子接受程先生解说"天下无性外之物"、"天地间只是个感应",以及"诚者,物之终始,不诚无物。"③因为天地之间,皆由阴阳二气构成,服从于最高准则"理"。"阴阳是气,才有此理,便有此气;才有此气,便有此理。天下万物万化,何者不出于此理? 何者不出于阴阳?"④即便是鬼是神,人也能与之发生感应,"鬼神之体便只是个诚,以其实有是理,故造化发育,响应感通,无非此理。"⑤朱子回答门生"何故天曰神,地曰祇,人曰鬼"之问,说"此又别。气之清明者为神,如日月星辰之类是也,此变化不可测。祇本'示'字,以有迹之可示,山河草木是也,比天象又差着。至人,则死为鬼矣。"又问:"既曰往为鬼,何故谓'祖考来格'?"曰:"此以感而言。所谓来格,亦略有些神底意思。以我之精神感彼之精神,盖谓此也。祭祀之礼全是如此。且'天子祭天地,诸侯祭山川,大夫祭五祀',皆是自家精神抵当得他过,方能感召得他来。"⑥这也启发了当今人类用地面电波向浩渺宇宙寻找生命的创举。古今中外皆以天地神灵具有保善惩恶的人格神的构想,并"祈祷"天地神灵护佑,认为人君不轨之行,会导致自然灾害的发生。事实确实如此,过度工业化与奢侈消费,严重破坏生态环境,带来自然灾害与人类疾病。正因为人与自然之间的互相作用与影响,农耕社会求雨之举,地方官员遇水旱,则精意祷禳于庙,以祈求雨泽。当然,朱子也关注到人因感应而做梦的问题,"梦之事,只说到感应处"。⑦ 此外,朱子也关注到诸如古代炼丹,不同性质与不同熔点物质之间存在"感应"问题。

第二种感应,如日往月来、昼夜、四季、晴雨、屈伸、动静、消息、来往、呼

① 朱熹:《晦庵先生朱文公文集》卷四四,《答江德功书二》。
② 朱熹:《晦庵先生朱文公文集》卷五二,《答吴伯丰书十二》。
③ 黎靖德:《朱子语类》卷六五。
④ 黎靖德:《朱子语类》卷六五。
⑤ 朱熹:《晦庵先生朱文公文集》卷四〇,《答何叔京书十二》。
⑥ 黎靖德:《朱子语类》卷三。
⑦ 黎靖德:《朱子语类》卷七九。

吸、寤寐、语默、生死等，是阴阳之道的体现，人都能感觉得到。人们可以观察"一进一退，一长一消，反复、往来、上下"①得到有关"理"的答案，从而遵循自然法则。程颢说："天地之间，只有一个感应而已。"朱子接着说："盖阴阳之变化，万物之生成，情伪之相通，事为之终始，一为感，则一为应，循环相代，所以不已也。"②"凡有动皆为感，感则必有应"。③"凡在天地间，无非感应之理，造化与人事皆是。且如雨旸，雨不成只管雨，便感得个旸出来；旸不成只管旸，旸已是应处，又感得雨来。是'感则必有应，所应复为感'，寒暑昼夜，无非此理。如人夜睡，不成只管睡至晓，须着起来；一日运动，向晦亦须常息。凡一死一生，一出一入，一往一来，一语一默，皆是感应。中人之性，半善半恶，有善则有恶。古今天下，一盛必有一衰。圣人在上，兢兢业业，必日保治。及到衰废，自是整顿不起；终不成一向如此，必有兴起时节。"④从这段话中看出，第二种感应，不仅仅限于自然界造化，也涉及人类社会之人事。

朱子认为"天下未有无理之气，亦未有无气之理"⑤，理与气构成事事物物，因而"皆有感应。"⑥至于"感"，则有内感与外感之分，"物固有自内感者。然亦不专是内感，固有自外感者。所谓'内感'，如一动一静，一往一来，此只是一物先后自相感。如人语极须默，默极须语，此便是内感。若有人自外来唤自家，只得唤做外感。感于内者自是内，感于外者自是外。如此看，方周遍平正。"⑦通俗地说，一方面，人有感知客观世界的存在与变化的本能，可以充分利用以感知世界；另一方面，外在世界对人有刺激与影响，人的神经系统会做出反应，并据已有的知识做出判断与处理。

（陈国代）

---

① 黎靖德：《朱子语类》卷六五。
② 黎靖德：《朱子语类》卷九五。
③ 黎靖德：《朱子语类》卷七二。
④ 黎靖德：《朱子语类》卷七二。
⑤ 黎靖德：《朱子语类》卷一。
⑥ 黎靖德：《朱子语类》卷九五。
⑦ 黎靖德：《朱子语类》卷九五。

如何理解"变化"

天道流行,化育万物。"太极动而二气形,二气形而万化生。"①万物有形有理,而且形体和性状会因条件变化而变化。事物产生新的状态,叫变化。儒家经典著作《易》,本于伏羲画卦,有交易、变易之义,文王、周公、孔子用"变化"解说卦爻甚多。《中庸》中亦讲动、变、化,如《礼记·中庸疏》云:"初渐谓之变,变时新旧两体俱有;变尽旧体而有新体,谓之化。"朱子解释说:"变是自阴之阳,忽然而变,故谓之变;化是自阳之阴,渐渐消磨将去,故谓之化。自阴而阳,自是长得猛,故谓之变。自阳而之阴,是渐渐消磨将去。"②朱子常观天地之化,草木发生,知"变是自微而著,化是自盛而衰"。③ 朱子使用"变化"或"变易"的概念来描述或阐释"事物"的变化或改变,以便对客观事物的理解,如昼夜变化、四季变化、冷热变化、阴阳变化、天地变化、刚柔变化、乾道变化、运动变化等等。

关于"变" 同一物质,在不同条件下发生,性状发生变化,如朱子关注到水在不同条件下发生变化,比如做饭时水加热变成水蒸汽,山间水气早晨形成雾,白天水受太阳之热升空形成云,飘动的云,又会形成雨、雹、雪。秋天地面水气遇冷聚为露、凝成霜。冬天池中水面会结成冰。诸多形状变化,并没有改变水的性质。因此说"霜只是露结成,雪只是雨结成"。但有条件才会发生,"若雪,则只是雨遇寒而凝"。④ 如金属铁,可以打造出不同物件。糖从甘蔗中提取出来,可以形成粉状、颗粒状、块状,这些形状不同的糖,又可以溶解到水里,成为糖水而不见其原来的形状。同样道理,种树成林,取木制材,可以盖成不同形状的房子,做成各式各样的家具。朱子与古代圣人一样,就用

---

① 黎靖德:《朱子语类》卷四。
② 黎靖德:《朱子语类》卷七四。
③ 黎靖德:《朱子语类》卷七四。
④ 黎靖德:《朱子语类》卷二。

《易》中龙潜、龙现、龙飞,来说明事物发展处于不同阶段,用以类比,以契合于用。变是常态,但万变不离其宗,其理是可以把握的。"以一日言之:或阴或晴,或风或雨,或寒或热,或清爽,或鹘突,一日之间自有许多变,便可见矣。"①

关于"化" 天地间人物草木禽兽,其生也,莫不有种。如一颗种子,栽种在地里,便会发芽、开花、结果。"如一株树,开一树花,生一树子,里面便自然有一个生意。"②"树子"即果实,明年再种,一样可以重现其整个生命过程。完整的生命过程,朱子结合元贞利亨来解说:"天之生物,莫不各有躯壳。如人之有体,果实之有皮核,有个躯壳保合以全之。能保合,则真性常存,生生不穷。如一粒之谷,外面有个壳以裹之。方其发一萌芽之始,是物之元也;及其抽枝长叶,只是物之亨;到得生实欲熟未熟之际,此便是利;及其既实而坚,此便是贞矣。盖乾道变化发生之始,此是元也;各正性命,小以遂其小,大以遂其大,则是亨矣;能保合矣,全其大和之性,则可利贞。"③现代医学研究表明,自有人类以来,男女交媾,精子与卵子相遇,在女性体内形成受精卵、胚胎、胎儿,分娩后便有婴儿,养育后成长,经历儿童、少年、青年、中年、老年、终老而亡,构成一个人生的整体过程。"人之所以生,理与气合而已。"④但人们总是好奇地问:"生第一个人时如何?"朱子的回答是:"以气化,二五之精合而成形。"⑤其他动物的最初元祖,也可以用同样的说法解释,都是由阴阳二气相交而化生。而块状食物,加工成细碎,煮熟糜烂,其中的营养成分被人体吸收,这个过程也是化,好比化学物质从矿石中提纯而来。而其利用,则又转化为所需的物质。

区别变与化 上述的变与化,也是有区别的。朱子门人问:"'变化'二字,旧见《本义》云:'变者,化之渐;化者,变之成。'夜来听得说此二字,乃谓'化是渐化,变是顿变',似少不同。"回答说:"如此等字,自是难说。'变者,化之渐;化者,变之成',固是如此。然《易》中又曰'化而裁之谓之变',则化又是渐。盖化如正月一日,渐渐化至三十日。至二月一日,则是正月变为二月矣。

---

① 黎靖德:《朱子语类》卷四。

② 黎靖德:《朱子语类》卷二七。

③ 黎靖德:《朱子语类》卷六八。

④ 黎靖德:《朱子语类》卷四。

⑤ 黎靖德:《朱子语类》卷一。

然变则又化,是化长而变短。此等字,须当通看乃好。"①"变是自阴而阳,自静而动;化是自阳而阴,自动而静。渐渐化将去,不见其迹。"②

但变化可以是连贯的,"明则动,动则变,变则化。"朱子说:"动与变化,皆主乎外而言之。"③宇宙间,既有恒定不变的"理",也有物在不同环境条件下发生性状改变,甚至会有变化万状、变化万殊、变化无常。当然,落实到人,"人的气质不善,可以变否?"朱子曰:"须是变化而反之。"④变化气质,复还本然之性,但变化气质最难,如"尧舜不能化其子"⑤就是典型例子。人要通过不断学习,达到明理,才能获得变化气质之功。"为学便是要克化,教此等气质令恰好耳。"⑥

总之,有了变化的概念,不仅可以用来解说事物运动变化,还可以有目的去改变事物的性质或形态。如食物加工、布料裁减、改变生活环境、木材燃烧以及变化人的气质等等,为我所用。可取的是变废为宝,不可取的是揠苗助长,最要防范的是助纣为虐。

(陈国代)

---

① 黎靖德:《朱子语类》卷七一。
② 黎靖德:《朱子语类》卷七四。
③ 黎靖德:《朱子语类》卷六四。
④ 黎靖德:《朱子语类》卷四。
⑤ 黎靖德:《朱子语类》卷一六。
⑥ 黎靖德:《朱子语类》卷一七。

天学的主要内容

朱子学说中有太极之理和阴阳二气,其中天地即阴阳。涉及"自然世界"的"天"含义,既有广义的,包括地上的大气和蓝色的天空,也有狭义的,专指天空。朱子在少儿时期就好奇地问父亲有关"天之上何物"、"日何所附"[1]等问题。这种对神秘的"天"充满好奇心,引发日后对古代天学理论知识的研究,对诸多文献记载进行考究。晚年置办浑天仪观测天象[2],与蔡元定、黄榦、黄义刚等人探讨,为诸生讲解天学知识,传播自然科学文化。

关于"天"的形成 在天地未辟之前,有过一段混沌不分的状态。在这个状态下,"未有物,只是气塞"[3],一旦有了阴阳之气,随着气的运行而形成天地日月和星辰。朱子说:"天地初间只是阴阳之气。这一个气运行,磨来磨去,磨得急了,便拶许多渣滓;里面无处出,便结成个地在中央。气之清者便为天,为日月,为星辰,只在外,常周环运转。"[4]朱子认为,天是阴阳之气在上面,清刚者为天。季通云:"地上便是天。"[5]"天包乎地,其气极紧。"[6]这些认识尽管非常粗疏,却有道理,与众人相信的观念相符,也与日常经验相吻合。现代利用离心分离原理提纯物质,就是因为流体在快速运转时,沉淀物会向中心聚拢来。快速运转的物质碰撞,或分离或结合,都会产生新的物质。

关于"天"的形状 朱子说,人抬头仰望高空,所见苍苍者便是天。人站在地面看天,天是圆的,"天却四方上下都周匝无空阙,逼塞满皆是天"[7] 只因脚下有地遮挡,无法将天尽收眼底,"有一常见不隐者为天之盖,有一常隐

---

① 束景南:《朱熹年谱长编》。
② 黎靖德:《朱子语类》卷二三。
③ 黎靖德:《朱子语类》卷四五。
④ 黎靖德:《朱子语类》卷一。
⑤ 黎靖德:《朱子语类》卷一。
⑥ 黎靖德:《朱子语类》卷一。
⑦ 黎靖德:《朱子语类》卷一。

不见者为天之底。"朱子比喻说,"天正如一圆匣相似。"①这里的"天"是狭义的。从地面开始到天穹,越往上或往外层空间,气越清,硬度越大,亮度越暗,一般分为九层,最外层是天的硬壳,把"气"包围着,不致于泄漏,保持相对稳定,为地上万物生长提供保障。

天由气组成,却不是实体,没有"形"或"质",其位置在"太虚空里",应当是广袤无垠的宇宙组成部分。朱子赞同季通所言:"论日月,则在天里;论天,则在太虚空里。若去太虚空里观那天,自是日月衮得不在旧时处了。"②显然,朱子门人蔡元定所言,是广义的"天",超过外太空。

关于"天"的颜色 因天无明,白天为"苍苍","夜半黑淬淬地",是天之正色。人们常见天空的明亮或黑暗,与星体发光有关,但所有发光体中太阳最重要。白昼因有太阳,天就亮;夜晚太阳被地球遮挡,天就暗,而夜明多是星、月。虽然月亮、群星是受太阳之光而亮,但"星恐自有光",如"二十八宿随天而定,皆有光芒"。③ 星光强度不如日光,常被日光淹没了,白天很少看见星星。

天体运转不息 "天运不息,昼夜辗转。"④"只是气旋转得紧,如急风然,至上面极高处转得愈紧。若转才慢,则地便脱坠矣!"⑤以此推论,因气的快速运转,才托住星体不会脱坠。"天行至健,一日一夜一周,天必差过一度。"⑥天道左旋,日月星并左旋,日月五星亦随天转。朱子观察后说,"某看天上日月星不曾右转,只是随天转。"⑦朱子注意到天及日月星辰的运行情况并不统一,不同星体运转速度不同,以快速运动者为参照物,会造成错觉。横渠曰:"天左旋,处其中者顺之,少迟则反右矣。"⑧朱子认为此说最好。"众星亦皆左旋,唯北辰不动",朱子认为,"辰,天壤也",⑨不移位,故此独为天之枢纽是也。

---

① 黎靖德:《朱子语类》卷二。

② 黎靖德:《朱子语类》卷二。

③ 黎靖德:《朱子语类》卷二。

④ 黎靖德:《朱子语类》卷一。

⑤ 黎靖德:《朱子语类》卷二。

⑥ 黎靖德:《朱子语类》卷二。

⑦ 黎靖德:《朱子语类》卷二。

⑧ 黎靖德:《朱子语类》卷九九。

⑨ 黎靖德:《朱子语类》卷二三。

"北辰无星,缘是人要取此为极,不可无个记认,故就其傍取一小星谓之极星。"①但那颗"极星也动",朱子说沈括用不同口径的仪器观测那极星,"见其动来动去,只在管里面,不动出去"。②

纠正几种错说 "历家言天左旋,日月星辰右行,非也。"③"《周髀法》谓极当天中,日月绕天而行,远而不可见者为尽。此说不是。"④"月,古今人皆言有阙,惟沈存中云无阙。"⑤"因云,《礼运》言:'播五行于四时,和而后月生也。'如此,则气不和时便无月,恐无此理。"⑥若以理推之,则无有盈阙也。毕竟古人推究事物,似亦不甚子细。直卿举郑司农五表日景之说。曰:"其说不是。"⑦上蔡以为"天之机也,以其居中,故谓之'北极'。以其周建于十二辰之舍,故谓之'北辰'。"朱子认为"以上蔡之明敏,于此处却不深考"⑧,也就是误把北斗当作北极。季通尝言:"天之运无常,日月星辰积气,皆动物也。其行度疾速,或过不及,自是不齐。使我之法能运乎天,而不为天之所运,则其疏密迟速,或过不及之间,不出乎我。此虚宽之大数纵有差忒,皆可推而不失矣。何者?以我法之有定而律彼之无定,自无差也。"季通言非是。⑨

寻找"天之上何物" 朱子自小就爱仰望天空,看日月经天,看星星闪烁,且被天之外是什么与有什么所困扰。朱子长大后,通过广博阅读,知道"星不是贴天"⑩的道理。朱子更多的精力没有花在各种猜想上,而是关注日月星辰的运动、发光等问题,以及众星之间的相互关系,不仅关注恒星,也关注极星。季通尝设一问云:"极星只在天中,而东西南北皆取正于极,而极星皆在其上,何也?"⑪朱子一时无以答。"后思之,只是极星便是北,而天则无定位。"朱子

---

① 黎靖德:《朱子语类》卷二三。
② 黎靖德:《朱子语类》卷二三。
③ 黎靖德:《朱子语类》卷二。
④ 黎靖德:《朱子语类》卷二。
⑤ 黎靖德:《朱子语类》卷二。
⑥ 黎靖德:《朱子语类》卷二。
⑦ 黎靖德:《朱子语类》卷二三。
⑧ 黎靖德:《朱子语类》卷二三。
⑨ 黎靖德:《朱子语类》卷二。
⑩ 黎靖德:《朱子语类》卷一。
⑪ 黎靖德:《朱子语类》卷二。

不认为天上有人,"而今说天有个人在那里批判罪恶,固不可",①只是说"天之外无穷",让后人去探索。

朱子的整个世界,便是由"天"与"地"构成,往往合并在一起说,"天地"便是指整个宇宙。当然,朱子在当时太空科学技术不发达的情况下能对自然界的"天"做许多探究与解说,且内容丰富,值得现代人学习与思考。

(陈国代)

---

① 黎靖德:《朱子语类》卷一。

地说的主要内容

宋代是文化高度繁荣的时代,也是科学繁兴的时代,而集宋学之大成的朱子对自然科学中的地说也有着创新性的见解,丰富了中国自然科学的理论。

第一,天地一体,科学地解释了大地形成的过程。朱子说:"天地初间只是阴阳之气。这一个气运行,魔来磨去,磨得急了,便拶许多渣滓,里面无处出,便结成个地在中央。气质清者便为天,为日月,为星辰,只在外,常周环运转。地便只在中央不动,不是在下。"[①]阴阳之气相互交感而生成了大地,其具体形成过程则吸收了张衡的混沌说理论,其科学之处在于认为土地居于天的囊括当中,而不是西方的地心说形态,显然具有十分重要的科学价值。关于大地的具体组成形态,朱子已经将其概括为"渣滓"之态,故有"清刚者为天,重浊者为地"。[②]天与地在分离过程中清刚上升,重浊下沉,故"天包乎地,天之气又行乎地之中,故横渠云:'地对天不过'"。[③]则天地虽然因阴阳之气的运转而分离,但是天地本属同根生,故有天之气存在于大地之中,也就构成天囊括万物。在天地产生之后,朱子还关注到大地的形成过程不是一蹴而就,而是逐步演化的过程,主要呈现出两个方面特点:一是天地产生之后,大地逐步演化过程。朱子说:"山河大地初生时,须尚软在。"这是指气质,即山河大地开始形成时,经历了由软到硬的过程。二是天地产生之后,大地不是简单地处于静止的状态,而是处于与天交接变化当中。朱子说:"地却是有空缺处。天却四方上下都周匝无空缺,逼塞满皆是天。地之四向底下却靠着那天。天包地,其气无不通。恁地看来,浑只是天了。气却从地中迸出,又见地

---

① 黎靖德:《朱子语类》卷一。
② 黎靖德:《朱子语类》卷一。
③ 黎靖德:《朱子语类》卷一。

广处。"①这也就是说天地产生之后,天地之间仍旧存在着物质的交换,地仍旧处于衍变过程当中,由此呈现天地一体的形态。

第二,科学论述大地的运转规律,丰富宋代自然科学知识。大地虽然产生于气,但是气主要作为哲学命题的基本元素,不足以解释大地出现与运行的原因,故朱子以格物致知的方法论考察大地的生成状态。"天地始初混沌未分时,想只有水火二者,水之滓脚便成地。今登高而望,群山皆为波浪之状,便是水泛如此。只不知阴什么时候凝了。初间极软,后来方凝得硬。"问:"想得如潮水涌起沙相似?"曰:"然。水之极浊便成地,火之极清便成风霆雷电日星之属。"②朱子以水和火来概括天地初开时的状态,显然属于假设命题,但是其以山峰如波浪运转的外在形态考证大地初次生成之时的水流形态,其方法是合理的,结论也接近于事实。但是大地一旦形成,如何维持自我运行状态,则需要有更为深入的分析,故朱子说:"天运不息,昼夜辊转,故地摧在中间。使天有一息之停,则地须陷下。惟天运转之急,故凝结得许多渣滓在中间。地者,气质查滓也,所以道'轻清者为天,重浊者为地'。"③地处于天的包围之中。大地在运转过程中,不是处于均衡状态,而是有倾斜现象,其表征正是日照不均的现象,即"地有绝处。唐太宗收至骨利干,置坚昆都督府。其地夜易晓,夜亦不甚暗,盖当地绝处,日影所射也。其人发皆赤。"④朱子在此处已经通过考察史书,将地球运转过程中倾角现象呈现出来,其实质是地球与黄道之间呈现一个夹角,故使得日照随着纬度升高而日照变长的现象。当然,朱子对地的运转仍旧有其局限性,如"西北地至高。地之高处,又不在天之中。"⑤显然是不符合实际情况。

第三,科学阐述地球在宇宙中的运行规律,丰富了宇宙学说。地球的地理位置对于现代人而言是非常简单的常识,但是八百多年前的科学水平,朱子已然能够系统论述地球的运转规律。一是地球在天球上的位置处于正中间。"天文有半边在上面,须有半边在下面。"⑥这是因为天球以地球为中心进

① 黎靖德:《朱子语类》卷一。
② 黎靖德:《朱子语类》卷一。
③ 黎靖德:《朱子语类》卷一。
④ 黎靖德:《朱子语类》卷一。
⑤ 黎靖德:《朱子语类》卷一。
⑥ 黎靖德:《朱子语类》卷二。

行观察,故有天球的度数为三百六十度的问题,"如何见得天有三百六十度?什么人去量来?只是天行得过处为度。天之过处,便是日之退处。日月会为辰。"①朱子将太阳运行的过程作为天球的度数,而其基础实是以地球为观察点,观看太阳运行的结构而成的理论。至于地球在天球上的具体位置,则需要用天道与黄道来定位。朱子对日食、月食有经典论述,可视为地球在天球上运转的结果。朱子说:"天有黄道,有赤道。天正如一圆匣相似,赤道是那匣子相合缝处,在天之中。黄道一半在赤道之内,一半在赤道之外,东西两处与赤道相交。度,却是将天横分为许多度数。会时是日月在那黄道、赤道十字路头相交处厮撞着。望时是月与日正相向。如一个在子,一个在午,皆同一度。谓如月在毕十一度,日亦在毕十一度。虽同此一度,却南北相向。日所以蚀于朔者,月常在下,日常在上。既是相会,被月在下面遮了日,故日蚀。望时月蚀,固是阴敢与阳敌,然历家又谓之暗虚。盖火日外影,其中实暗,道望时恰当着其中暗处,故月蚀。"②这已然呈现了地球围绕太阳转,月球围绕地球转的基本原理,清楚解释了太阳、地球与月球之间的公转、自转之间的关系,解决了地球在天球运行的具体位置问题。

(王志阳)

---

① 黎靖德:《朱子语类》卷二。
② 黎靖德:《朱子语类》卷二。

何谓阴阳五行

一、阴阳是一气之两分　天地初间只是阴阳之气。[①] 朱子云:"阴阳只是一气,阳之退便是阴之生,不是阳退了又别有个阴生。"[②]阴与阳既有区别也有错综和变易的意涵。朱子曰:"阴阳有相对而言者,如东阳西阴南阳北阴是也。有错综而言者,如昼夜寒暑一个横一个直是也。"[③]动静、进退、消长、明暗、清浊、轻重、刚柔、呼吸等世上所有相反相对的事物,都属于阴阳的概念范畴。

二、阴阳是一气之消息　朱子云:"阴阳虽是两个字,然却只是一气之消息,一进一退,一消一长。进处便是阳,退处便是阴。长处便是阳,消处便是阴。只是这一气之消长,做出古今天地间无限事来。所以阴一个说亦得,两个说亦得。"[④]阴阳虽有对待,但都是一气之消息。朱子也以六爻卦为例,解释阴阳二气的消长。曰:"阳气只是六层,只管上去,上尽后,下面空缺处便是阴。"[⑤]又曰:"方其有阳,那里知道有阴。有乾卦,那里知道有坤卦。天地间只是一个气,自今年冬至到明年冬至,是他地气周匝。把来折做两截时,前面底便是阳,后面底便是阴。又折做四截也如此,便是四时。天地间只有六层,阳气到地面上时,地下便下冷了。只是这六位阳,长到那第六位时,极了,无去处,上面只是渐次消了。上面消了些个时,下面便生了些个,那便是阴。这是个嘘吸。嘘是阳,吸是阴。唤做一气,固是如此,然看他日月男女牝牡处,方见得无物无阴阳。如至微之物,也有个背面。若说流行处,却只是一气。"[⑥]

三、阴阳一体,动静互为其根　朱子云:"动静无端,阴阳无始,天道也。

---

① 黎靖德:《朱子语类》卷一。
② 黎靖德:《朱子语类》卷六五。
③ 黎靖德:《朱子语类》卷六五。
④ 黎靖德:《朱子语类》卷七四。
⑤ 黎靖德:《朱子语类》卷六五。
⑥ 黎靖德:《朱子语类》卷六五。

始于阳,成于阴,本于静,流于动,人道也。然阳复本于阴,静复根于动,其动静亦无端,其阴阳亦无始。则人盖未始离乎天,而天亦未始离乎人也。"动静无端,阴阳无始是指天道自然而言。在人道,则已是阴道有成,故曰以静为本。是以若人要效法天道,则务使健动不息。

四、阴阳与体用先后　朱子云:"体在天地后,用起天地先。对待底是体,流行底是用。体静而用动。"①气的消长进退是气之动,气之用。从用可以见体。因见消长之用,乃知有阴阳之体。论其最先,则唯是一体,即气也。一气化而为两,此后起之体,非原始之体。天地原始之体是太极,太极兼理气而为一体,及其分阴分阳,对待为体,则在天地之后。阴阳本一体,论其先,则以阳动为主。如天地本一体,论其先,则先天而后地。理气本一体,论其先,则理先而气后。

五、阴阳的正反主从　朱子说至微也有个背面,是谓阴阳犹一体之正反面也。正反必有主从,故朱子谓进处是阳,退处是阴,长处是阳,消处是阴。进与长是正面,是上一截,退与消是反面,是下一截。物必先有长进,乃有消退,此亦主从与上下截之辨也。云:"且如造化周流,未著形质,便是形而上者属阳。才丽于形质,为人物,为金木水火土,便转动不得,便是形而下者属阴。若是阳时,自有多少流行变动在及至成物,一成而不返。谓如人之初生属阳,只管有长,及至长成,便只有衰。此气逐渐衰减,至于衰尽则死矣。周子所谓原始反终,只于衰尽处可见反终之理。"②阳属始,是上一截。阴属终,是下一截。又曰:"乾无对,只是一个物事。至阴则有对待,大抵阴常亏于阳。"③"乾无对,只是一个物事。至阴则有对待,大抵阴常亏于阳。"④"乾无对待,只有乾而已,故不言坤。坤则不可无乾,阴体不足,常亏欠,若无乾,便没上截。大抵阴阳二物,本别无阴,只阳尽处便是阴。"⑤坤为从属,"是个无头底物"。⑥ 阴阳的正反主从是一重要的分辨。或曰:"只乾便是物之统体,物之所资始,物之所正性命,岂非无所不包。但自其气之动而言则为阳,自其气之静而言则为

---

①　黎靖德:《朱子语类》卷六五。
②　黎靖德:《朱子语类》卷九四。
③　黎靖德:《朱子语类》卷六九。
④　黎靖德:《朱子语类》卷六九。
⑤　黎靖德:《朱子语类》卷六九。
⑥　黎靖德:《朱子语类》卷六八。

阴。所以阳常兼阴,阴不得兼阳。阳大阴小,阴必附阳。皆此意也。"①

六、阴阳是气,五行是质　朱子云:"箕子为武王陈洪范,首言五行,次便及五事。盖在天则是五行,在人则是五事。"②又云:"阴阳是气,五行是质。有这质,所以做得物事出来。五行虽是质,他又有五行之气做这物事,方得。然却是阴阳二气截做这五个,不是阴阳外别有五行。"③此外,"阳变阴合而生水火木金土。阴阳气也,生此五行之质。天地生物,五行独先。地即是土,土便包含许多金木之类。天地之间,何事而非五行?五行阴阳,七者滚合,便是生物底材料。"④朱子也以阴阳五行解释天地万物形成,以及人何以会有贤愚的差异。如朱子云:"只是一个阴阳五行之气,滚在天地中,精英者为人,渣滓者为物;精英之中又精英者,为圣,为贤;精英之中渣滓者,为愚,为不肖。"⑤

七、阴阳五行为太极之体　说阴阳必说到易卦,说易即说宇宙。宇宙只是一体,此体便是一气。是以朱子云:"只从阴阳处看,则所谓太极者,便只是在阴阳里。所谓阴阳者,便只在太极里。而今人说阴阳上面别有一面无形无影底物是太极,非也。"⑥事实上,宇宙之体不在阴阳五行之外或上,阴阳五行便是宇宙太极之体,此即朱子太极图解中所谓的浑然一体。故朱子云:"阴阳五行为太极之体。"⑦朱子也举易卦为例来说明太极之体。朱子云:"易有太极,便是下面两仪、四象、八卦。自三百八十四爻总为六十四,自六十四总为八卦,自八卦总为四象,自四象总为两仪,自两仪总为太极。以物论之,易之有太极,如木之有根,浮屠之有顶。但木之根,浮屠之顶,是有形之极。太极却不是一物,无方所顿放,是无形之极。故周子曰无极而太极,是他说得有功处。夫太极之所以为太极,却不离乎两仪、四象、八卦,如一阴一阳之谓道,指一阴一阳为道则不可,而道则不离乎阴阳也。"⑧

(黄柏翰)

---

① 黎靖德:《朱子语类》卷六九。
② 黎靖德:《朱子语类》卷七九。
③ 黎靖德:《朱子语类》卷一。
④ 黎靖德:《朱子语类》卷九四。
⑤ 黎靖德:《朱子语类》卷一四。
⑥ 黎靖德:《朱子语类》卷九五。
⑦ 黎靖德:《朱子语类》卷三六。
⑧ 黎靖德:《朱子语类》卷七五。

易数与易象

易数与易象是易学最重要的两个领域,关系到能否深入易学境界的两个问题,他们又是密切相关的两个问题,故他们构成了易象数学最为核心的内容。朱子在易数和易象方面的易学思想具有以下三个方面的特点。

第一,易数是易理固有表现形式。数是世间万物运行形式,而易学是反映世间万物运行的规则,故自然具有易数。朱子说:"都不要说圣人之画数何以如此。譬之草木,皆是自然恁地生,不待安排。数亦是天地间自然底物事,才说道圣人要如何,便不是了。"①,正是数具有反映天地万物固有运行规律的特质,故易学自然需要反映易数的内容,这也就构成了易数的天然规律,而《易》学仅是反映而已,非主观制作的成果。这是因为数生成于天地万物运行规律。朱子说:"有是理便有是气,有是气便有是数。盖数乃是分界限处。"②正是数生于气,气又生于理,则数最终由理来决定,其运行的过程正是取决于理,而非圣人所安排的结果。朱子担心学者学易,误入圣人制易的模式当中,再三强调数由万物规律所决定的,即数仅是反映理的内容,而不创造新规则,故说:"'天一,地二,天三,地四,天五,地六,天七,地八,天九,地十',是自然如此,走不得。如水数六,雪花便六出,不是安排做底。"③正是以天地万物规律为本源,故数仅是圣人依据其呈现的规则而整理出来,如易学卜筮中出现的七、八、九、六与一、二、三、四之间的关系,朱子说:"一是太阳,余得个九在后面;二是少阴,后面便是八;三是少阳,后面便是七,四是太阴,后面便是六。无如此恰好。这皆是造化自然如此,都遏他不住。"④老阳、老阴、少阳、少阴都是在卜筮过程中呈现出来的客观关系,不以圣人思维而变化。

---

① 黎靖德:《朱子语类》卷六五。
② 黎靖德:《朱子语类》卷六五。
③ 黎靖德:《朱子语类》卷六五。
④ 黎靖德:《朱子语类》卷六五。

第二，**易象是易理的具体表现形式**。象因理而生，反映天地万物之理。因理过于抽象，故圣人通过取象，使抽象的规律转化为容易被理解的易象。朱子说："尝谓伏羲画八卦，只此数画，该尽天下万物之理。阳在下为《震》，震，动也；在上为《艮》，艮止也。阳在下自动，在上自止。……惟其'言不尽意'，故立象以尽之。学者于言上会得者浅，于象上会得者深。"①朱子以尽意作为易象的功能，呈现万物之理，这得益于易象系统。朱子说："《易》象自是一法。如离'为龟'，则损、益二卦皆说龟。《易》象如此者甚多。"②这是因为易象自成体系的解释功能，使易理不再晦涩难懂，故"卦中要看得亲切，须是兼象看"。③ 但是易象的取象过程呈现时代性。"取象各不同，有就自己身上取底，有自己当不得这卦象，却就那人身上取……"④取象有远观近取之法，其中心点——圣人所见外在物象随时代变化而变化，难以被后世学者所理解，仅存留阴爻与阳爻形式，故朱子说："《易》毕竟是有象，只是今难推。"⑤其原因正是"象不传了"。⑥ 易象失传，后世学者难以获得易象与易本义之间具体表征关系，但是这不足以否定易象存在的合理性，因为从伏羲到孔子，都有完整的易象系统，被保存于《周易》卦爻辞及十翼当中。故朱子取径于以简御繁之法，即"某尝作《易象说》，大率以简治繁，不以繁御简"。⑦ 这是朱子以《周易》卦爻辞和十翼的易象来解读易理。

第三，**易数与易象呈现出互动的状态，呈现多样化的外部世界**。易数与易象都根源于易理，从不同维度呈现易理。在具体的运行过程中，难以截然划分为二，因为易数与易象在表现易理的过程中呈现相辅相成的模式。朱子说："圣人作《易》之初，盖是仰观俯察，见得盈乎天地之间，无非一阴一阳之理。有是理则有是象，有是象则其数便自在这里，非特《河图》、《洛书》为然。盖所谓数者，只是气之分限节度处，得阳必奇，得阴必偶。凡物皆然，而《图》

---

① 黎靖德：《朱子语类》卷六五。
② 黎靖德：《朱子语类》卷六五。
③ 黎靖德：《朱子语类》卷六五。
④ 黎靖德：《朱子语类》卷六五。
⑤ 黎靖德：《朱子语类》卷六五。
⑥ 黎靖德：《朱子语类》卷六五。
⑦ 黎靖德：《朱子语类》卷六五。

《书》为特巧而著耳。"①在易象与易数相生的过程中,因为易理通过取象而呈现具象化,而一旦呈现具体的象,则以具体的数的形式运行。两者最为典型的形态是《河图》与《洛书》,但是更多的则是以奇偶的形态表现阴阳关系。两者以阳爻的一画和阴爻的二画而形成最原始的易象和易数,由此构成了相生的状态。"卦虽八,而数须是十。八是阴阳数,十是五行数。一阴一阳便是二,以二乘二便是四,以四乘四便是八。五行本只是五,而有十者,盖是一个便包两个,如木便包甲乙,火便包丙丁,土便包戊己,金便包庚辛,水便包壬癸,所以为十。象辞文王作,爻辞周公作,是先儒从来恁地说,且得依他。谓爻辞为周公者,盖其中有说文王,不应是文王自说也。"②卦分为八卦,属于三画卦,与阴阳相比,当属易象,而数有十个基础数字,这是五行金木水火土的概述。八卦呈现五行特性,十数表征八卦方位与运行规律,两者之间构成了象数协调运作的网络图,这就是后世学者将易象与易数相结合以呈现复杂的易象数学。

(王志阳)

---

① 黎靖德:《朱子语类》卷六七。
② 黎靖德:《朱子语类》卷六七。

人生天地间

天地生人 天地间有太极之理、阴阳之气、五行体系，"太极所说，乃生物之初，阴阳之精。自凝结成两个，后来方渐渐生去。万物皆然。"[①]"人受天地之正气，所以识道理，有知识。"[②]人是从天地和气中生，为高等动物中最灵异者，且生生不穷，不仅能吃能睡，耳听目视，口言鼻吸，能直立行走，劳动生产，最重要的是大脑能思维计算，能学习与掌握高超技能，能发明创造新的器物，能改变生活环境和居住条件，能处理复杂的人际关系，能维持社会稳定，能推动文明发展。

人心道心 人不仅有形，而且有心，充满智慧。古人所讲"人心"，不是现代所言"人体中的心脏器官"。人有喜、怒、忧、思、悲、恐、惊的感情表现或心理活动，也有眼、耳、鼻、舌、身、意的生理需求或愿望。七情六欲，受"心"支配。朱子认同横渠"心统性情"之说："性便是心之所有之理，心便是理之所会之地。"[③]"性者，人所受之天理；天道者，天理自然之本体。其实一理也。"[④]朱子依"理"来判断，将"心"分为"人心"与"道心"两种境界，但两者所差不多，有时不容易分辨。"如孟子云：'仁，人心也。'仁便是人心，这说心是合理说。"[⑤]"尧舜相传，不过论人心道心，精一执中而已。"[⑥]

人欲天理 天地生人无数，唯圣贤有道心，常人则是人心。后人为了细分与区别人心存在的善与恶，引入"人欲"一词。认为天理、人欲对立，并以天理为善，人欲为恶。朱子说："天理只是仁义礼智之总名。"[⑦]又说："事事物物

---

① 黎靖德：《朱子语类》卷九四。
② 黎靖德：《朱子语类》卷四。
③ 黎靖德：《朱子语类》卷五。
④ 朱熹《论语集注》。
⑤ 黎靖德：《朱子语类》卷五。
⑥ 黎靖德：《朱子语类》卷一二。
⑦ 朱熹：《晦庵先生朱文公文集》卷四〇，《答何叔京书二十八》。

上皆是天理流行。……日用之间，莫非天理。"①举饮食与美味来说："饮食者，天理也；要求美味，人欲也。"②"有个天理，便有个人欲。盖缘这个天理须有个安顿处，才安顿得不恰好，便有人欲出来。"③儒家主张以天下为公，要人做到存理灭欲，而不要自私自利，更不能以私妨公害人。

格物穷理　世间万事万物都存在看不见摸不着的理，人要依靠已有的知识去不断探索未知的世界，求得未知的道理。探索的过程，就是穷理。朱子强调"穷理"的重要性。"穷"可以训释为对形而上的本体"理"的追根究底的探讨，它的途径是"求理于事物"。而穷理的关键在于"因其已知之理而益穷之，以求至乎其极"④，止于至善。朱子认为，"理一分殊"，人要不断去"格物"，今日格一件，明日格一件，推究而去，日积月累，就能获得丰富的知识与经验，就可能达到对理的全体认识，不仅要把"理"装在心里，而且要把天道、地道和人道贯串一起，并用以处理或解决对应的问题，特别是人与人、人与社会、人与自然之间的重大问题。

人与自然界的关系　朱子亲近自然界，仔细观察万物，体认万物之理，充分肯定了万物都有内在规律——理的存在，且对"理"作为客观规律所具有的普遍性和特殊性的统一问题给予肯定的回答。人与自然界的联系有许多方面，其中之一就是大宇宙与小宇宙的关系，人体被看作"小宇宙"，是宏观世界的缩影，如"天便脱模是一个大底人，人便是一个小底天"。⑤朱子引进宇宙、太极、阴阳、理气、动静、天地、万物、消长等概念，来解说自然规律的存在。于是对宇宙形成，天体运转，季节更迭，风雨雷电的产生，日月寒暑，潮起潮落，火炎水流，昼兴夜伏，物竞天择，以及动物饥食渴饮，目视耳听，生老病死，等等，都能做出合理的解释，而且告诉人们要顺应天理，与自然界融为一体。

人与人之间的关系　人类形成社会之后，逐渐构成命运共同体，需要彼此帮助和共享劳动成果，才能生活得美好，才能代代延续。因此要懂得礼义廉耻，讲求仁义礼智信，养成忠孝仁爱信义和平，处理好君臣、父子、兄弟、夫妇、朋友五伦关系。明白这些道理，落实到现实生活，要求君仁，臣忠，父慈，

---

① 黎靖德：《朱子语类》卷四〇。

② 黎靖德：《朱子语类》卷一三。

③ 黎靖德：《朱子语类》卷一三。

④ 黎靖德：《朱子语类》卷一四。

⑤ 黎靖德：《朱子语类》卷六〇。

子孝,友信,人际关系才能和谐,文明进步才能实现。

人与社会的关系 《易》中就揭示事物发展有元贞利亨的先后顺序问题,朱子对此解释说:"序是次序,谓卦及爻之初终,如'潜、见、飞、跃',循其序则安。"①人们在社会活动中,必须遵守人类共通的行为规则、道德规范、法律规章,使整个社会处于有序平衡的状态。社会秩序是有内在规律可循的,如国家制定和颁布宪法,作为治国安邦的根本大法,建立自上而下的行使权力的完整机构,任用公职人员行使职权,落实法律条文、规章制度等等,才能做到《中庸》第二十八章所言"车同轨,书同文,行同伦"。朱子认为,社会运作必须有一些合理性规定,"议礼所以制行,故'行同伦';制度所以为法,故'车同轨';考文所以合俗,故'书同文'。"②人类只有尊行一统天下的"王道",才能让整个社会有序运作。

(陈国代)

---

① 黎靖德:《朱子语类》卷七四。
② 黎靖德:《朱子语类》卷六四。

丰富的数学知识

宋元数学四大家,秦九韶、李冶、杨辉、朱世杰,各以其成就走在世界前列。比他们稍早,朱子的数学知识也十分丰富,在理学家中堪称一流。朱子的管理实践,喜用、善用数目字,其经营社仓、兴荒政、经界丈量等,无不井井有条,其中大量涉及记数和算术。朱子学说中的数学知识,分布在易学、律学、历学多个领域。兹取易学述之,以见一斑。

朱子的两部重要著作《周易正义》《易学启蒙》,以"河图洛书"、先天六十四卦次序、筮法等为易学的入门知识,而它们都是名副其实的数学问题。

第一,"河图洛书"问题。关于古老的河图洛书的内容,原有不少神秘说法,朱子选择从邵雍、蔡元定,以之为自然数的排列组合:河图是 $1 \sim 10$ [①],一天数(奇数)、地数(偶数)为一组,构成 7、9、11、13、15 的等差数列,总数为 55;洛书是 $1 \sim 9$ 的组合,排列成九宫格,这是一个简单幻方,纵、横、交叉的和都是 15(见图1)。

后来幻方在杨辉手上得到专门研究,杨辉给出了更多、更复杂的幻方[②],并总结出基本规律,成为他的一项重要数学发现。依笔者所见,朱子的河图、洛书,其实也是对自然数的基本界定:河图限定一到十为基数,即邵雍《皇极经世·观物外篇》所言:"天数五,地数五,合而为十,数之全也。"司马迁《史记》也早说过,"数始于一,终于十……周而复始"。而汉字的一到十都是个位数,十和一组合才出现第一个两位数。中国的主流观念正是以这十个数为一切数的根本,而传说中上天所授的河图集中承载了这种观念,为中国人数物计数乃至卜卦提供起码的思维工具。洛书则反映了另一种思维,只有一到九,没有十。我们知道,如果一个体系中的十只能用独立的符号表示而非表示为一和〇的两位组合,便会妨碍位值制的算术。中国与文字记数法并行的,本有一套数码,至宋明之际,基于一到九数码的位值制的演算,配合标记

---

① 《易·系辞传》称"天一地二天三地四天五地六天七地八天九地十"。
② 《续古摘奇算法》。

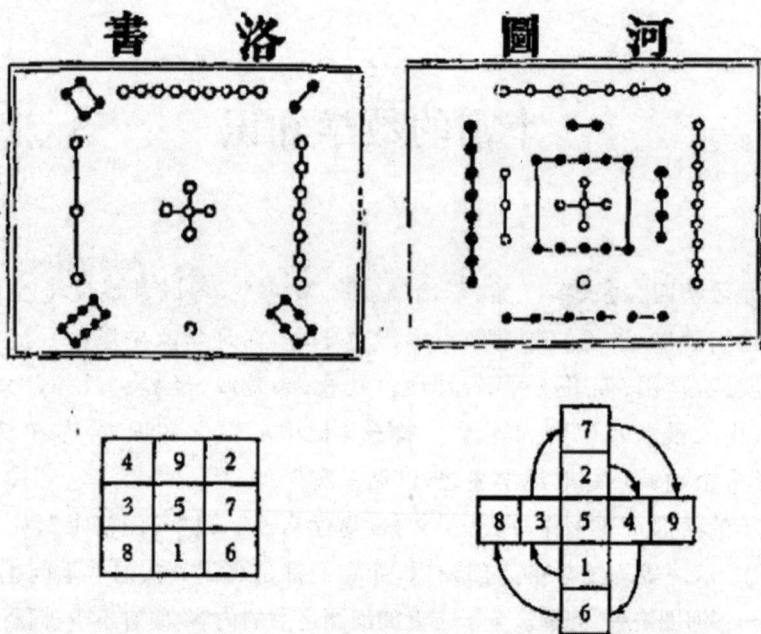

图1　河图洛书数列

摘自李约瑟《中国科学技术史(数学卷)》。

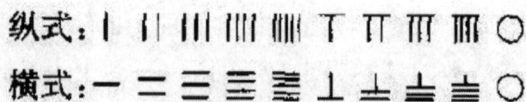

图2　宋元时期的一种数码

摘自钱宝琮《中国数学史》。

空位的〇号,已经在数学家手上运用自如(见图2)。

朱子的洛书图,以一到九为基数,客观上令十为空位〇让位,有利于专业数学的发展。

第二,六十四卦中的"二进制"问题。邵雍所传、朱子发扬光大的"伏羲八卦"和"伏羲六十四卦"(即先天卦),其卦图与莱布尼茨二进制的关系,过去讨论颇多。不管争议如何,莱布尼茨至少是认为自己在伏羲卦这里找到了知音(见图3)。邵雍、朱子颠覆旧有的文王卦序,用阳爻(—)和阴爻(——)两个符

§71 This gives me the opportunity to point out that all numbers could be written by 0 and 1 in the binary or dual progression. Thus:

1	1	10 is equal to 2
10	2	100 is equal to 4
1000	8	1000 is equal to 8
10000	16	etc.
100000	32	
1000000	64	

And accordingly, numbers are expressed as follows:

These terms correspond with the hypothesis; for example:

$111 = 100 + 10 + 1 = 4 + 2 + 1 = 7$

$11001 = 10000 + 1000 + 1 = 16 + 4 + 1 = 25$[189]

They can also be found by continual addition of unity, for example:

The points denote unity which is kept in mind in ordinary

0	0
1	1
10	2
11	3
100	4
101	5
110	6
111	7
1000	8
1001	9
1010	10
1011	11
1100	12
1101	13
1110	14
1111	15
10000	16
10001	17
10010	18
10011	19
10100	20
10101	21
10110	22
10111	23
11000	24

图3　莱布尼茨的伏羲卦二进制演绎

号,按简单而机械的形式逻辑重新排列的六十四卦,正好是现代二进制数学中的 1 到 64。其"六十四卦方位图",如果"—"换成 0,"－－"换成 1,即成:000000(乾),000001(夬),000010(大有),000011(大壮)……111111(坤)。"六十四卦次序图"更是交代了此中的生成逻辑,此逻辑程颢称之为"加一倍法",朱子另外也称之为"加一位法"。它从太极(无位)开始,赋予一爻(一位)后首先得到"两仪"(0,1),有了 2^1 个数;加一位得到"四象"(00,01,10,11),有了 2^2 个数;再加一位得到"八卦"(000,001,010,011,100,101,110,111),有了 2^3 个数;后续每加一位,卦的数量都是翻一倍,从而有"十六卦"(2^4)、"三十二卦"(2^5)、"六十四卦"(2^6),直至无穷——理论上所有数都可以在该系统中找到位置。这个逻辑不同于惯常的六十四卦由八卦组合而来的解释,从个位到两位、三位、四位、五位、六位是连续拓展而成，并具有无限的可延展性，是完全意义上的符号演绎。唯一遗憾的地方是，邵雍、朱子都没有说明此二进制卦换算成十进制数的方法；这个方法在《周易》中的意义是，若换算得十进制数为 n，则立即得知该卦为第 n 卦（以乾卦为第 0 卦）。如莱布尼茨所示，找出这个换算规律并不难，举 111 为例，$111 = 1 \times 2^2 + 1 \times 2^1 + 1 \times 2^0 = 7$，即是第 7 卦（坤卦）——加三次是因为有三位；每一项中的指数是由位数减 1 得来，实为该位上翻倍（两仪 2 的自乘）的次数。也许是因为伏羲先天卦的卦序终究与《周易》正文的文王后天卦序不合，所以朱子他们没有朝这个方向继续努力。

第三，筮法问题。《易学启蒙》给出了详细明晰的卜卦过程：由"大衍之数"50 开始，50 茎蓍草去一茎，剩下 49 茎进行推演。具体由 4"营"（小步）得到 1"变"（大步），3"变"得到 1 爻（阴爻或阳爻），18 变得到一卦的全部 6 爻。其中的关键是分三轮对 49 茎蓍草"揲之以四"，即四四数之。经过一些变换，求其剩余，三变之后除以 4，必须得到 6（老阴）、7（少阳）、8（少阴）、9（老阳）四个数之一。朱子的贡献是穷尽了三变中所有可能的情况：第一变得到 40 或 44（茎），第二变得到 40、36 或 32，第三变得到 24、28、32 或 36，除以 4，只能是 6、7、8、9 四者之一。《周易》的卜筮方法一向令人感到神秘，筮者往往知其然不知其所以然，朱子则予以严密的证明，为之建立数学模型，确立卜筮结果的必然性。这个模型蕴含了今人所称的"同余"思想，处理了模四同余的简单数学问题[1]。由于《周易》的卜筮"大衍"是四四数之求取剩余，后世就把不定分析叫做"大衍术"：唐代僧一行在其《大衍历书》中就应用了不定分析，而秦九韶被称为中国剩余定理的"大衍求一术"载《数书九章》，就是在首卷"大衍类"首篇"蓍卦发微"中完成概念界定和首次应用的[2]。朱子对易学的数学发掘工作虽不及数学专家，但其方向是一致的，并能开风气之先。13 世纪前，易数与主流数学几乎无交集，后秦九韶、杨辉先后肯定并研究易数中的大衍、洛书等内容，这里面少不了朱子的功劳。

（袁鑫淼）

---

① 孙广才：《〈易学启蒙〉中的数学史料与数学思想》，《宝鸡文理学院学报（自然科学版）》2003 年第 4 期。

② 李约瑟：《中国科学技术史（数学卷）》。

格君心之非的意义

朱子的一生,对政治极为关切,他的政治理想,就是以"格君心之非"来改善国家政治生活和变革风俗。他认为,君主如能"正心克己",则"可以应天下之务"。所以,朱子提出"正君心是大本"。他说:"天下事有大根本,有小根本,正君心是大本。"①

为什么要格君心之非呢?朱子认为,人人皆有人心与道心,君心与常人之心一样,即使像尧舜禹这样的贤君,他们的心也不全是道心,因此有可能存在不正,所以必须格君心之非。君对民的影响很大,是国家治乱之所系,其地位朱子称之为"以一身托乎兆民之上"。朱子说:"君者表也,民者影也,表正则影无不正矣,君者源也,民者流也,源清则流无不清矣。"②这是由于君主在一国中的地位和作用所决定的。

朱子从民本思想出发,提出"格君心之非"以正君心。孟子的"民为贵,君为轻,社稷次之"的政治观念,朱子加以继承。他说:"天下国家之大务,莫大于恤民,而恤民之实在省赋,省赋之实在治军。若夫治军省赋以为恤民之本,则又在夫人君正其心术,以立纪纲而已矣。"③三代两汉以来的治乱得失,皆本于此。凡为君者,必重视老百姓的利益。朱子常常为此"昧万死"而直谏,指出:"夫天下之治,固必出于一人,而天下之事,则有非一人所能独任者。"④因此,人君必须正其心,诚其意。

对于"格君心之非"的方法,朱子认为应当从两个方面:一是君主自己。君主自身应当注意学习、修养,也就是要十分注重治心。用"正心、诚意"的方法来实现"修身",这是朱子"格君心之非"的政治哲学的起点。朱子说:"《大

---

① 黎靖德:《朱子语类》卷一〇八。
② 朱熹:《晦庵先生朱文公文集》卷一五,《经筵讲义》。
③ 朱熹:《晦庵先生朱文公文集》卷一三,《庚子应诏封事》。
④ 朱熹:《晦庵先生朱文公文集》卷一三,《延和奏札二》。

学》一书,皆以修身为本,正心诚意、致知格物皆是修身内事。"①天子与庶人,都是作为一个"个人"的存在,都要修身。君主自我修养,以保证自己的心常保持仁心,即道心常为一身之主,做到君心正的义务。

除了君主自己加强修养外,还需要外在的督促,即臣下的帮助。这种外在的督促来自虚心纳谏。朱子说:"盖君虽以制命为职,然必谋之大臣,参之给舍,使之熟议,以求公议之所在。然后扬于王廷,明出命令而公行之。……臣下欲议之者,亦得以极意尽言而无所惮。此古今之常理,亦祖宗之家法也。"②君主所制定的政令必须与臣子、官吏充分商量、讨论,然后公布实施。做臣子的就可能发表自己的意见而无所畏惧,这是古今一般的"常理"和"家法"。它使君主纳谏,臣下直谏具有合法性,并以"常理"和"家法"的权威,要求君主不要单凭己见来制约君主的任独。因此,朱子反对君主独断。

朱子除焕章阁待制兼侍讲,立于朝者不过四十六日。他为宁宗皇帝侍讲时,批评宁宗说:"今者陛下即位未能旬月,而进退宰执,移易台谏,甚者方骤进而忽退之,皆出于陛下之独断。而大臣不与谋,给舍不及议,正使实出于陛下之独断而其事悉当于理,亦非为治之体,以启将来之弊。"③这就是说,君主不与大臣商议,又未经考察而任意罢免、提拔宰相、台谏,乃是独断的表现。即使君主的独断合乎道理,也不是治国之道的根本,它将给后世带来弊端。可见,朱子是向往君主开明的。

朱子的"格君心之非",体现了明显的限君思想。在古代社会,实施君主集权制,"天下之大本"在于人君正心术以立纲纪。淳熙十五年(1188 年),南宋孝宗召见朱子,朱子针对当时国家的时弊向孝宗进言,指出当时国家的"急务",是"辅翼太子、选任大臣、振举纲维、变化风俗、爱养民力、修明军政六者。"而治理这六项国家大事的根本是什么?他说:"天下之大本者,陛下之心也。"又说:"天下之事,千变万化,其端无穷,而无一不本于人主之心者。此自然之理也。"因此,君主是国家兴衰的枢纽,君主唯有克去心中的"人欲之私",才能存"天理之公"。这也就是君主"以正吾之心,而好天下万事之本"。④

朱子的"格君心之非"的最终目的,是为了天下的统一。从北宋到南宋,

---

① 黎靖德:《朱子语类》卷一四。
② 朱熹:《晦庵先生朱文公文集》卷一四,《经筵留身面陈四事札子》。
③ 朱熹:《晦庵先生朱文公文集》卷一四,《经筵留身面陈四事札子》。
④ 朱熹:《晦庵先生朱文公文集》卷一一,《戊申封事》。

辽、金战争连年不断,金灭北宋之后,南宋偏安江南,官吏贪欲腐败,农民起义比比皆是。一方面是官府给人民带来繁重的徭役捐税,一方面由于南方的城市逐渐开放,由于对外贸易而带来经济的局部繁荣。举国上下的思想潜流,都指向"平天下",朱子自觉或不自觉地把握了历史的流向。而要达到和平、统一的政治局面,就必须调整统治者与被统治者之间的关系。因此,他选择了《大学》来阐释他的政治理想,用"格君心之非"来变革朝纲,改善政治。要求上下之间政治上的统一,目的是为了天下统一。

从中国政治思想史的发展过程来看,朱子以"格君心之非"而达到"平天下"的政治哲学,是有积极意义的。

首先,朱子这个命题的提出,是基于他对国家大势趋向的一种理性思考,一种对历史必然之则的把握。因为南宋后期,政治纷乱已极,举国上下,不能再容忍国家分裂,而强烈地要求有一个统一"天下"。朱子意识到,国家归于一统,是大势所趋。

其次,朱子认为,这一政治思想要得以实现,其基础是社会上的成员都把"修身"作为自我"止于至善"的道德内在要求;整个社会中每个成员都通过正心、诚意"而修身",达到社会系统中秩序的永恒稳定。这比如天体运行中的满天星斗,永恒地有一个稳定的系统结构。如此,天、人就得到合一,天、人也互相照应。朱子继承三代的观念,建构了这样一种宇宙观、世界观,将一切服从于"平天下"。天下大一统的政治理想,是中国思想史上永不间断的链条。

再次,朱子以"格君心之非"而达到"平天下"的政治实践,体现了中国古代知识分子政治上的品质,也是古代知识分子共同努力的政治方向。

（杜文霞）

朱子社仓法

乾道七年(1171年),朱子在福建崇安开耀乡(今武夷山市五夫镇)创办"五夫社仓",并制订了一个《社仓事目》[①],十年后得到孝宗皇帝的批准与推行。此后,社仓也就成为农村储粮备荒及社会救济的主要形式,朱子社仓法成为一个以实物形式实行的社会保障制度。社仓法在中国古代社会保障方面起过积极作用,被后人誉为"先儒经济盛迹"。

南宋乾道四年(1168年)春夏之交,福建闽北地区发大水。这时,朱子奉祠闲居崇安县开耀乡五夫里。他受建宁知府徐嚞的派遣,与崇安知县诸葛迁瑞,商议赈恤事宜。为了赈灾,朱子向慈善户劝募余粮,按照平常价卖给灾民。同时,他上书建宁知府徐嚞,请求发放常平仓(官仓)的存粮,救济灾民。徐嚞接纳其建议,调运粮食六百石,按丁口发放,灾情得到缓解。

这年冬,抗灾得到丰收,百姓精选良粟,准备运往偿还。刚继任建宁知府的王淮看到此景,高兴地说:"岁有凶穰,不可前料。后或艰食,得无复有前日之劳,其留里中而上其籍于府。"[②]第二年,朱子又上书新任建宁知府沈度说:"粟分贮民家,于守视出纳不便,请仿古法,为社仓以贮之。不过出捐一岁之息,宜可办。"[③]沈度同意,并拨给钱六万缗创建社仓。乾道七年秋,"五夫社仓"在朱子的精心筹划下建成,开创社仓于乡里之先河。

淳熙八年(1181年)十一月,朱子向孝宗皇帝呈请实施他的《社仓事目》[④]。十二月,《社仓事目》得到孝宗皇帝的批准,"颁诏行于诸府各州"。由于孝宗皇帝的倡导,社仓很快在全国推广,并成为农村储粮备荒的主要形式。

朱子社仓法的基本内容有四点:

---

① 后人称"朱子社仓法"。
② 朱熹:《晦庵先生朱文公文集》卷七七,《建宁府崇安县五夫社仓记》。
③ 朱熹:《晦庵先生朱文公文集》卷七七,《建宁府崇安县五夫社仓记》。
④ 朱熹:《晦庵先生朱文公文集》卷九九,《社仓事目》。

其一,社仓设于乡里,官督民办。社仓分布于乡里,可就近赈济灾民,方便民众,克服了常平仓之不足。《社仓事目》规定:一、仓米的贷放、收回,事先须报经州县批准;二、贷放和收回时,县府须派"清官"到场监视,并携带仓子,斗子,用官斗平量;三、出纳完毕,社仓主持人须将收支数额报州县备案;四、贷放过程中如有徇私舞弊,许当场举报,由官府纠办。这些规定的目的:一方面是州县政府能够了解仓储及赈济情况;另一方面是为了防止各种奸弊发生。这些都说明社仓具有浓厚的官督民办色彩。

其二,社仓法规定贷放收息,自行积累资金。《社仓事目》规定贷放收息的办法是:"每石量收息米二斗","或遇小歉,即蠲其息之半;大饥,即尽蠲之。"等到息增多,"更不收息,每石只收耗米三升。"夏借冬还,每石收息米二斗,利息并不算低,但比起出倍之息的高利贷,还是优惠得多。规定这样的利率主要是为了使仓米不断增值,以丰补歉,达到赈灾的目的。

其三,社仓米灾年用于赈济,平年用以扶贫。《社仓事目》规定:"丰年如遇人户请贷,即开两仓,存留一仓。若遇饥歉,则开第三仓,专赈贷深山穷谷耕田之民,庶几丰荒赈贷有节。"这种无论灾年、平年均行贷放,平年放贷收息,灾年减息、免息。灾年用以保障饥民必需的生活,保护生产力;平年在"新陈未接之际"贷放,使贫苦农民免遭高利贷剥削。这样做既可使"死米"变"活米",使仓米年年更新,不至霉烂变质。

其四,社仓依靠乡官、士人管理。为了解决社仓的管理问题,朱子提出"责付出等人户主执敛散"的主张。所谓"出等人户",即指乡官①、士人②或辞官致仕的乡绅。乡官、士人在地方有一定威望,有一定组织号召力,为乡民所尊敬。同时,他们与地方官府有一定联系,办事方便,等等。这也是社首、保正长所不能比拟的。

我国古代以实物形式为主的社会保障制度历史悠久,其中备受推崇的是"朱子社仓法"。社仓法规定平年贷放收息,不断积累资金。这种用息米自身发展,积累基金,增强抗灾自救能力的办法,在中国救荒史上占有极为重要地位。此外,它又可以用积累的息米赈给无劳动能力的孤老残幼起到扶贫的作用。这种从大处着想的救灾扶贫思想是很可贵的,实践证明是可行的。

---

①   为有官阶无官职的"寄禄官"。

②   为编入"士籍"的人,也称举子、举人。

社仓法的实施,不仅减轻了封建国家财政的负担,而且改变了受灾民众单纯依靠国家拨谷救济的思想,有效地培养了农民自我保障意识。它还找到了一种以民间力量为主,兴办一种互助性质的备荒办法。朱子在《辛丑延和奏札四》中说:"臣所居建宁府崇安县开耀乡有社仓一所。……至今十有四年,其支息米造成仓敖三间收贮,已将元米六百石纳还本府。其见管三千一百石,并是累年人户纳到息米。"①五夫社仓创建十四年,积累有三千石粮食。当时,开耀乡有人口约二千多人。这已充分说明,开耀乡五夫社仓已经超过常规赈恤范围,向全面社会保障前进了一步,它是我国古代社会保障制度的一个新发展。

朱子想通过创办社仓,在全国各地推行社仓法,达到救灾扶贫的作用,使黎民百姓安居乐业,国家长治久安。当然,朱子这一思想,在"人存政举,人亡政息"的封建专制社会,只能在一定时期起到一些良好作用,不可能根本解决社会稳定问题。

(张　芸)

---

① 朱熹:《晦庵先生朱文公文集》卷一三,《辛丑延和奏札四》。

经世亦是随时

"经世"即治理世事,经世致用即关注社会现实,面对社会矛盾,并用所学解决社会问题,以求达到国治民安,乃至天下太平的实效。此外,"经济"一词,原意为"经世济民",也是经理国家、博济众民之意。经世致用的思想包含着以天下为己任的责任感,所倡导的学问与国家大事紧密相连。出仕有为是出于"天下兴亡,匹夫有责"的情怀,而不是一己私利。思想家、哲学家都既可解释世界,亦可改变世界,只是会慎重考虑自己改变世界的实践行动所带来的所有后果,不是如莽夫一样盲动。

朱子"经世亦是随时"的思想可以从以下几点来理解。

第一,"经世亦是随时"可以从孔夫子《论语·述而》"用之则行,舍之则藏"一句来理解。按照孔子的观点和后来儒家士人的准则,出仕为政,治理世事能够符合道义,则"出"、"进";如果能预料出世为政不能按照儒者自己内在的道义,或者会使这个道义受损,那么儒者就不会积极出世,而会选择"处"、"退"。总之,"出处"、"进退"都以道义为标准,不是"知进而不知退",而是"知进退存亡而不失其正"。《随卦》说:"随,时之义大矣哉!"时当其可,则出来经世济民,不然则否。夫子说:"虞仲、夷逸,隐居放言,身中清,废中权,我则异于是,无可无不可。"孟子称孔子为"圣之时者也","可以速而速,可以久而久,可以处而处,可以仕而仕"。所以,这里的"经世亦是随时"是说:儒者极其关切现实问题,但对于自己出仕的条件和效果是有提前预判的,既能符合道义又能取得良效,则"进"、"出"。

第二,按照朱子的理解,除了出仕为官是"经世",诸如在乡里办社仓、兴起乡约、导民化俗之类的教养事业,以及著述明志、继承道统而规约治统,也是一种事业,也是"经世"。出仕为官,其经世是经此一世,其济民是济同时之民,而著述明志而继承道统,是经后世、济万民。所谓立言是也,其功亦不朽。

第三,朱子还有关于"经世亦是随时"的具体治理之法的探讨。"州县间宽严事既已闻命矣。若经世一事,向使先生见用,其将何先?"曰:"亦只是随时。如寿皇之初是一样,中间又是一样,只合随时理会。"问:"今日之治,奉行祖宗成宪。然是太祖皇帝以来至今,其法亦有弊而当更者。"曰:"亦只是就其中整理,如何便超出做得?"①这是说,如果朱子被招用、出仕,自己的治理之法也只是针对他当时的时代情况而制定,"只合随时理会",不会盲目地大肆变革。不会超出时代的条件限制而去设想、实践一套治理之法,"只是就其中整理",因此,"经世亦是随时"还有另外的含义。

第四,"经世亦是随时"之为"因"义、"因循"义。朱子解《无妄》卦时说:"动而不妄",又说:"柔顺中正,因时顺理,而无私意期望之心",即因循时代条件顺理而治,不能不计后果妄为。朱子解释"变"时,说道:"因其自然之化而裁制之,变之义也。"经世也是一种变革,所谓变革、变通,也有因循其自然之化而裁制之义。杨龟山曰:"三代之礼,相因而已,非尽革也。因时损益,救其偏弊而已。后之继周者,无以易此,故虽百世可知也。"

第五,"经世亦是随时"还有随时有为之义。《论孟精义》载伊川语曰:"殷因于夏礼,周因于殷礼,损益可知,默观得者。须知三王之礼与物不必同,自画卦垂衣裳,至周文方备,只为时也。若不是随时,则一圣人出,百事皆做了,后来者没事,又非圣人知虑所不及,只是时不可也。"又录伊川语曰:"礼时为大,须当有损益。夏商所因,损益可知,则能继周者,亦必有所损益,如云行夏之时之类,可从则从之。"《近思录》说:"天下之理,终而复始,所以恒而不穷。恒非一定之谓也,一定则不能恒矣。惟随时变易,乃常道也。天地常久之道,天下常久之理,非知道者,孰能识之?"这都是在强调随时有为。

综上可见,"经世亦是随时"有相互关联的多个思想内容,有的两种内容之间相互平衡,以防止只片面强调一点而走向极端。

(任新民)

---

① 黎靖德:《朱子语类》卷一〇八。

"王霸之辨"的要义

如果说三纲五常是儒家政治的总纲,是儒家政治之"道",那么"义利王霸"则是儒家对政治治理之"术"的追寻,是对和善有序的三纲五常之总原则的落实。自孟荀以来,"王""霸"作为两种典型的政治治理模式,逐步成为实现国家和社会善治的重要政治手段。由于人们对二者的性质和意义的理解不同,出现了两种不同的界定:一是以道义即"义"为标准的界定,它凸显了王霸之间的根本对立。如孟子说:"以力假仁者霸","以德行仁者王"①。二是就统治的有效性即"利"而言,王与霸都是成功的模式,其差别远小于它们与失败的模式之间的不同。如荀子认为:"义立而王,信立而霸,权谋立而亡。""粹而王,驳而霸,无一焉而亡。"②

到了宋儒那里,政治治理模式的取向之争集中表现为朱子与陈亮之间的义利王霸之辨,二人关于"义利王霸"的论辩曾震动一时,至今还引得聚讼纷纭。这场争论表面上看是不同学术观点的一次偶然碰撞,但实际上却是秦汉以来儒家精英两种政治治理模式和救世济民方略的全面交锋。它涉及的论题几乎涵盖了传统儒家政治哲学的所有方面。

朱陈之间的王霸之辨,主要是围绕着对历史的评价而展开的。这场争论的直接诱因,是朱子指责陈亮主张"义利双行,王霸并用"。③ 陈亮不服,回信辩白,激烈反对汉唐背离王道而仅以智力把持天下之说,甚至将"义利双行,王霸并用"的标签原物奉还给了朱子:"汉唐之君……谓之杂霸者,其道固本于王也。诸儒自处者曰义曰王,汉唐做得成者曰利曰霸,一头自如此说,一头自如彼做;说得虽甚好,做得亦不恶。如此却是'义利双行,王霸并用';如亮

---

① 《孟子·公孙丑上》。
② 《荀子·王霸篇》。
③ 朱熹:《晦庵先生朱文公文集》卷三六,《与陈同甫书四》。

之说,却是直上直下,只有一个头颅做得成耳。"①意思是说,按照"近世诸儒"的说法,义与利、王与霸被分为两截,在现实历史中各行其是,如此倒称得上"双行"或"并用";而"如亮之说",根本没有这种分别,自然谈不上"双行"或"并用"了。这里,陈亮拒绝利和霸的否定性含义,强调义利、王霸是一个头颅做成的,它们本来就没有什么根本性的冲突,这显然与儒家的经典定义不符。不过,陈亮恰恰要利用这种对传统概念的重新界定,来为其事功主张寻找合法性依据。

总观陈亮的言论,他与朱子王霸理论的对立是相当彻底的。第一,陈亮反对以"德"与"力"的对立来区分王霸,强调王并非离力而纯任德化,霸之任力乃本于王。第二,陈亮反对用"以德服人"与"以力服人"、"诚服"与"苟服"的对立来区分王霸,强调霸也是"以德服人"。第三,陈亮反对把仁义与功利对立起来,更反对以义利的对立来解释王霸的不同。在他看来,仁义的对立面并非功利,霸术是否合于王道,不在力与利本身,而在力与利是否符合义。义与不义之分,只是公与私之别,只要是公,虽王道也不讳计功谋利。

其实,朱子并不否认"力"在王道政治中的重要性。在他看来,王与霸的对立,并非简单基于德与力的相互排斥,而是基于德可以兼力、而力不可以兼德的理论之上。"有道德,则刑政乃在其中,不可道刑政不好,但不得专用刑政耳。"②或者说,王道尚德,力在其中;霸道尚力,却失落了德。问题是霸者是否失德? 对此,陈亮回答说,霸者虽有小失,但其德甚大,此德便是公。朱子同样执公私之准绳,却得出了霸者无德的相反结论:"太宗诛建成,比于周公诛管蔡,只消以公私断之。周公全是以周家天下为心,太宗则假公义以济私欲者也。""其意亦谓除隋之乱是功,致治之美是德。自道学不明,故曰功德者如此分别。以圣门言之,则此两事不过是功,未可谓之德。"③这里,功与德是有严格区分的。霸者虽有"除乱"、"致治"之功,但不能因此许其有德。有德与无德,不必于功业之迹上费力摸索,只需于公私义利之心上直接辨认:"尝谓'天理人欲'二字,不必求之于古今王霸之迹,但反之于吾心义利邪正之间。""老兄视汉高帝、唐太宗之所为而察其心,果出于义耶? 出于利耶? 出于

---

① 陈亮:《陈亮集》卷二八,《又甲辰秋书》。
② 黎靖德:《朱子语类》卷一三三。
③ 黎靖德:《朱子语类》卷一三六。

邪耶？正耶？若高帝，则私意分数犹未甚炽，然已不可谓之无；太宗之心，则吾恐其无一念之不出于人欲也。"①如果一味求之于迹而不察其心，反而容易混淆其功业的性质，陷于以成败论是非的功利主义泥潭，"若以其能建立国家、传世久远，便谓其得天理之正，此正是以成败论是非，但取其获禽之多，而不羞其诡遇之不出于正也。"②

显然，双方争论的焦点集中在何者是公，何者是义上。而二人对公、义的不同理解，集中表现在义利之辨上。对陈亮而言，义与不义的区别，只是公与私的不同，而不是义与利的对立，因为义与利不构成对立的两端。而在朱子看来，彻底的公私之辨，必然要上升到义利之辨。所谓公，有与私相对的公，有不与私相对的公。前者是相对的公，后者是绝对的公。

可以看到，朱子与陈亮的论辩，是自孟荀以来，"王"、"霸"两种典型的政治模式之争的继续和展开。朱子坚持孟子的立场，强调王与霸的不同在于德与力、义与利的全面对立。而陈亮则更接近荀子，在他看来，世儒关于霸者假借仁义以文饰其暴力和利欲的指责是不能成立的，因为王道不能无赏罚，而霸术的合法性恰恰出自王道的赏罚之公。他从人的自然本性必受天命的节制出发，认定君长的赏罚便是天命节制的普遍形式，为一切政治模式所共有。此乃君权的天然合理性之所在，也是儒家典礼制度得以确立的基础。关键是失败的政治模式以一己喜怒之私运用君权，导致"善恶易位而人失其性"，使赏罚丧失了其天命节制的正当性；而成功的政治模式以天下欲恶之公运用君权，"使为善者得其所同欲"而"为恶者受其所同恶"，真正体现了天命节制的本意。前者是"亡国之赏罚"，后者是"王者之赏罚"。赏与罚并不仅仅是负面的"以利诱之"和"以威惧之"，它们同时也是通向正面价值的桥梁，是实现天下之同欲和杜绝天下之同恶的必要条件。霸术注重暴力强制和利益驱动本身并没有错，因为离开了暴力和利益，就根本没有赏罚，没有政治。霸术不仅不是王道的对立面，反而是王道具有可操作性的合理手段。那些离力而言德、黜利而崇义的奢谈，无异于要在赏罚之外寻找君道，要在不食人间烟火的梦幻里寻找王道，只能是一些根本不懂政治为何物的"迂腐之论"。③

---

① 朱熹：《晦庵先生朱文公文集》卷三六，《答陈同甫书六》。
② 朱熹：《晦庵先生朱文公文集》卷三六，《答陈同甫书六》。
③ 陈亮：《陈亮集》卷四，《问答下》。

　　我们认为,陈亮以赏罚、公私为评判标准的政治治理模式较之朱子纯粹强调以德义为评判标准的德治模式更具有合理性。因为徒善不足以自行,仅仅依靠内在自律意义上的德治,是不能实现治国平天下、止于至善的。"正其谊不谋其利,明其道不计其功"作为个人私德无疑是善之善者,但用于治理国家则显得过于迂腐。事实上,儒家自先秦时期起,就倡导一种既有仁德仁政,又有刑罚的德治和法治统一的礼治模式。这种礼治取向,简言之,就是义、利、王、霸的综合运用。在开明的儒家政治家看来,只要能实现国家治理,只要是以国家的公共利益和天下百姓的安居乐业为目的,王也好,霸也好,德也好,刑也好,都可以成为达成善治的手段。

(周接兵)

为政以德，无为而治

子曰："为政以德，譬如北辰，居其所而众星共之。"①"为政以德"是孔子的治国理念，也是对治国者提出的要求。而要达到国治民安，首先是"修己"与"正己"，集德于身，才能去影响别人，才能纠正别人的不正，这是"有为"的一面；当自身成为德高望重者，有德感化别人，便会将君子吸引在身边，这是"无为"的一面。这种以德聚贤的政治格局，好比北辰与群星的关系。北辰不会变幻莫测，也不是死物不动，其运动不超过一定的区域范畴，物理空间位置相对稳定，成为天枢。孔子借用北辰为说，来比喻居上位者治理天下要以德化人，以德服人。

历代解说孔子这句话，见解与表述各有差异，其中伊川曰："为政以德，然后无为。"②在朱子看来，程颐的解说不完整。文献记载，朱子问邵汉臣："'为政以德，然后无为'，是如何？"汉臣对："德者，有道于身之谓，自然人自感化。"朱子说："看此语，程先生说得也未尽。只说无为，还当无为而治，无为而不治？这合着得'政者正也，子帅以正，则莫敢不正'，而天下归之，却方与'譬北辰居其所而众星共之'相似。"③

邵汉臣于绍熙四年（1194 年）受学于建阳考亭沧洲精舍，"举《集注》中所备录者"，加以说明。朱子说："下面有许多话，却亦自分晓。"④查朱子《论语集注》"中所备录者"，有朱子注释、程子短语和范氏之说。范氏曰："为政以德，则不动而化，不言而信，无为而成。所守者至简而能御烦，所处者至静而能制动，所务者至寡而能服众。"程氏过于简略，范氏比较周遍。实际上，在《论语精义》中，朱子罗列程颐、张载、范镇、吕公著、谢良佐、杨时、尹焞等人相关解

---

① 《论语·为政》。
② 罗从彦：《豫章文集》卷一〇；程颢、程颐：《二程外书》卷六；朱子：《论语精义》卷一下。
③ 黎靖德：《朱子语类》卷二三。
④ 黎靖德：《朱子语类》卷二三。

说共七条。横渠曰："为政不以德,人不附且劳。"吕曰："为政以德,自治之道备,则不求于民,而民归之。故大人之政,正己而已。"尹曰："为政以德,则不动而化,无为而治,人之归之,如众星之共北辰。为政苟不以德,则人不附且劳矣。"杨曰："政者,正也。王中心无为,以守至正,而天下从之。故譬如北辰。"①都有参考价值。

朱子针对孔子取譬,做过深入思考,"详圣人之意,但以为有德,然后能无为,而天下归之,如北辰之不动,而众星拱之耳。非以北辰为有居中之德也"。朱子不以"北辰为有居中之德"。为了帮助读者理解,朱子这样设问解答:"问北辰之为枢,何也? 曰:天圆而动,包乎地外;地方而静,处乎天中。故天之形,半覆乎地上,半绕乎地下,而左旋不息。其枢纽不动之处,则在乎南北之端焉。谓之极者,犹屋脊之谓极也。然南极低入地三十六度,故周回七十二度常隐不见。北极高出地三十六度,故周回七十二度常见不隐。北极之星,正在常见不隐七十二度之中,常居其所而不动。其旁则经星随天左旋,日月五纬右转,更迭隐见,皆若环绕而归向之。知此,则知天枢之说。而圣人所以取譬者,亦可见矣。"②也就是取北辰居位不动以喻"有德者能无为"之义。缘于古人观测天象,常以北辰居位不变作为标志。北辰始终居其位而不偏,众星一直环绕并各守轨道转动,保持不离不弃。人们可以把北辰作为参照点来定位。基于此认识,孔子以北辰取譬有德者能无为。

"为政以德"与"无为而治",重在"德"字,因为"唯德可以感召,可以推行"。范镇也说:"人君欲天下之归己,则莫若务德而已。"正人正己,都是"有为",不是"无为"。"既曰为政,非无为也;政皆本于德,有为如无为也。为政以德,则本仁以育万物,本义以正万民,本中和以制礼乐,亦实有宰制,非漠然无为也。"③在朱子笔下,两宋许多官员主政一方,或"奉法遵职,不作聪明,而吏畏民安,境内称治"。或"至其为政,则又爱民礼士,敦尚教化,决奸摘伏,不畏强御,乃有古良吏风"。或"为政必有规矩,使奸民猾吏不得行其私,然后刑罚可省、赋敛可薄"。或"为政一以仁恕安静为本,而纲目严整,守之有常,人亦莫得而犯"。或"为政精密严恕,务尽道理"。为政多属于"有为"。

---

① 朱子:《论语精义》卷一下,《为政第二》。
② 朱熹:《四书或问》之《论语或问》。
③ 李允升:《四书证疑》。

　　儒家以民为本，提倡为政之道在于养民，治理社会的官员，"为政宽易爱人"，或"为政一本儒术，甚以惠爱得其民"。朱子认同"先王之政，细大具举，而无事不合民心、顺天理，故其公平正大之体、纲纪法度之施，虽纤悉之间亦无遗恨"。各级官员付诸实践，民得其惠而不扰。如诸葛亮治蜀，官府次舍、桥梁道路，莫不缮理而民不告劳。孔明有言："治世以大德，不以小惠。"又云："君子能行先王之政，使细大之务无不毕举，则惠之所及亦已广矣。"①

　　为政以德，将君子吸引而来，形成一个默契的命运共同体，共同治理天下。反过来说，居大位、上位者无德，将小人吸引到身边，而疏远了君子贤人，自然也得不到天下百姓的拥戴。

（陈国代）

----

　　① 　朱熹：《晦庵先生朱文公文集》卷四〇，《答何叔京书七》。

任贤使能

　　所谓"任贤使能"，是指在人才的任用问题上，不仅要重视人才的能力和才干，还要重视道德品行。"贤"是从道德的层面对人才所提出的要求，"能"则主要从能力、才能的层面着眼。传统儒家在人才的塑造和任用上，非常重视从贤、能两个方面下手，尤其更重视人才的道德品行。孔子说："不患无位，患所以立。"在这里，"所以立"实际上就是孔子对人才的德行和才能的一种考量。孔子是主张"为政以德"的，故其所谓的"所以立"就不仅仅指人才的本领、才能，同样也包含对人才德行的要求。尽管孔子的话是站在人才的立场所说的，与"任贤使能"从当权者的立场还有一定的距离，但已经明白地显示出孔子对于仕进致用的人才所抱持的一种态度。

　　孔子之后，最早直接地阐述"任贤使能"思想的当属孟子，而孟子的任贤使能思想往往又与其"仁政"理念有着密切的关联。孟子"仁政"理念的落实，归根结底来说离不开德才兼备之人，其合圣王为一体的"名世"者，是其"仁政"理念的高度概括和体现。因此，从《孟子》诸篇无不看出其从德才兼备的立场来审视和评议执政者。在《孟子》一书中，孟子本人不止一次地表达过"任贤使能"的立场，如"尊贤使能，俊杰在位"、"贤者在位，能者在职"[①]，这些主张清晰地反映出孟子全面的人才任用立场。孟子认为，才干、能力与道德品质，这样的两方面对于一个合格的人才来说是缺一不可的，"仁政"的施行只有依德才兼备的人才才能担当和实现。孟子的这一立场较之孔子已然更进一步，孔子只是讲"所以立"的问题，毕竟没有直接地阐明这一立场，孟子则直接加以清晰地阐明。不唯如此，甚至为了让德才兼备的人才从人群中凸显出来，孟子更主张要不拘一格任用人才，哪怕是人才出身卑微而德行高尚，也应大胆地起用。如他在与齐宣王论及如何识别人才的问题时，就说过"国君

---

① 《孟子·公孙丑上》。

进贤,如不得已,将使卑逾尊,疏逾戚"①的话。可以看出,孟子的人才任用观不仅较为全面,而且也非常激进,在他的那个时代应当说是非常难能可贵的。后来的儒家如荀子、王充等人在这一问题上也能继承前说,如《荀子·王制》篇中就有类似的话:"欲立功名,则莫若尚贤使能矣。"王充《论衡·自然》也有"舜、禹承安继治,任贤使能,恭己无为而天下治",都是意在说明统治者欲立功名,使天下达于至治境界,在人才的任用问题上必应采用"任贤使能"的主张。只有德才兼备,这样的人才在儒家看来才堪任用,才能最终实现儒家的政治理想。

早期儒家的任贤使能的思想不仅奠定了传统社会对于人才的基本看法和评审标准,也对于后来的儒家士人学者的人才观产生深远的影响。特别是到了宋代,任贤使能的人才思想又有了新的发展,这其中又以朱子对这一问题的阐述最具代表性。朱子是著名的大学问家,是理学的集大成者,也可以说是集宋以前传统学问之大成,其对任贤使能的看法和立场也能继承传统,并能有所创发。

任贤使能的首要问题在于如何看待德和才、贤和能的关系。在这一问题上,朱子视二者为一统一体,不可分离,他说:"才者,德之资也;德者,才之帅也。"德行与才能是密切联系的,才能是道德品行成立的资粮,而道德品行则是才能的统帅。一个道德品行高尚的人,必定也是一个有能力才干的人,而一个十分有才能的人,其品行也定然不逊。因此,在人才的任用上,就必须从德才两个方面提出要求,而不能有所偏废。朱子说:"有德而有才,方见于用。如有德而无才,则不为用。"这突出地表明朱子德才兼备的立场,他甚至引古人的例子加以佐证,说:"古者人有才德,即举用。"这当然是朱子的理想设定,毕竟历史上有德才而不被举用的大有人在,孔孟即如此。但朱子此一立场正表明其对于德才兼备之人才的积极正面的立场,也是其如此看重任贤使能的根本原因。在朱子看来,任用的人才若不能德才兼备,会对国家的治理带来直接的祸福影响:"德不称其任,其祸必酷;能不称其位,其殃必大。"朱子的话绝非危言耸听,实际上更是现实中国家用人不当带来的危险后果的真实反映。由于当时南宋面临着深刻的北患,金国随时都可能南下进攻南宋。当此危机时刻,南宋的执政者并未有很好的因应对策。而造成这一状况的根本原

---

① 《孟子·梁惠王下》。

因在朱子看来，正是朝廷不能知人善任，相反更是用人不当造成的。因此，朱子曾不惜冒着杀头的危险，数次进谏孝宗皇帝，力陈自己对于时局的看法以及如何振兴国家。在知南康军任上，朱子就曾上疏直斥朝中谏官失职，杜塞言路，"所与亲密谋议，不过一二近习之臣。上以蛊惑陛下之心者，使陛下不信先王之道，而悦于功利之卑说，不乐庄士之谠言，而安于私昵之鄙态。下则招集天下之士大夫之嗜利无耻者，文武汇分，各入其门。交通贿赂，所盗者皆陛下之财；命卿置将，所窃者皆陛下之柄。"①朱子的谏言不得不说再一次说明了任贤使能、任用德才兼备之人来治理国家的重要性，实际上也突出地表明，在人才的任用问题上，必须牢固坚持德才与职位的一致性。

而朱子认为的贤能之人主要指什么样的人呢？在朱子当时主要指所谓的"能正己而可畏者"，也就是那些从事于正心修身的理学之士。这显示出朱子"任贤使能"思想的理学本色以及对道德的格外重视。与孟子一样，朱子在对待人才的问题上，也不重人才的出身，而一以道德品行为要，故朱子说："贤愚在心，不在贵贱。"应当说，朱子这一立场是非常难能可贵的，保持了儒家的优秀传统。

当然，从维护封建统治的立场来看，朱子的任贤使能的立场根本上是为当时的南宋王朝服务的，其任贤使能的主张的根本着眼点还是要求贤能之士从根本上效忠南宋王朝，如他明白地指出："君之所贵者，仁也；臣之所贵者，忠也。"君心毕竟难以揣摩，身处臣位，唯有尽心尽力效忠君王才是最重要的。

（郭　文）

---

① 《朱熹年谱》卷二。

德刑相兼

德刑相兼,意指在治国安民的规范方式和手段上,既重视德礼的教化作用,也不忽视刑罚的惩戒作用,二者相辅相成,缺一不可。不过,从儒家德刑关系的具体开展来看,不同的历史时期,在不同的儒家学者那里,德刑相兼的表现形式也不一样,但基本上呈现出一种折中调和的发展趋向,即在予德礼以优先性的前提下,重视刑罚对于德化的补充作用。

宋以前,儒家在德刑关系问题上,主体表现为"德主刑辅"的立场。早在先秦儒家那里,已开始涉及这一问题。孔子倡德治,主"无讼"的理念,对于刑罚并不甚重视。但即使如此,孔子也仍说"听讼,吾犹人也",其赞子路"片言可以折狱"、诛杀少正卯,表明孔子其实也不排斥刑罚,而只是以德治为主,以刑为辅。孔子在阐述其"正名"思想时,谈及礼乐刑罚的问题,即以礼乐刑罚相提并论,二者具有密切的关联,足见孔子并不反对刑罚,其所反对的只是刑罚不中而已,刑罚中并无可议之处。孔子之后的儒家在德刑关系上日趋折中调和,孟子就说过"徒善不足以为政,徒法不能以自行"的话,表明德刑不可偏废的折中立场。

相对于孔孟,在德刑关系上,荀子首次给予刑罚以高度的关注。荀子为儒门大家,但其思想却杂有法家的内容。荀子不仅屡次言及礼法之分,更对于刑罚之作用有清晰之认识,所谓"凡刑人之本,禁暴恶恶,且征其未也",表明其对于刑罚之作用较前代儒家估价更高,且承认刑罚在社会秩序的维持上自有其特殊的功能,不是礼义教化可以替代的。又由性恶之说,荀子更主张"以善至者待之以礼,以不善至者待之以刑"。在荀子看来,这样才能禁暴惩恶,维持社会秩序。这种礼刑分治的看法无异于融合儒法两家主张于一炉。尽管如此,荀子毕竟属于儒家,因而其对德刑关系的阐述并不能真正越出德治为主、教化为先的范畴,所以《荀子·强国》云:"国之命在礼,人君者隆礼尊贤而王,重法爱民而霸。"

董仲舒以阴阳五行学说阐释其在德刑关系上的立场。一方面,董仲舒以德刑与阴阳四时比拟,来阐明德刑之不可偏废,承认法律有其功用,非教化所能替代。另一方面董仲舒又认为"阳为德,阴为刑,刑主杀而德主生……王者承天意以从事,故任德而不任刑",以明德大刑小、任德不任刑的道理,显示出董仲舒在德刑关系问题上对前代的继承。

西汉以后,随着董仲舒"罢黜百家,独尊儒术"的主张被西汉王朝所采纳,儒家思想被定于一尊,在处理德刑之关系问题上,儒家更鲜明地坚持以德治为主、法治为辅,并在此一原则下,其折中调和二者的趋势愈益明显。

宋代以降,传统儒家在处理德刑关系上又有了新的发展和突破,如果说宋以前"德主刑辅"的德刑关系是以"德"为纲,"刑"要受到"德"的制约,处于次要、辅助的地位。那么宋以后,受宋代道德法律化的法律思潮的影响,德刑的关系开始由"德主刑辅"朝着重视刑罚对于德治的积极作用的"明刑弼教"的方向加以调整。这其中,朱子首先对"明刑弼教"做了新的阐释。朱子对德刑关系的阐释大致表现在以下几个方面:

一方面,朱子对德刑关系的阐释首先是立足传统德刑关系的基本意义范畴和价值认定。比如,朱子依然坚持德治的教化诉求,对儒家传统"德化"主张有自觉地坚持。朱子认为,德礼作为治国理政的"出治之本",相对于作为国家"辅治之法"的刑罚来说具有价值优先性。朱子在《论语集注》中就明确指出:"愚谓政者,为治之具;刑者,辅治之法。德礼则之所以出治之本,而德又礼之本也。此其相为终始,虽不可以偏废,然刑政使民远罪而已。德礼之效,则有以使民日迁善而不自知。故治民者不可徒恃其末,又当深探其本。"

另一方面,朱子从其理学的人性论说入手,以道德理性论证"德治"教化的有限意义以及"刑法"的积极作用,并对"严刑"的必要性予以特别的关注。实际上,就朱子的德刑相兼的立场来说,朱子往往属意的是法律的实际效用问题。他从理学的立场以及理性的人性论说,指出德治的教化作用并非如前代儒家所认为的那样有着十分宏大的作用,其意义其实是有限的。同时,他对于历代所褒扬的"恤刑"主张也持保留态度,却肯定为传统儒家所排斥的"严刑"思想的实在意义。如对"明刑弼教"思想的阐释,朱子从礼法合一的立场指出,在德治与刑罚的先后次序上,因着国家治理的实际需要,二者的关系地位实际上是可先可后的,所谓"故圣人之治,为之教以明之,为之刑以弼之,虽其所施或先或后或缓或急"。① 朱子的此一立场,实际上是在德刑关系上有意提高刑罚在现实法律生活中的重要地位,认为德刑对于国家的治理同等重要,不可偏废。通过朱子对"明刑弼教"的意义阐释,德刑之间的关系已然由"德主刑辅"所强调的"德"为"刑"纲,"刑"要受到"德"的制约,转变为德刑关系"可先可后"的一种关系。这意味着在一定程度上,刑罚可以不必为德治所拘泥,甚至"刑"成为"德"之实现不可或缺的手段和途径。

因此,由朱子对"明刑弼教"的阐述表征着传统的法律思想的重要转型,德刑关系的开展进入一个新的阶段。"德主刑辅"的法律思想,其本意在提扬道德的教化意义,对于刑罚的惩罚作用即使不是反对的态度,也是一保守的、限制的态度,因此往往与轻刑主张密切联系在一起。而朱子所阐发的"明刑弼教"的思想,实际上是借德礼教化的口号,为推行其严刑重典的主张提供理论依据。传统儒家德刑相兼的思想主张由是进入到一个全新的阶段,对宋以后的传统德刑关系的开展有着极为重要的影响。

(郭　文)

---

① 黎靖德:《朱子语类》卷二三。

圣人之可学

在中华文化典籍中,将人格最高尚的、智慧最高超的人称为圣人包括上古传说中的帝王,以及传播智慧、美德、才能的道德楷模等。儒家以尧、舜、禹、汤、文王、周公、孔子为圣人。朱子认为,圣人不同于常人,是"禀得清明纯粹之气"①者,是"阴阳合德,五性全备,然后中正而为圣人"。② "上古天地之气,其极清者,生为圣人,君临天下,安享富贵,又皆享上寿。"③孔子生于衰周,"虽得清明者以为圣人,然禀得那低底、薄底,所以贫贱"。④ 尽管如此,孔子在朱子的心中确实是圣人,完全符合"以德行、聪明、才能、事业四者并重"的衡量标准。

修道立教,教化百姓。天地生人无数,可以分为小人、常人和圣人。常人居多,圣人绝少。圣人乃得天地清明中和之气,无所亏欠,言行无所偏倚,是人类中标准的完人。天生圣人,继天立极,也就是天要让圣人替自己完成要做而做不到的事,宛如派替身去引导人、教化人和塑化人等,以维持社会文明有序发展。朱子说:"天只生得许多人物,与你许多道理。然天却自做不得,所以生得圣人为之修道立教,以教化百姓,所谓'裁成天地之道,辅相天地之宜'是也。盖天做不得底,却须圣人为他做也。"⑤这样一来,"圣人赞天地之化育,天地之功有待于圣人"。⑥ "天地之化,滔滔无穷,如一炉金汁,镕化不息。圣人则为之铸泻成器,使人模范匡郭,不使过于中道也。"⑦圣人与天为一,是天的代言人,还是天意的执行者,效天行事,"所谓冠昏丧祭之礼,与夫典章制

---

① 黎靖德:《朱子语类》卷三。
② 黎靖德:《朱子语类》卷四。
③ 黎靖德:《朱子语类》卷四。
④ 黎靖德:《朱子语类》卷四。
⑤ 黎靖德:《朱子语类》卷一四。
⑥ 黎靖德:《朱子语类》卷六七。
⑦ 黎靖德:《朱子语类》卷七四。

度,文物礼乐,车舆衣服,无一件是圣人自做底,都是天做下了。圣人只是依傍他天理行将去"。① 正因为圣人法天顺理而施,百姓乐于接受而普受其惠。

圣人秉受天道之诚,处事"忠恕",且终身持敬,教人求仁。圣人制礼,圣人立教。"圣人教人,大概只是说孝弟忠信日用常行底话。"②"圣人教小儿洒扫应对,件件要谨。"③圣人教人有定本,如舜"使契为司徒,教以人伦:父子有亲,君臣有义,夫妇有别,长幼有序,朋友有信"。夫子对颜渊曰:"克己复礼为仁。""非礼勿视,非礼勿听,非礼勿言,非礼勿动。"皆是定本。④ 圣人识得性,只是罕言性。性即理。朱子提醒学者读书穷理,"今之学者自是不知为学之要。只要穷得这道理,便是天理。虽圣人不作,这天理自在天地间"。⑤

圣人教人读书领会道理,"圣人是经历见得许多,所以写在册上与人看"。圣人编著经典,以教育后人,这是由于"人生道理合下完具,所以要读书者,盖是未曾经历见许多"⑥,可以从圣人的经历获得知识与经验。圣人不要求读者终日静坐,苦思冥想,"顿悟之说,非学者所宜尽心也,圣人所不道"。⑦

圣人是人,圣人可学。孔子说"圣人吾不得而见",朱子认为"圣人也只是这个道理"。⑧ 古圣人离今人确实遥远,不得相见,但圣人的道德修养、为人处事是可以学的。伊川曰:"圣人与理为一,无过不及,中而已。"⑨朱子说"圣人便是一片赤骨立底天理。"⑩把圣人与天理画等号,无疑告诉说圣人就是天人合一的最高榜样。朱子坚持"圣人之可学"⑪的理论观点,并为之付诸实践。要成为圣人,需要刻苦学习与自我修养。尽管历史上很少有人能达到圣人的思想境界与事业成就,后人也不能放弃追求,不去尽心尽力。朱子劝导学者,

① 黎靖德:《朱子语类》卷七八。
② 黎靖德:《朱子语类》卷八。
③ 黎靖德:《朱子语类》卷七。
④ 黎靖德:《朱子语类》卷八。
⑤ 黎靖德:《朱子语类》卷九。
⑥ 黎靖德:《朱子语类》卷一〇。
⑦ 黎靖德:《朱子语类》卷九。
⑧ 黎靖德:《朱子语类》卷三四。
⑨ 黎靖德:《朱子语类》卷九七。
⑩ 黎靖德:《朱子语类》卷三一。
⑪ 黎靖德:《朱子语类》卷九五。

"为学,须思所以超凡入圣"。① 朱子鼓励学者,"大要立志,才学,便要做圣人是也"。② 在学习与实践中要不断反思和总结,"而今紧要且看圣人是如何,常人是如何,自家因甚便不似圣人,因甚便只是常人。就此理会得透,自可超凡入圣"。③

"圣人言语,皆天理自然。"④后人努力学圣人,着眼点就在于明理与做事。朱子关注与研究自然规律、人伦关系和社会秩序问题,从儒家经典著作中提炼出来"理"字作为新儒家学说的核心思想,要求学者弄清楚"理一分殊",掌握"全体大用",并付诸实践,做好人世间的每一件事,就能达到圣人的境界。因此把"博学之,审问之,慎思之,明辨之,笃行之"作为教育纲领,引导人们研读圣人编著的经典,学以致用。

有门人问:"大学与小学,不是截然为二。小学是学其事,大学是穷其理,以尽其事否?"曰:"只是一个事。小学是学事亲,学事长,且直理会那事。大学是就上面委曲详究那理,其所以事亲是如何,所以事长是如何。古人于小学存养已熟,根基已深厚,到大学,只就上面点化出些精彩。古人自能食能言,便已教了,一岁有一岁工夫。至二十时,圣人资质已自有三分。"⑤倘能终身坚持不懈,"圣人资质"便完满,成圣的目的就会达到。朱子效法圣人,将儒家文化推上新的历史高峰,不仅证明了"圣人之可学"立论的正确性,而且成为实践"学做圣人"的成功典范。

(陈国代)

---

① 黎靖德:《朱子语类》卷八。
② 黎靖德:《朱子语类》卷八。
③ 黎靖德:《朱子语类》卷八。
④ 黎靖德:《朱子语类》卷三一。
⑤ 黎靖德:《朱子语类》卷七。

《乡约》善俗

北宋陕西蓝田人吕大均（1031—1082）曾求学于张载，深受关学影响，以"教化人才，变化风俗"为己任，在同胞兄弟的支持帮助下，率先在关中实行《吕氏乡约》，建立起中国最早成文的规范性乡规民约。吕氏乡约分乡约和乡仪两部分，主要内容包括"德业相劝、过失相规、礼俗相交、患难相恤"四大宗旨、相关组织和赏罚制度。吕氏乡约以礼为准，从私人生活领域扩大到"乡里"，把儒家的伦理道德规范与具体社会生活联系起来，引导和教化民众尊德行善，扬善抑恶，规正民风。但吕氏乡约具有民间组织性和自治性的特点，容易导致乡约与国家法令的冲突、民间与官府的冲突。同时乡约作为自下而上的民间约法，是以伦理生活为目标而未更多考虑个人的利益需求，所以在实践中难以实现。

到了南宋时期，朱子意识到乡约的价值和意义，在保持吕氏乡约主要内容的基础上修订《吕氏乡约》。在《增损吕氏乡约》序言中，朱子指出，本乡约总共分四大部分：一为德业相劝，二为过失相规，三为礼俗相交，四为患难相恤。由全体乡民共推一位道德品行和年龄辈分高的乡民担任都约正，再由众人推选出德才兼备的二人担任副约正，以便协助都约正的工作。由全体乡民推选或由都约正指定每月轮流一人作为值月，处理该月的工作。都约正、副约正不兼值月工作。建立三种文册：愿意参加乡约的人名登记册；德业可劝者登记册；过失可规者登记册。三种文册交与值月掌管登记，每到月底，值月将登记内容报给约正，然后再移交给下一位值月者。序言概述乡约的核心内容、组织制度和赏罚措施，与原文相比，使乡约组织性和规范性更为明确合理。

关于德业相劝条，朱子指出德包括以下表现：见到善事一定做，受批评一定改正：能管好自己，能管好全家，能奉养父兄，能教育子弟，能带领好家中佣人，能严格遵守政府教令，能服务长辈上级，能团结爱护亲戚朋友，能选择社交朋友，能坚守廉洁不贪，能施好处给更多的人，能受人托付值得信任，能救助苦难人事,能劝导人行善,能规劝他人错误,能替人谋划,能为大众完成事业,能调和排解争斗,能判断是非,能兴利除害,能做好官不失职。而业的表现,在居家方面:服务好父兄长辈,教育好子弟晚辈,对待好家中妇女。在外方面:服务好长辈上级,建立好朋友关系,教育好后生下属,带领好家中佣人。其他方面:读书、种田、经营家务、救济他人、谨遵法令、不欠赋税,爱好诸如礼乐制度、射箭技艺、驾驭车马、书写计算之类,皆可以做好。凡与上述有妨碍的事都是无益的,都不提倡。以上德和业两方面,希望同约之人各自努力进修,互相勉励去做。到了每月集会时,互相表彰、推荐其中表现突出的人,在登记册中记载事迹,并公布出去,激励督导那些做得差的人。"德业相劝"主要是规定乡民行为须遵行道德规范,知礼知节,行善义举,是为"以德立本"。相比原文,朱子添加了一些文字,比方说"能肃政教"、"能导人为善"、"畏法令,谨租赋"。乍一看这些文字不太起眼,但吕氏忘了法令租赋,而朱子偏又把法令租赋提出来了,体现了乡约性质开始发生根本变化,是以民事为本转向对国家权力的服从与政治责任的强调。

关于过失相规条,规范了犯义的过失六条,犯约的过失四条,不修的过失五条。并有处置细则说明,是为"矩则劝过"。犯义的过失:一、酗博斗讼。二、行止逾违。三、行不恭逊。四、言不忠信。五、造言诬毁。六、营私太甚。犯约的过失:一、德业不相劝。二、过失不相规。三、礼俗不相成。四、患难不相恤。不修的过失:一、交非其人。二、游戏怠惰。三、动作无仪。四、临事不恪。五、用度不节。在这条结束处,原文为:"已上不修之过,每犯皆书于籍,三犯则行罚。"注重通过乡约规范乡民行为处事。朱子增加为"同约之人,各自省察,互相规戒。小则密规之,大则众戒之。不听则会集之日,直月以告于约正,约正以义理诲谕之。谢过请改,则书于籍以俟。其争辩不服,与终不能改者,皆听其出约。"朱子指出以上各种过失,同约的人应自己检验,互相规劝。不严重的过失则私下劝其纠正,严重的过失则全体一齐警诫他,再不听劝,则放到每月初的集会上,由值月者报告给约正,由约正出面向当事人阐明义理,进行道德教育。如果道歉认错,就记录在过失可规的记录册,以观后效。如果当众争辩不服气不认错,坚持不改者,则随其便,退出乡约。经过朱子的修改,乡约的处罚措施变得相对柔和,比如鼓励相互劝勉,在记过时也采取更委婉合理的方式,显示出乡约自治性与国家权力强制性的区别。而乡约难以解决的问题,诸如刑罚此类交由官府解决,把官府的权力交还官府,消解官府对乡治的猜忌。

关于礼俗相交条，朱子遵照原文，指出一是指尊幼辈行，二是指造请拜揖，三是指请召迎送，四是指庆吊赠遗。吕氏乡约继承了关学重视躬行礼教的理念，以详细条款规范乡民日常生活中待人接物处事的礼节习俗，是为"以礼勒行"。比方说凡是婚姻、丧葬、祭祀等礼俗，都应当遵循《周礼》规定，如果匆忙不能实行，可以按家传旧仪礼俗实行，而与古周礼不合的礼仪习俗，应当逐渐消除。凡是与乡间邻里交往以及往还书信等，大家应该共商规则，共同遵守。凡是遇到庆祝、吊丧等事，所行礼数，可以临时聚议，从实情出发，量力裁定。凡是帮助他人之事，原则就是助其能力所不足者。婚事需要借用他人之器物，丧事需要借助他人之人力，大家都应该尽心尽力去配合。

关于患难之事，共有七个方面：一是水火，二是盗贼，三曰疾病，四是死丧，五是孤弱，六是诬枉，七是贫乏。所说患难之事，主要有水火灾害，遇盗贼，疾病，死丧，孤独无依，受到诬告而不得申诉，以及生活贫困者。对于遇到患难之邻里，大家应当相互怜悯体恤，给予力所能及的救济，或出力或出钱，一切财物、用具、车马、人力都应以有济无，能借就借。如果可以借的不肯借、借了过期不还、损坏借物者，都应视为犯约的过失，要登记入册。这些好人好事，都应当登记入册，在全乡进行表彰。这些条约是民间自发的互相救助的一种形式，目的在于"守望互助"。

朱子对吕氏乡约的文本有所增损，既继承了吕氏乡约的基本精神，又具有更广阔的理论视野。朱子的改动，打通整合乡约乡仪两部分，具有实用性和可行性，既为乡约的蜕变埋下了伏笔，又为后世乡约的推广实践、传播发展奠定了基础，起到了积极作用。当然朱子增损后的乡约强调对国家政教法令的遵从敬畏，恢复了国家权力的权威。这是儒家道德理想对国家权力的妥协，但也为乡约争取了生存和发展空间。

（苏　敏）

治家"四本"

儒家提倡修身齐家治国平天下，先修身齐家，才能治国平天下。在朱子看来，家庭是形成社会的基本细胞，治国先治家，治家先育人，家和万事兴、社会宁、国家强，因此非常重视修身齐家思想。朱子提出治家"四本"论，包括读书起家之本，循理保家之本，和顺齐家之本，勤俭治家之本，这是治家的总原则和目的。朱子治家"四本"思想深受当朝和后世的推崇，也给予现代社会很多启示。

读书起家之本　在《朱子家训》中，朱子认为读书是家庭兴旺、健康发展的首要条件，所以"诗书不可不读，礼义不可不知。子孙不可不教……此乃日用常行之道，若衣服之于身体，饮食之于口腹，不可一日无也，可不慎哉"，劝勉子孙要多读"诗书"，要通过对子孙日常教育，教导子孙追求人格的自我完善。这不仅关系到子孙身心的健康成长，而且还关系到社会、国家、民族的前途。基于子孙日常教育的重要性和特殊性，朱子在《答吴晦叔书》说道："自其孩幼而教之以孝弟诚敬之实，及其少长而传之以诗书礼乐之文，皆所以使之即夫一事一物之间，各有以知其义理之所在，而致涵养践履之功也。及其十五成童，学于大学，则其洒扫应对之间，礼乐射御之际，所以涵养践履之者，略已小成矣。于是不离乎此，而教之以格物以致其知焉。致知者，因其所已知者推而致之，以及其所未知者。而极其至也，是必至于举天地万物之理而一以贯之，然后为知之至。而所谓诚意、正心、修身、齐家、治国、平天下者，至是而无所不尽其道焉。"这里特别强调子孙日常教育需要通过长辈言传身教、自身涵养践履和学习循序渐进。朱子将读书与修身结合起来，读书的目的是兴家立业，就是为了实现修身齐家治国平天下。

循理保家之本　循理治家是经营好家庭、建构家庭伦理的关键方法。朱子认为"循理"就是顺从天理，"自一念之微，以至事事物物，若静若动，凡居处饮食言语，无不是事，无不各有个天理人欲。须是逐一验过，虽在静处坐，亦须验个敬、肆。敬便是天理，肆便是人欲"。人们是受到"天理"的支配还受到

"人欲"支配，可以从个人言行举止中分清出来，所以家庭中不同的身份和处境由不同的"礼"以牵制，各人根据不同的礼节做好各自的角色。"礼"在不同场合的表现为孝亲、慈功、兄友、弟恭、夫和、妇柔、长惠、幼顺，这就是朱子所说的"理"。因此各个成员都要遵循家礼规范，言行要谨慎小心，规矩地做事做人，将家礼内化成为自身修养，形成一种行为习惯。只有家庭中的每个成员都循理而行，维系良好的家庭秩序，才能形成健康有序的家庭关系。朱子的目的是希望通过长期性的礼仪训导与实践，规范人们的日常行为，从而孕育出仁厚的乡俗。朱子提出"存天理，灭人欲"，更多是把"天理"看作最高的道德原则。如何克尽人欲，复尽天理，这就是"克己复礼"的过程，回到"礼"，回到"三纲五常"的伦理道德。

和顺齐家之本 自古以来，上至社会名流，下至布衣百姓，家庭和睦都是事业成功的基础。古人重视"齐家"，视"和顺"为齐家之本。《礼记·大学》："一家仁，一国兴仁；一家让，一国兴让；一人贪戾，一国作乱。"说明经营家庭的好坏决定到国家兴亡，经营家庭是治国基础。俗话说"家和万事兴，人和享太平"，只有家庭和睦，人际和谐，才能促进个人健康发展、社会安定团结和国家统一和谐。在朱子的心目中，家和国是不可分的，非常重视家庭和睦。朱子强调齐家之理在于"和顺"，"和"要气和，"顺"是柔顺。家庭和睦，安定团结，这要求家庭中各个成员态度和睦地相处，平心静气地处理家事，一句话，都要靠"和"。柔顺身心，在自己和家人之间多一些理解，多一些体谅，多一些尊重，多一些宽容，才能"顺"。正如《朱子家礼》所讲："父之所贵者，慈也。子之所贵者，孝也。兄之所贵者，友也。弟之所贵者，恭也。夫之所贵者，和也。妇之所贵者，柔也。"说的是父母最可贵的品格是慈爱，子女最可贵的品格是孝顺，哥哥姐姐最可贵的品格是友爱，弟弟妹妹最可贵的品格是恭敬，丈夫最可贵的品格是态度和睦；妻子最可贵的品格是性情温柔。这明确了家庭生活中父子、兄弟、夫妻的伦理道德关系，构建了父慈子孝、兄友弟恭、夫和妇柔的美好家庭图景。

勤俭治家之本 勤为本，俭养德，一直是中华民族自古提倡的传统美德。古人云："俭，德之共也；侈，恶之大也。"唐朝李商隐《咏史》诗中所云"历览前贤国与家，成由勤俭破由奢"，说明小到个人、家庭，大到政党、国家，生存发展都离不开勤俭节约，甚至于修身、齐家、治国、平天下都离不开勤俭节约。朱子也称："自古兴俭以劝天下，必以身先之"，其生活准则乃是"茶取养生，衣取蔽体,食取充饥,居止取足以障风雨,从不奢侈铺张",一生以清贫节俭、廉洁自律著称于世。所谓勤俭,即勤劳与节俭。朱子所说的勤劳是人们用自己的双手创造美好生活。节俭并非不主张消费,而是要求人们节制自己的生活欲望,约束自己的消费行为,保障合理的物质生活,使家庭能够正常运行。所以朱子把"勤俭"看作治理家业的根本,体现了"勤俭"对于治家的重要意义。

(苏　敏)

面对自然灾害

朱子入仕之后,面对发生饥荒、洪灾、旱灾、蝗害、地震、沙尘暴等自然灾害,积极应对。其救荒思想和赈灾方法,至今仍有借鉴的意义。

朱子所经历的严重自然灾害 乾道四年(1168 年),朱子赋闲在家,"春夏之交,建人大饥。予居崇安之开耀乡,知县事诸葛侯廷瑞以书来,属予及其乡之耆艾左朝奉郎刘侯如愚,曰:'民饥矣,盍为劝豪民发藏粟,下其直以振之?'刘侯与予奉书从事,里人方幸以不饥。俄而盗发浦城,距境不二十里,人情大震,藏粟亦且竭。刘侯与予忧之,不知所出,则以书请于县于府。时敷文阁待制信安徐公嘉知府事,即日命有司以船粟六百斛溯溪以来,刘侯与予率乡人行四十里,受之黄亭步下。归,籍民口大小仰食者若干人,以率受粟,民得遂无饥乱以死,无不悦喜欢呼。"① 当年夏初,朱子所至之处,民情汹汹,"遂为县中委以赈粜之役。中间又为邻境群盗窃发,百方区处,仅得无事"。② 朱子听说古田也遇灾,刘玶带来消息说信州恐有剽掠者,为之担心,"建阳江墩,一夕为盗所焚。气象如此,而浦城渠魁州府止从配隶,又闻中道而逸矣。奸民愈无忌惮,未知所以为善后之计也"。③ 同年七月初,崇安暴发大水,朱子奉建宁府檄,行视受灾山村,"某自寺溪入长涧,由杨村以出,所过不堪举目"。④

淳熙七年(1180 年),南康军地界严重缺少雨水,境内所辖星子、建昌、都昌三县发生大旱灾。身为知南康军的朱子,亲临各地查看,入眼便是土地龟裂,禾苗枯死,除少数田亩外,几乎绝收,百姓将面临数月的饥荒考验。淳熙八年(1181 年),浙东地区也遭受严重干旱,旱伤程度严重,朱子临危受命,以浙东提举身份到各地巡视灾情,足迹踏遍浙东山山水水。淳熙九年,随干旱

---

① 朱熹:《晦庵先生朱文公文集》卷七七,《建宁府崇安县五夫社仓记》。
② 朱子:《晦庵先生朱文公文集》卷四〇,《答何叔京书十三》。
③ 朱熹:《晦庵先生朱文公文集·别集》卷二,《答林择之》。
④ 朱熹:《晦庵先生朱文公文集·续集》卷二,《答蔡季通书三十七》。

而起的是蝗虫大量快速繁殖,将发生蝗灾。

朱子对严重自然灾害与人的态度　朱子亲历上述自然灾害,还遇到南康地震,和绍熙元年(1190年)秋冬的漳州境内多次地震,以及绍熙五年(1194年)十月临安城上空发生飞沙袭人,草烟熏鼻,突来的沙尘暴,让世人恐慌,朱子也不例外。每次自然灾害,或多或少都会造成人员伤亡和财产损失,造成人心大恐慌。朱子见证并记载下每次发生的灾害对人类的危害,也在文章中记录下来自己对严重自然灾害的认识与态度。

古代大量文献告诉人们,各种自然灾害具有突发性、不可抗拒性,但人们在自然灾害面前,在被动接受残酷现实的同时,还能进行有效的救治工作,同舟共济,渡过难关。朱子面对自然灾害所造成的破坏,强烈地认识到自己应有作为。而同情灾民,修荒政,疗饥荒,定民心,成为有社会良知的朱子的一贯思想。民以食为天,无论是水涝还是旱灾,或蝗灾,直接使农作物歉收或绝产,直接的后果是食物数量的不足,而细民无储备,必然要遭受饥饿与死亡的威胁,容易引起人口流移,抢粮盗物,甚至局部农民起义,导致社会混乱。

朱子初仕归来,还是低级官员,面对那些态度漠然、做事含糊、救灾走过场的肉食者感到不满,撰文作诗进行批评。"有小诗云:'阡陌纵横不可寻,死伤狼藉正悲吟。若知赤子元无罪,合有人间父母心。'区区于此,深有所不能自已者。然出位犯分之愧,盖不胜言矣。"[①]当自己升任太守后,对南康军所辖的建昌县秋旱失于检放,致人户流移,进行检讨反省,主动承担责任,申省自劾。[②]朱子上状要求皇帝修德政,将救灾纳入各级政府的正常工作日程,使之形成自中央到地方的救灾体系,有效地完成救灾任务,最能体现其民本思想。

朱子在灾伤后所采取的措施　朱子怀着人间父母心,到实地考察灾伤情况,拟订救灾方案及时救治。"南康军三县旱禾已多旱损,计苗失收七分以上",知属地百姓缺食已是避免不了的事实,且市场米价渐高,人心惶惶,不管是富室,还是贫民,不论是商贾,还是官吏,都要经受严峻的考验。朱子提前大修荒政,竭力措置,不断请求中央政府和江东路官员给予大力支持,减免税收,调拨粮食,同时组织人员,全面检查,认真登记,约束派出的官员及随从办事员下乡办事骚扰,动用官帑,从外县外省买入粮食供应市场。朱子制订赈

---

① 朱熹:《晦庵先生朱文公文集·续集》卷二,《答蔡季通书三十七》。
② 朱熹:《晦庵先生朱文公文集》卷二二,《自劾不合致人户逃移状一》。

济标准,有针对地实施救济,对实在困难者发放救济粮。朱子还约束参与官吏,惩治奸民猾吏,杜绝营私舞弊,坑害百姓,使救灾工作有序进行。为了不让人挨饿,即便是乞讨者也要纳入关照给食,"万一有死亡之人,即时报都保审实,申县行下,如法埋葬"。[①] 可见儒者仁心道义,无微不至,面面俱到。同时采取以工换粮的措施,组织贫民修筑水利工程,号召灾民恢复生产。故而千里之内二十万饥民得以全活,成为南宋救灾的典范。包括乾道间在五夫建立社仓,在救灾中发挥了积极作用,而遵奉淳熙七年(1180 年)九月二十三日敕旨赏格,动员上户捐助赈灾,得到富裕之家的响应和参与。这些救灾经验,在浙东进一步推广,且被朝廷推广到全国各地,成为中国救荒史上的宝贵财富。

(陈国代)

---

① 朱熹:《晦庵先生朱文公文集·别集》卷九,《禁旅店不许递传单独》。

六劾唐仲友

淳熙八年(1181年)九月,朱子南康知军任满后,因为浙东发生特大旱灾,百姓流离失所,死伤甚众,新任宰相王淮欲借助朱子在南康的救荒经验,在浙东举行荒政,赈济灾民。在王淮的举荐下,时年52岁的朱子任提举浙东常平茶盐公事,前往浙东赈荒,按劾不法官员。

朱子到任后,淳熙九年(1182年)正月,在婺州金华县,就奏劾了上户朱熙绩不服赈粜,知衢州守李峄不修荒政,衢州元差监酒库张大声、孙枚,知宁海县守王辟纲等一批贪官污吏。特别是他先后六次上奏,弹劾民愤极大的前台州知州唐仲友,显示出朱子不畏权贵,敢于碰硬,正气凛然的道学风范和刚正义烈的节气。

对于朱子弹劾唐仲友一事,《宋史》朱子本传有简略的记载,朱子巡按至台州,"讼仲友者纷然,按得其实,章三上,淮匿不以闻。熹论愈力,仲友亦自辩,淮乃以熹章进呈,上令宰属看详,都司陈庸等乞令浙西提刑委清强官究实,仍令熹速往旱伤州郡相视。熹时留台未行,既奉诏,益上章论,前后六上。淮不得已,夺仲友江西新命以授熹,辞不拜,遂归,且乞奉祠"。

朱子所弹劾的唐仲友,字与政,号悦斋,婺州金华人。绍兴间,考中进士后,又复中博学宏词科。他博涉群书,史学精绝,尤邃于诸经,留下了了《悦斋文钞》等诸多著作,以鼓倡经世致用之学而同金华学、永嘉学、永康学并起于浙东。唐仲友曾任建康府通判,再转知台州。但他恃才傲物,加上他的弟妻又是王淮的胞妹,凭借宰相王淮的姻亲关系,他在台州任上,贪赃枉法,胡作非为。

朱子与王淮也早已相识。王淮(1126—1189),字季海,婺州金华人。乾道四年(1168年),王淮任知建宁府时,朱子就与他相识,且关系甚为融洽。据朱子《建宁府崇安县五夫社仓记》所云,王淮对朱子在五夫所施行的救荒之策,颇为赏识,"王公报皆施行如章"。淳熙八年(1181年),王淮拜右丞相兼枢密事,不久又拜为左丞相,并举荐朱子提举浙东常平茶盐公事。

王淮对朱子确有举荐之恩。但面对大义和私情,朱子毅然选择了前者,决心弹劾唐仲友,并不顾王淮等官官相护的铁网,先后六上奏状,誓将其绳之以法。

1182年7月16日,朱子刚刚巡视灾情到台州,当天就接到了唐仲友为官不正的举报。7月19日,他上了第一道奏章,弹劾唐仲友催督税租,民不聊生,使得百姓纷纷扶老携幼,逃离他乡。

23日,他又上了劾唐仲友第二状。奏劾他在台州连年受灾、民力凋敝之际,不能布宣德泽,安抚饥民,而是促限催税,违法扰民,使台州百姓愁怨叹息,乞将其罢黜,以慰邦人之望。

27日,朱子又上《按唐仲友第三状》,查明唐仲友在任知台州两年多来,犯下了促限催税、违法扰民、贪污淫虐、蓄养亡命、偷盗官钱、伪造官会等诸多罪行,详细列举了唐仲友24条贪污不法之事,对其罪行进行了全面揭露,剥下了他的画皮,将其贪污腐败、荒淫堕落、无恶不作的丑恶面目公之于众。他在奏状中,指责唐仲友"催税紧急,人户流移;违法促限,骚扰饥民……渎职衰务,滥用污吏,收受财物……曲直无定,敲诈勒索;收取私盐税钱,滥入公使库,妄行支用……嫖娼养妓,出入宅堂,荒淫无度……支援公使库卖酒,所收入己,巧立名色,妄支公使库钱送礼,实则归己三亲六故,争相关节……亵渎公职,曲法枉断,滥判无辜,纵容奸犯……利用犯人蒋辉为己雕板印书,运回老家发卖,得钱归己;通同犯人蒋辉,私雕币版,偷印官会……"

在朱子所揭发的唐仲友罪状中,好几项都与公使库有关。所谓公使库,是宋代各级地方官署几乎都设的一种服务机构,其性质类似于各单位所设的招待所。公使库的职责是安顿来往官员,为其提供食宿。公使库虽有官署的拨款,但往往入不敷出,因此,允许创收谋利,以补不足。唐仲友委任心腹爪牙赵善德掌管公使库,随意盗用库钱,使公使库成了唐仲友的私人小金库,大肆贪污,中饱私囊。当他离任台州改任江西提刑,锦衣归还乡时,仅行李就有几百担。

尽管唐仲友残民、贪污、淫虐、蓄养亡命的罪恶深重,证据确凿,但由于唐仲友弟媳王氏是宰相王淮的妹妹,在王淮的庇护下,朱子的前三道奏状,都没有能撼动唐仲友。"章三上,王淮匿不以闻"。但朱子有不达目的决不罢休的韧劲,"论愈力",又接连上了三道奏状。

特别是8月1日,唐仲友公然指使一批地痞闯进司理院,殴打朱子的下属。朱子怒不可遏,当即向朝廷写了弹劾唐仲友的第四状,揭露他科罚虐民,促限催税,不恤饥民,狎妓淫滥,受贿作恶,横行霸道,盗用官钱,滥刑枉法等罪行,强烈要求朝廷对其严惩。并且指出:"若非有人阴为主张,摘语消息,仲友罪人何敢遽然如此?"将矛头直接指向了包庇唐仲友后面的那张关系网。朱子的第四状引起了朝廷上下的震动,王淮也感到纸包不住火了,但老练狡猾的他依旧压下了朱子言之凿凿条陈唐仲友累累罪行的第二、三、四状,只把第一状连同唐仲友的自辩状一起呈送给了宋孝宗。当宋孝宗问王淮如何处置此事时,王淮轻描淡写地回答说"唐苏学,朱程学","此秀才争闲气耳"。将朱子对唐仲友的弹劾说成是文人之间的"争闲气",使唐仲友的贪腐问题淡化,把一桩贪腐案摆平,"上笑而缓唐罪",使唐仲友免于一死。且在其运作下,唐仲友不但没有被追责,反而被任命为江西提刑。

对此,朱子横流独抗,又写了第五道奏状,指出唐仲友之所以贪赃枉法,荼毒百姓,气焰嚣张,完全是仗着弟媳王氏。"其仲友弟妇王氏,门族贵盛,正仲友所恃以为奸者"。他之所以逍遥法外,是"有人阴为主张,摘语消息",上下串通勾结。提出要么将唐仲友"早赐罢黜,付之典狱,根勘行遣,以谢台州之民";要么"议臣之罪,重置典宪,以谢仲友之党",并上"乞罢黜状",表示如果朝廷不处置唐仲友,他就辞职归里,表达了他破釜沉舟的决心。

王淮怕事情闹大牵连到自己,于是向孝宗奏请免去唐仲友的江西提刑职务,移交浙西提刑查办。八月十八日,又把唐仲友江西提刑职务改除朱子,给不明真相的世人造成朱子弹劾唐仲友,是为了夺取他的江西提刑新任的假象。最后,把本来罪不容赦的唐仲友从宽处理,让其提前告老还乡了事。

王淮等对唐仲友的纵容,让朱子十分气愤,抢在改除江西提刑朝命下达之前,上了劾唐仲友第六状,揭露唐仲友贪污偷盗和伪造官会两大罪行,要求朝廷依法惩处,以平民愤。并毅然递交了《辞免江西提刑奏状》,回到武夷山中。

朱子疾恶如仇,对胡作非为的唐仲友,连上六道奏状弹劾,显示了他秉正却邪、坚持公理、不顾个人安危的大勇大节,彰显了理学家的刚正义烈的本色和不屈权贵的道学硬骨。

朱子因此受到了台州百姓的爱戴,视之为解民倒悬的"清官","阖境千里欢呼鼓舞"。也为朱子的学术在浙东赢得了声誉,让朱学旋风吹进了浙东。朱子独抗朝中权贵的事迹传入江西后,江西学子怀着敬慕之情,纷纷朝拜于他。当他来到玉山,凭吊汪应辰遗迹、流连怀玉山水时,徐斯远、段元衡、赵成父等一批江西学者都杖履相陪,侍奉左右。就连以前的学术对手陆九渊也不禁敬佩万分,陆九渊在给陈倅的信中称赞道:"朱元晦在浙东,大节殊伟,劾唐与政一事,尤快众人之心。百姓甚惜其去。"

对于朱子六劾唐仲友这一壮举,但在"庆元党禁"中,朱子遭受迫害打击之际,弄臣洪迈却乘人之危,报复宿怨,在所著《夷坚志》卷十"吴淑姬严蕊"条,炮制了"才妓作词,岳霖判案"的凄美故事,将严蕊描绘成为令人同情的风尘才女,以诋毁朱子政声人品。后来,周密又据此加上传闻捏合,载入其所著的《齐东野语》之中。

明季,凌濛初的《二刻拍案惊奇》,收录《硬勘案大儒争闲气甘受刑侠女著芳名》小说,绘声绘色地描绘了朱子受人挑拨,偏狭狠毒,再三弹劾无辜的唐仲友,殃及严蕊,将朱子丑化为一个偏执暴虐的小人。把唐仲友与严蕊秽不可闻的淫滥,美化为才子佳人遭受道学迫害的悲欢离合的哀艳故事。

近人叶德辉的《书林清话》,则谓"淳熙八年,唐仲友守台州,领公使库钱刻《荀子》、《扬子》二书,为朱子所弹劾",给世人造成了朱子学阀作风严重,霸道行事,只许自己刻书,不许别人出版的假象,使朱子弹劾唐仲友这桩公案,越发显得扑朔迷离。

(冯会明)

华夷之辨

华夷之辨，又称为夷夏之辨，用来区分华夏与蛮夷。华夷之辨的宗旨根植于孔子六经，特别是《春秋》经。后世学者的夷夏观以此为源，各因其所关切的问题不同，而论述有所侧重。

理解华夷之辨，有三个因素需要加以考虑，那就是血缘、地缘和文化。

华夏族群和蛮夷族群的区别首先是从血缘和地缘开始的。夏朝是我国史书记载的第一个世袭制朝代。"中国有礼仪之大，故称夏；有服章之美，谓之华"①。后人常以"华夏"自称。周王室和它所建立诸侯封国，称为诸夏。诸夏的基本团体包括夏、商、姬、姜四族，也就是姒姓、子姓、嬴姓、姬姓、姜姓氏族中继承了华夏文明的国家，比如周王室和鲁、晋、郑、卫、韩、魏、燕、虞、虢等姬姓国；齐、申、吕、许等姜姓国；徐、黄、郯、江、赵、秦等嬴姓国、子姓宋国。西周末年以来，周王室渐渐衰微，而西北戎狄对于周的威胁越来越大。西元前771年，犬戎破镐京，杀周幽王，西周灭亡。平王东迁后，戎狄威胁诸夏之势更盛。与此同时，南方的"夷狄"楚国也不断威胁诸夏，因而形成了春秋时期"南夷与北狄交，中国不绝若线"的格局，所以《诗序》说："《苕之华》，大夫悯时也。幽王之时，西戎、东夷交侵中国，师旅并起，因之以饥馑。君子悯周室之将亡，伤已逢之，故作是诗也。"

孔子首先从文化上辨别"华夏"和"蛮夷"，此时"华夏"和"蛮夷"的差别就主要从血缘和地缘的差别上转变为更多是文化上的差别。《论语》曰："夷狄之有君，不如诸夏之亡也。"这是按照当时历史事实，作客观的陈述。《论语正义》解释说：此章言中国礼义之盛，而夷狄无也。举夷狄，则戎蛮可知。诸夏，中国也。亡，无也。言夷狄虽有君长而无礼义，中国虽偶无君，若周、召共和之年，而礼义不废，故曰："夷狄之有君，不如诸夏之亡也。"及至《春秋》，更有以文化礼仪和政治行为能否体现道义为标准来看待"华夏"和"蛮夷"。"夷

---

① 《春秋左传正义·定公十年》。

狄"可而进至"华夏",例如吴因季礼"让国"之贤而被称为"子";"华夏"亦可退至"夷狄",例如杞国国君是否用"夷礼"成为孔子判定杞国为"夷"还是"夏"的标准;中国行乎夷狄则夷狄之,例如晋因为伐鲜虞而被孔子断为"狄"。

孟子说:"吾闻用夏变夷者,未闻变于夷者也。"这是继承孔子《春秋》夷夏观来讨论治理之道的。显然,这里的"夏"和"夷",更应该是文化上的区分,或者说,按照当时历史事实,文化上的"夏"和"夷"恰好和地理上的"夏"和"夷"完全匹配。

朱子对于华夷为现实上相互对立的情况有所探讨。"熹窃谓天理固无对,然既有人欲,即天理便不得不与人欲为消长。善亦本无对,然既有恶,即善便不得不与恶为盛衰。譬如'普天之下,莫非王土。率土之滨,莫非王臣',此本岂有对哉?至于晋有五胡,唐有三镇,则华夷逆顺不得不相与为对矣。但其初,则有善而无恶,有天命而无人欲耳。"①这里虽然是在讨论天理与人欲,但对于华夷之辨,朱子认为与天理与人欲的关系相类。

朱子对华夷之辨,还有从礼服上加以区别的讨论。"后世礼服固未能猝复先王之旧,且得华夷稍有辨别,犹得。今世之服,大抵皆胡服,如上领衫、靴鞋之类,先王冠服扫地尽矣!中国衣冠之乱,自晋、五胡,后来遂相承袭。唐接隋,隋接周,周接元魏,大抵皆胡服。"②服饰是礼仪、文化的承载者,必须给予关注。无论是人数多的民族还是少数民族,都有保持、发展本民族文化特色,因而有保持本民族服饰特色的责任。

梁启超说:"且《春秋》之号夷狄也,与后世特异。后世之号夷狄,谓其地与其种族;《春秋》之号夷狄,谓其政俗与其行事……然则《春秋》之中国、夷狄,本无定名。其有夷狄之行者,虽中国也,靦然而夷狄矣;其无夷狄之行者,虽夷狄也,彬然而君子矣。然则藉曰攘夷焉云尔,其必攘其有夷狄之行者,而不得以其号为中国而恕之,号为夷狄而弃之,昭昭然矣。何谓夷狄之行?《春秋》之治天下也,天下为公,选贤与能,讲信修睦,禁攻寝兵,勤政爱民,劝商惠工,土地辟,田野治,学校昌,人伦明,道路修,游民少,废疾养,盗贼息。自乎此者,谓之中国;反乎此者,谓之夷狄。痛乎哉!"梁启超的华夷观,很显然地继承了《春秋》。

---

① 朱熹:《晦庵先生朱文公文集》卷四二,《答胡广仲书三》。
② 黎靖德:《朱子语类》卷九一。

　　"华夷之辨"在历史中,由于现实需要,人们更多强调其血缘与地缘的一面,即强调周边少数民族同华夏的差异,以及深刻的防蛮夷、卫华夏的思想,例如朱子面临宋之偏安一隅的局面,王夫之面临明亡的局面,更多是防御、批评在地缘上和血缘种族上的"夷";理想地看,孔子的"华夷之辨"更多是文化高低之辨,而不是血缘之辨、地缘之辨。受此文化影响,除正义性的保卫华夏时的防御抵抗外,整个中国古代很少有无故征伐周边"四夷"的历史行为,因为这同样要被看成是"不仁"和"无德"。

(任新民)

军政改革

　　两宋不同时期改革的主要目的及其主要动机,各有侧重点。北宋时期的改革主要是"富国强兵",南宋时期的改革主要是"救亡图存"。以兵变的方式推翻后周政权而建立政权的赵宋王朝统治者,为了避免成为五代以来的第六个短命王朝,自建国伊始,便借鉴唐末五代以来皇权衰微不振以及"五代为国,兴亡以兵"的历史教训,针对"方镇太重,君弱臣强"的体制痼疾,实施了从政治领域、军政领域以及社会经济领域的全方位的改革,通过"稍夺其权、制其钱谷、收其精兵"的方式,以求得王朝统治的巩固和长治久安,其中尤以军政改革为首要任务,是其诸领域改革的重点。朱子说:"本朝鉴五代藩镇之弊,遂尽夺藩镇之权。兵也收了,财也收了,赏罚刑政,一切收了。"①虽然建立一整套的军政制度,但造成了行政机构的叠床架屋和行政效率的低下、人浮于事的局面。南宋政权建立后,打着"中兴"的旗号,围绕"救亡图存",先后实施了若干军政改革,主要的改革集中在南宋前期高宗、孝宗两期。

　　一是改革中枢权力机构。北宋时,中书门下主管民政,枢密院主管军政,三司主管财政,互相制约。南宋时,改三省鼎立分权为三省趋于合一,中书、门下两省机构合并,设置同中书门下平章事,俗称宰相。宰相兼最高军事机关枢密院的长官,行政权与军事指挥权合一,还掌握了一定的财权,集中了国家权力,调度国家最大的战争资源。孝宗时期,宰相名称也改为左、右丞相,沿用至宋亡而未再变。但是孝宗也吸取秦桧长期位居宰相,独揽军国大事,形成盘根错节势力的教训,大大缩短了宰执的任期。同时在宰执集团内部的宰相与执政(参知政事)的关系上,孝宗也力图使参知政事成为牵制宰相的力量。此外孝宗还加强台谏官的监察职能,其主要目标是针对宰执集团,尤其是针对宰相的,将台谏官的除授权控制在自己手中,以切断宰相与台谏官之间互相援引、倚为鹰犬的关系。

---

　　①　黎靖德:《朱子语类》卷四。

二是改革统兵体制。以御营使司取代原"三衙"统兵体制,还设楚州、建康、鄂州、利州四管领所,加强对军队的控制与监督。尤其是由宰相和执政分别担任御营使,改变了北宋宰相不掌兵、政权与军权分立的成例和局面。

三是改革幕兵制度。宋孝宗在全国范围内推行义兵制。"籍民家三丁取一,以为义兵,授之弓弩,教以战阵,农隙之时,聚而教之。"①义兵制的实质在于寓兵于农。义兵既不脱离生产,又不荒废教阅,既壮大了军事力量,又减轻了国家的财政负担。当时四川地区共有义兵5.3万人,与等额官军相比,每年节省财政开支六七百万钱。采取义兵制也是迫于当时国家的需要,一方面军事力量不足难以抵御外侵,一方面国内经济尚需发展,民不富裕,财政压力大,因而只能采取此种顾其稍两全之策。

四是重视选拔军事人才。宋孝宗重视将领选拔,像选拔文官一样地重视军事人才的选拔,一定程度改变北宋以来"重文轻武"的局面。孝宗下旨要求各地荐举将领军官,不受等级和数量的限制,经武举考试合格者录用,然后下派到军中锻炼,熟习军政7年后,才正式授予军职。完善军官档案,枢密院设置诸军大小将领的花名册,以备随时抽验考核。

五是实施"理财备战"。孝宗为了恢复大计,首先从整顿内政入手,安定民心,改变以往赈灾方式,全面实施社仓法,把政府救灾和百姓自救结合起来。盐税是宋财政的重要的组成部分,占军费开支的三分之二以上,改变盐钞,将官府拖欠盐商的钱还给盐商,又放宽了盐的专卖,激发了盐商和盐户的积极性,加快了商品的流通,使盐税的收入大幅度地增长,保障了军费的正常开支。

六是营造整军兴武的气氛。孝宗在五年间,举行了三次大规模的阅兵,还积极选拔优秀将领充当部队主官。为改变"文弱"的印象,孝宗自己也学习骑射,树立"武勇"的形象,改变了长期"蔑视武人"的社会风气,提高军人的荣誉感和社会地位。

南宋适应新形势的事权集中的军政改革,提高行政效能、减轻官吏腐败等,但因轮任制下官员任期太短给地方政治带来许多不利影响。如在军政改革方面,变革统兵体制、削弱武将的统兵权以及以文制武等,铲除了武将拥兵跋扈,甚至武装割据的根基,有效地防止了再现兵变称王的局面,却也削弱了

---

① 脱脱等:《宋史》卷一五六。

军队的战斗力,导致国防积弱的弊端产生。"故宋朝堪称中华文明的昌盛时代,但不是富强盛世"。

然而这些变革,稳定了南宋的政治统治,奠定了南宋抗金的基础,但并没有因此完成恢复中原的大业、实现其恢复之志。此后的南宋朝廷,继续为北伐抗战而不断革新政治。先有宁宗时期政治改革与开禧北伐,继有理宗时期的"端淳更化",最后有贾似道的经济改革。但这些改革随着南宋政权的日益腐败,愈来愈偏离富国强兵和救亡图存的初衷,如南宋末期的改革完全变成了聚财。因此,改革并未使南宋"中兴",虽一定程度上延缓了南宋覆灭的进程,却最终没有避免其走向灭亡,这也是南宋改革的最后结果。

(吴吉民)

治军省赋

南宋的军费导致了财政危机并非特有现象,是对北宋的"冗官、冗兵、冗费"现象的继承。从北宋仁宗起,除了神宗熙宁、元丰年间任命王安石用新法理财使国家财政的颓势一度得到扭转外,其他时期几乎都在政府开支日益膨胀,财用日渐匮乏的局面中苦撑。而南宋长期处在战争的特殊环境中,在军费上的负担尤其沉重。前期的军队数量就已十分庞大:"南渡以来兵籍之数,绍兴十二年二十一万四千五百余人,二十三年二十五万四千五百四十人,三十年三十一万八千一百二十八人。乾道三年三十二万三千三百一人。"[①]其增长速度很快为历朝罕见,并且这只是御前大军,不包括财政、民政独立的四川和地方军队厢军。南宋政府不但要维持浩大的军费,承担战争的损失,又要在战争结束后对立功人员进行封赏。因为财政困难,除前线统兵的将领外,所有官员的俸禄都被打折发放,而统兵将领却还能得到丰厚的补贴,带来了额外的军俸负担。此外,为了加强皇权,统治者采取了优先保证内藏库和御前库等皇室私产的收入,原本该归属中央用作财政支出的税赋被大量拨给内帑,而内帑的财富多被挥霍浪费。"合茶盐酒算坑冶榷货和置买之钱凡六千余缗,而半归内藏。"[②]中央财政机构为支付各项急务,就要摊派到地方,地方机构仍然得加赋于民。"是时天下财用岁入,又御前钱物、朝廷钱物、户部钱物,其措置裒敛,取索支用,各不相知。天下财赋多为禁中私财,上溢下漏,而民重困。"[③]南宋既继承了北宋"三冗"的传统,又面临着比北宋严重得多的军事威胁,对各项重要开支均无法进行有效的节流,那就只好采用各种开源的手段来弥补财政亏空。淳熙七年(1180年),"知南康军朱熹应诏上封事言:

---

① 脱脱等:《宋史》卷一四六。
② 李心传:《建炎以来系年要录》卷一九三。
③ 《宋史·食货志》。

'今民间二税之入,朝廷尽取以供军,州县无复赢余,于是别立名色巧取'。"①南宋政府把原属于地方的财赋过多地调拨到中央充实军费,地方为维持运转就不得不加紧搜刮百姓。这种集地方财赋于中央的制度,最终的负担还是落在了百姓头上。

财散则民散,财聚则民聚。朱子主张"恤民"与"省赋",并认为这是国家的大政,任何政事都以此为基础。他认为"天下国家之大务,莫大于恤民,而恤民之实在省赋……省赋以为恤民之之本。"②把恤民看成是国家的要务,是发展经济的核心内容。他每到地方任职,都把"恤民省赋"放在实政的第一要务。《戊申封事》献策:"爱养民力,修明军政",提出了改革弊政的具体措施,强调"民者,邦之本;财者,民之止。其心伤则其本伤,其本伤,其支干凋瘁而根柢蹶拔矣"。③ 但是,军费的开支又是省赋恤民的主要原因,如何既能"省赋",又能"治军"呢?朱子提出了自己的解决方案。他认为,"天下国家之大莫大于恤民;而恤民之实在于省赋;省赋之实在于治军;若夫治军省赋以为恤民之本,则又在夫人君正其心术以立纪纲而已矣"。④ 按朱子主张,有以下几点:

一是复"破分"之法,减轻百姓赋税负担。北宋立国之初,承五代积弊,对赋税未加以统一厘足,只立"破分"之法。各州县催征赋税官物凡达九分以上,叫做"破分",即行住催。南宋乾道、淳熙间废除"破分"。规定催促赋税官物须及十分。朱子认为自南宋以来,地削兵多,政烦赋重,灾害频仍,民力困竭。因此要求朝廷恢复"破分"之法,贫民些少拖欠,允许迁延,以待蠲免;州县得其赢余,亦可调剂资助。"破分"恢复,惠及乡间。朱子认为:"守过于予民,不可过于取民。"即宁可在给予老百姓方面有所超出,也不可在向老百姓敛取方面有所超出,"若百姓不足,君虽厚敛,亦不济事"。如老百姓穷困,军队也是不强的。

二是立军籍屯田制,减供军中不赀费用。朱子提出如下良策:"核军籍,可以节军资;开广屯,可以实军储;练习民兵,可以益边备";"凡淘卒、归正与复员士兵,安置屯田,编为什伍。择有才勇善事者为什伍之长,以之教屯卒行

---

① 脱脱等:《宋史》卷一二七。
② 黎靖德:《朱子语类》卷一〇。
③ 《奏推广御笔指挥二事状》。
④ 《庚子应诏封事》。

伍之法。招军甲骁勇子弟,授之以田,使隶军籍"①。

三是"内修政事,外攘夷狄"。朱子认为,修政事是基础,是攘夷狄的必备条件;裁减添差员数,以宽民力。南宋官僚机构臃肿,人浮于事,还常增置添差名额。绍熙五年(1194年),朱子知潭州兼管荆湖南路安抚司事时,就遇到补官无银支饷的尴尬,次年宁宗即位,朱子应诏赴京在便殿奏对,请求特诏荆湖南路监司,减退额外补官人员,说如能获准实行,缺少库银的州可以宽其县,只好与漕司通过全州守臣转奏"乞减添差官员状"。

四是只有政治清明,才能"省赋""强军"。朱子认为,治军省赋的最终环节又在"正君心""立纲纪",暗含指君主不能有私心,凭借皇权聚集财富供内库,应该立纲纪,建立正常的财政支付制度。五是励精图治,积蓄军力国力。朱子根据南宋政治、经济和军事形势的变化认为,主张"正本修政、裕民持守数十年后再向北用兵",②即积极励精图治,积蓄国力,待到国强民富时,北伐自然成功。

朱子有着强烈的抗金愿望,曾无限伤感地对身边弟子们叹息道:"某要见复中原,今老矣,不及见矣。"

(吴吉民)

---

① 《宋史》卷二十六下。

② 《戊申封事》。

重农而不弃商

朱子是一位著名的理学家,也是一位关注民生、关注社会的道德实践者。他主张以农为本,重视农业,但又重农而不弃商,原因是商业贸易同样是民之所需,社会所需。

中国是农业大国,自古以来我们的祖先就极为重视农业。上古时代就有神农尝百草的故事。据说,有一次神农见鸟儿衔种,发明了五谷农业,人们称他为神农。古代的粮食称五谷,即稻、黍、稷、麦、菽,或麻、黍、稷、麦、菽,这些农产品就是最初的粮食作物。因为农业受制于自然地理,所以我们的祖先还提出"顺天""遵时"的自然观,就是遵守自然规律。同时,在物质与精神的关系上,强调物质的基础性作用。孟子说:"民之为道也,有恒产者有恒心,无恒产者无恒心。苟无恒心,放辟邪侈,无不为己。"①意思是说,百姓遵守社会道德,必须以物质为前提,有了固定的产业就有守道的恒心;没有固定的产业,就没有守道的恒心,没有守道的恒心,什么事情都做得出来。汉代贾谊《论积贮疏》说:"仓廪足而知礼节,衣食足而知荣辱。"谷仓里有充足的粮食,人们就会遵守礼节;衣服、粮食充足就知道荣辱,这是社会发展的基本规律。

农业不仅靠天吃饭,更需要勤耕力作,所以古代每年初春,天子、诸侯就举行仪式,亲耕籍田,以示劝农,称为耕籍礼。朱子也十分重视农业,他说:"土地,本生物以养人。"②表明朱子的理学是强调理或道(自然规律)的重要性,不是否定物质的存在。朱子为官都把农业放在首位。他在《劝农文》中说:"窃惟民生之本在食,足食之本在农,此自然之理也。"意思是人要吃饭,而吃饭的根本在于发展农业,这是自然的道理。有鉴于此,朱子一方面强调要把劝导农耕作为州县官吏的主要职责,另一方面要求农民尽力农耕。朱子还把《劝农文》《劝农民耘草粪田榜》及南康、漳州《劝谕》公布于街头,提出要不

---

① 《孟子·滕文公上》。
② 《孟子集注》。

误农时、兴修水利、保护耕牛、多种经营等,同时对农田管理进行指导。朱子指出:"一趋时早者,所得易早;用力多者,所收亦多。无效因循,自取饥饿。""一分耕耘,一分收获"就是对朱子所言的最好诠释。

朱子秉承传统的重农思想,同时也不抑商弃商,因为朱子也知道物之利。

在中国传统社会中,强调重农务本,甚至重本抑末,但士农工商都是社会发展不可或缺的一部分。远古时期,在以农立国的国策背景下,商业贸易也从未间断,并且随着时代的进步而不断发展。春秋战国时期,孔孟就常常义利并提。"利"从哪来?从商业贸易中来。商品交换经历了从原始的物物交换到货币交换的过程,在以货币为媒介的商品交换中产生剩余价值就是"利"。程颢就说:"人无利,直生不得,安得无利?"但"利"必须掌握在合理的范围之内,这就需要义理作为支撑。儒家要求商品交换要遵守公平、等价原则。程颢说:"夫利,和义者,善也;其害义者,不善也。"义制之利是善利,害义之利是不善之利。

朱子同样不抑商弃商。他说:"圣人岂不言利。"[1]但求利必须遵守社会法则,才会带来更多的"利"。他说:"仁义根于人心之固有,天理之公也;利心生于物我之相形,人欲之私也。循天理,则不求利而自无不利;徇人欲,则求利未得而害已随之。"[2]意思是说,仁义来自于天理之公心,利心源于重利轻义。遵循天理之公心,诚信交易,童叟无欺,就会带来更多的利益;一味追求物利,甚至置道德、法律而不顾,危害就会随之而来。所以,朱子说"仁义未尝不利""专去计较利害,定未必有利""义利之说,乃儒者第一义"。可见,在义利的关系上,朱子主张义利双行,但不能害义求利。

朱子谈到理欲观时,举了一个例子。他说:"如做器具,固是教人要做得好,不成要做得不好。好底是天理,不好底的是人欲。"[3]这句话阐明了义利观、理欲观:制造器具的工厂,做出好的器具是天理,做出不好的器具是人欲。可见,他说的"存天理,灭人欲",不是我们理解的要灭一切人欲,而是指带有私心的那部分人欲。

朱子重农不弃商还表现于其家族和他本人的从商实践。朱子的外公祝

---

① 黎靖德:《朱子语类》卷三六。
② 《孟子集注》。
③ 黎靖德:《朱子语类》卷一一七。

确是新安望族,也是经商世家、徽商巨贾,家业几于歙县郡城之半,因号"祝半州"。朱子的岳父、老师刘勉之晚年迁居建阳萧屯以种瓜为生,其乡友刘子翚写瓜诗,他的瓜销到方圆百里。朱子虽致力教育,但在书商盗版刊刻著作以次充好谋利的情况下,也加入刻书行列。如在南康军、浙东提举、漳州知府、潭州知州兼荆湖南路安抚使任上,就刊刻《周子通书遗事遗文》《大学》《稽古录》等,尤以建阳刊刻为多,有《论孟精义》《程氏遗书》《程氏外书》等。如果说朱子刻书也是欲,那是合理之欲,是儒商之欲。

朱子重农不弃商,特别是亲力亲为的刻书实践,带动了一方文化产业,建阳"图书之府"及书籍贸易数百年,与朱子的影响是分不开的。

(罗小平)

轻徭薄赋

徭是徭役，赋是税赋，是自古以来压在百姓身上的两大沉重的负担。轻徭薄赋由此成为历代社会关注的重要话题，也是朱子在为官实践中寻求解决的重要事务。

在儒家的眼里，百姓是国家的根本所在。有家才有国，国是由一个个家庭组成的整体，古代诸侯把人口多寡作为一个社会是否安定的标志。所以，一些士大夫游说诸侯时，强调君王不仅要礼贤下士，而且要轻徭薄赋、与民休息，才能把其他地方的人口吸引过来。正因为如此，儒家提出要以民为本，孟子最先提出"民为贵，社稷次之，君为轻"①的民本思想。其后，民为邦本成为历代社会的重要话题，而轻徭薄赋就是民本思想的一个重要措施。

中国是一个农业大国，国库的收入主要依靠农业税收，农民按照所占耕地面积向官府纳税。国家的重要建设，如水利、国防设施需要大量的民力支持。由于历代朝廷官员冗余，加之吏治腐败，导致许多正额（正式规定的赋税数额）之外的负担。国家连年征战，也需要大量征用民力。著名的孟姜女哭长城的故事就是一个典型的例子。

朱子生活的宋代，徭赋也十分严重。一方面，臣官擅权，导致朝纲不振、吏治腐败、苛捐杂税、巧取豪夺，人们形容宋朝是冗员、冗兵、冗费。如正额之外，又有"和籴"②、"和买"③及折帛钱、经制钱等。另一方面，宋朝与金、辽、西夏交战，国库亏空。和议之后，又大量赔款，国家的负担转嫁给百姓。朱子批评当时之弊是"古者刻剥之法，本朝皆备"④，强调"天下之本在国，国之本在家"。⑤为此，朱子为官除了发展教育外，更多的是关注民生，关心百姓疾苦，

---

① 《孟子·尽心章句下》。

② 和籴，官府对百姓的强行征购。

③ 和买，官府贷款给农民，农民以绢偿还，演变成折纳现钱偿还，且折价不断增加。

④ 黎靖德：《朱子语类》卷一一〇。

⑤ 朱熹：《晦庵先生朱文公文集》卷一二，《己酉拟上封事》。

他在同安任主簿时,就把《左传》中"视民如伤"四字制成匾额挂在署厅。其后,每到一地为官,都把轻徭薄赋作为主要职责。

针对百姓赋税繁重的问题,朱子提出要尽可能地给百姓免除赋税,办法是从省赋、节用两方面展开。从绍兴三十二年(1162年)开始,朱子就不断上封事提出蠲赋税、省民力的主张。朱子继承孟子民为邦本的思想,指出"国以民为本,社稷亦为民而立"。① 既然民是国家的根本,朝廷就应当体恤百姓。朱子说:"臣尝谓天下国家之大务,莫大于恤民,而恤民之实在省赋。"②恤民就是给百姓解除忧虑和疾苦,让他们得以休养生息,而省赋是恤民的重要办法。朱子承认百姓承担徭役赋税的合理性,但二者之间"宁过于予民,不可过于取民"。③ 朱子阐明民与君、贫与富的辩证关系:"民富,则君不至独贫;民贫,则君不能独富。"④意思是说,百姓富裕,就不至于让君主一个人贫穷;百姓贫穷,君主就不可能一个人富有。道理很简单,百姓有钱,国家财政就充裕,君主治理国家就有雄厚的经济基础;百姓贫穷,国家得不到税收,君主治理国家就没有经济作为支撑。

节用就是节省开支,包括宫廷日用、百官俸禄、军队开支都来源于百姓的赋税。朱子认为朝廷开支没有节制,也是加重百姓负担的重要原因之一。他一针见血地指出:"盖国家财用,皆出于民,如有不节而用度有阙,而横征暴敛,必将有及于人民。虽有爱人之心,而民不被其泽矣。"⑤又说:"侈用则伤财,伤财必至于害民。故爱民必先于节用。"⑥朱子认为,如果朝廷不能节用,国家财政大量缺口,必然衍生出横征暴敛等诸多弊端,其结果是殃及百姓,仁爱之心只是一句空话而已。

宋代的军费数额巨大,更为重要的是大量军费被克剥,导致军队战斗力下降。"金益兵来,横等皆无甲,是以败"⑦;宋军"衣甲皆软脆,不足当矢石"⑧。

---

① 《孟子集注》。
② 《庚子应诏封事》。
③ 黎靖德:《朱子语类》卷一六。
④ 《论语集注》。
⑤ 《己酉拟上封事》。
⑥ 《论语集注》。
⑦ 熊克:《中兴小纪》卷一五。
⑧ 《宋名臣奏议》卷一三二。

为此,朱子提出振肃纲纪、核实军籍、淘汰冗兵,以节省军费开支;实行屯田法,增加军费收入;训练民兵,军民一体,以提高军队的整体战斗力等措施。

总结宋代的社会积弊,朱子把责任归咎于当朝皇帝,在《戊申封事》中指出皇帝违背了儒家的心法,所有的过错都在于君心不正,提出要"格君心之非"。"格"字在这里的意思是"正",就是使不正的君心归之于正。他指出:"天下事有大根本,有小根本,正君心是大根本。"在《己酉拟上封事》中,又把矛头指向孝宗皇帝,指出:"臣闻天下之事,其本在于一人,而一人之身,其主在于一心。故人主之心一正,则天下之事无有不正;人主之心一邪,则天下之事无有不邪。"朱子甚至指责孝宗皇帝在位 20 年"德业日隳,纲纪日坏,邪佞充塞,货赂公行,兵怨民愁,盗贼间作,灾异数见,饥馑荐臻。群小相挺,人人皆得满其所欲,惟有陛下了无所得,而顾乃独受其弊"。①

可以说,朱子作为理学家,不仅在为官任上发展教育,而且忧国忧民、感时伤国,为朝廷建言献策,提出治国安邦的重要策略。尽管这些奏章未能一一得到采纳,但从中可以看出朱子为国为民的赤诚之心。

(罗小平)

---

① 脱脱等:《宋史》卷一八八。

反思盐法

北宋以来,盐利已在朝廷财政收入中占有不可忽视的地位,盐史就是一部宋代的财政史,当时人称:"天下之赋,盐利居半。"南宋在产盐地设有盐场,又称盐栅、盐亭、盐团,从事生产的盐户称为亭户或灶户。按规定,盐户不得改业,"两税"折盐缴纳,科敷色役则可以免除。盐户若干户共用一灶煎盐,朝廷规定各户煎盐的数额。若干灶又组成一甲,由盐户充任甲头,彼此互相稽查,以防止私煎私卖。朝廷在盐场设有催煎官员,专司督导盐户煎盐。盐户从朝廷那里领取工本钱,将所煎盐如额交至朝廷在各地所设的买纳场仓,朝廷还设有买纳官员或仓官,负责向盐户购盐。南宋初年,为了恢复生产,招谕因战争而逃散的亭户归业,采取各种措施,以安定,改善他们的生活。对盐商,以稳定的币值和优惠的政策争取盐商入纳的态度,增强他们对于货币的信任,排除各种销盐的障碍。此后,政府发给亭户的盐本钱陆续增加,而物价比起南宋初年又明显下降,使得亭户的实质收入有所提高,生活逐渐宽裕。盐商有大商、小商之分,虽然官府倚仗大商多销盐货,但也保护小商,干预大商不合理的行为。盐户额外多煎的盐货,被称为浮盐,有别于额内的正盐,朝廷以较工本钱略高的价钱收购,以防其流为私盐。

南宋时期食盐的运销,可以视为北宋末年所立新钞盐法的扩张与限制。钞盐法,即宋代食盐专卖中的通商法,此法源于徽宗时蔡京改革的钞法,更印新钞收换旧钞,实行对带、贴纳法及循环法。进入南宋后,钞盐法仍是东南海盐区通商制的主要形式,由商人向中央政府的榷货务(管理盐贸易的机构)纳钱,算请盐钞,再到产盐州县凭盐钞请盐,运销于指定的市场。通行于两淮、两浙、江东西、湖南北、京西等销售淮浙盐诸路。此外,南宋四川所行的引盐法也效自钞盐法,引盐法同样由商人向官府纳钱买引。商人纳至榷货务的钞钱完全由朝廷运用。虽然食盐从生产到运销,都由官府直接控制,但宋代对食盐的征榷,并非采取单一模式,大略可分为官鬻与通商两种方式。官鬻为官府直接专卖,由官府自运自销,甚或配售于民;通商则为官府间接专卖,由商人向官府请钞旧钞法与商人入中边粮制度相结合,新钞法则分离,商人纳至榷货务的钞钱完全由朝廷运用。

私盐一直是让南宋朝廷头疼的问题,即便在盐业恢复生产之后的黄金时期,私盐也从未杜绝。南宋的私盐是如何产生的呢? 一些在官府管制之外的盐户以生产私盐来谋生。还有官府管制之下的盐户,他们在缴纳官盐的同时,也照样生产私盐。虽然南宋朝廷一再颁布有处置私贩食盐的严格法令,但效果不佳。如果官府不断加强盐禁,到一定的程度,就很容易引发盐寇动乱,导致社会动荡,这是朝廷所顾忌的。当然,再怎么严密的制度也会有漏洞,巨大的利润空间使很多人都愿意去冒险,因此民间的私井和私盐贩卖越来越多。直到南宋早期,四川实施了引盐法,承认私井正规、合法,私盐贩卖也得到了有效的控制。虽钞盐法在很长时期都扮演着重要的角色,实质上是一种允许商人贩运官盐的制度。由于政府对于食盐的买卖政策一直在探索和更新,以适应新的形势,如淳祐年间(1241—1252)所推行的籴本盐,以所收盐四分官卖,其余六分仍行钞法。随后的浮盐官鬻,则是正盐之外的浮盐三分官鬻,七分仍由商人请钞。

官府鬻盐的收入对地方政府财政来讲,均至关紧要,尤其在福建、广西和四川夔州路区域更为明显。如福建四州所收夏税钱约十二万缗,而产盐钱、浮盐钱的收入达四十余万缗,是夏税钱的四倍。所以设置盐铺鬻盐而产生抑配的问题,而导致税收问题,以漳州为最严重。时任知州的朱子虽然深知其弊病,却计划要等待经界实施,逃税之源堵塞之后,才全面废除,可见有其苦衷。至于其他财赋来源甚少的州府更加仰仗卖盐的收入,朱子甚至指出“卖盐一事,是此地州府的财计根本”。[①] 不仅州县本身的开支,甚至交给上级政府的各种财税,也都仰赖鬻盐。如果盐运受阻,地方财政就发生困难。如福建转运司、提举常平茶事司等常设机构也都以卖盐为其财源。广西也由于地瘠民贫,“两税”收入微不足道,全赖官府鬻盐的收入来解决州县的财政问题。即使在官鬻时期,地方财计已感不足,如改行钞法,权集中央,问题更大,出现州县有好几个月都发不出薪俸的情形。不仅如此,兵额已缺而无法招填,城壁颓圮而无力修筑,使得广西的边防事势可忧。四川夔州路所属郡县,由于其他资源有限,同样以鬻盐为其财计主要来源,甚至军粮发不出时,以盐

---

① 《朱子年谱》卷四。

代支。

　　南宋晚期，政府财政比起初年更为困难，对盐榷岁入的需求更加急迫，政府防治私盐贩卖的条令越来越严，亭户、盐商与民众均深受其害。政府面对此起彼落因私盐而起的动乱，束手无策。致使追求盐利和宽弛盐禁两者应如何取舍成为难题，政策在紧缩与宽弛之间摆荡，而财政压力终究使政策趋向紧缩的一方，导致朝廷收入减少和地方空虚，这也是南宋灭亡的重要原因之一。

　　　　　　　　　　　　　　　　　　　　　　　　（吴吉民）

经界之法

经界的"经"是丈量之意,"界"是界线,就是确定土地的区划归属,以此作为赋税的依据。早在战国时期就已有这一名词。《孟子·滕文公上》就说:"夫仁政,必自经界始。经界不正,井地不均,谷禄不平,是故暴君污吏必慢其经界。"朱子为官任上,重视农业生产,体恤民情,要求所在地区丈量地界,防止侵占土地和赋税不公问题。

孟子说的"井地"实际上是商周时期的井田制,也是商周的赋税制度。"井田"一词见于《穀梁传·宣公十年》:"古者三百步为里,名曰井田。""井田者,九百亩,公田居一。"就是大约方圆一里的土地划成井形,形成九区。中间一区百亩为公田,四周八区为私田,每户百亩。八户人家同耕公田,作为田赋,称九一法。因八户人家同居一井,人们也用乡井指代家乡。周朝还规定,八户人家先耕种公田,才能耕种私田,体现先公后私的思想。据记载,周朝的井田中还有一种九夫为井而无公田的井田制,但无论有无公田,井田的地界较为分明。

井田制实行之初,私田不准转让买卖。西周中期,随着铁器和耕牛的使用,改变了井田制的群体性劳作方式,土地个人私有开始出现,随之而来的是争夺土地、侵占土地,而占有私田的贵族隐瞒土地不向官府纳税,导致赋税不公。商鞅变法,全面废除井田制,确立土地私有制。这一制度虽然是生产力发展的必然趋势,但侵占土地、赋税不公问题越发严重。如汉代"富者田连阡陌,贫者无立锥之地"。[①] 唐代虽然实行两税法,但并不能抑制土地的兼并和富豪之家巧取豪夺,"百姓田地,比者多被殷富之家官吏吞并"。[②]

宋代,虽然王安石推行"方田均税法",李椿年推行"局部经界法",但经界

---

① 《汉书》卷二四。
② 《唐会要》卷八五。

不明、赋税不公问题仍然突出，"耕者至于穷饿，而不耕不获者坐而食富强之利"①、"势官富姓，占田无限，兼并冒伪，习以成俗"②，徽宗佞臣朱勔"甲第名园，几半吴郡，皆夺士庶而有之者"③，就是当时社会的写照。为此，理学家呼吁"治天下不由井田，终无由得平。周道止是平均"；"井田亦无他术，但先以天下之地棋布画定，使人受一方，则自是均"。④ 程颢、程颐也提出"均田务农"的必要性。

南宋实行经界法大体在绍兴十二年(1141 年)至二十八年(1158 年)，最初始于两浙路平江府(今江苏苏州)，福建的漳、泉、汀三州尚未启动。绍兴二十三年(1153 年)，朱子对当地豪强侵占土地、赋税不均的弊端极为不满，认为"版籍不正，田税不均，虽若小事，然实最为公私莫大之害"。⑤ "版籍"就是户籍册，这是人口与占有土地面积的依据，户籍混乱是田税不均的最大原因，也是公私不清的最大危害。所以，他说："经界一事，最为民间莫大之利。"⑥当时的情形是贫者无业而有税，富者有业而无税，公私贫富，俱受其弊。为此，朱子在同安主簿任上，与县官衙吏反复讨论，想着手解决这种弊端。朱子从清查版籍田税入手，又向惠安县丞郑昭叔请教经界法。由于此法触及地主阶级的利益而无法推行。

朱子始终心系百姓，一有机会就施展治国、平天下的抱负。绍熙元年(1190 年)，61 岁的朱子出任漳州知府。此时的经界法虽然已在全国推行了近半个世纪，但漳、泉、汀三州仍然无动于衷。从这年六至八月，朱子连续上《经界申诸司状》《条奏经界状》，强调实施经界法的重要性。朱子在《与留丞相札子》中指出："田税不均，隐漏官物，动以万计，公私田土皆为豪宗大姓诡名冒占，而细民产去税存，或更受佃寄之租，困苦狼狈，无所从出。州县既失经常之入，则遂多方擘画，取其所不应取之财，以足岁计。如诸县之科罚，州郡之卖盐是也。上下不法，莫能相正，穷民受害，有使人不忍闻者。"⑦意思是

---

① 马端临：《文献通考》卷一。
② 脱脱等：《宋史》卷一七三。
③ 胡舜申：《乙巳泗州录》卷一。
④ 《经池理窟·周礼》。
⑤ 丘濬：《朱子学的·为治》。
⑥ 《钦定授时通考》卷一二。
⑦ 王懋竑：《朱熹年谱》卷四。

说,由于赋税不公,导致州县财力锐减,只好设法谋划筹钱,巧立名目收取不应当收的钱财,以满足一年的开销。如诸县增加各种处罚,州郡则卖盐。上下不能守法,彼此不守正道,受害的都是百姓,让人听了都不忍心。

朱子推崇周朝的井田制,认为井田之法可以防止土地兼并,防止贪官豪吏滥取于民。朱子说:"《春秋》之义,诸侯不得专封,大夫不得专地。今豪民占田,或数百千顷,富过王侯,是自专封也。……就未悉备井田之法,宜以口数占田,为立科限,民得耕种,不得买卖,以赡贫弱,以防兼并,且为制度张本,不亦宜乎。"①朱子要推行的井田之法,是说周代的井田是公田,南宋的私有制已经无法回到公田时代,但可以实行以人口授田,这就需要弄清户籍。只有杜绝冒名占田,才能防止赋税不均,才能防止公贫私富之弊。

朱子在漳州的第二年春,光宗下诏推行经界法,但此时正值春耕,朱子担心影响农事,将经界法延至秋收之后。当地百姓得知消息,欢欣鼓舞,而权贵豪强则乘机制造谣言,经界法受到阻挠未能推行。朱子检讨自己的过错辞职,经界法无果而终。

(罗小平)

---

① 《经济文衡后集》卷六。

鹅湖之会

淳熙二年(1175 年)六月,南宋理学大师朱子和心学大师陆九渊及其兄陆九龄在鹅湖寺进行会讲,开展学术论辩。这就是宋明理学史上著名的"鹅湖之会"。

这次鹅湖之会是由浙江婺州(今浙江金华)著名学者吕祖谦发起的。当时,吕祖谦为婺学代表人物,与朱熹、张栻齐名为"东南三贤"。吕氏在宇宙观上倾向于陆,在认识方法上倾向于朱。他为了调和朱、陆之间的矛盾,约请朱子和陆九渊兄弟至鹅湖寺进行会讲,希望通过讨论争辩,达到朱、陆两家思想的统一。会讲地址选在鹅湖寺,是因为该寺地处交通要道,又位于江西金溪、福建建阳和浙江金华之间。

五月初,吕祖谦先至福建,与朱子会于寒泉精舍,并在精舍与朱子合编《近思录》。月底,朱、吕两人先抵达鹅湖,陆氏兄弟如约于六月初亦到达鹅湖。陆氏兄弟动身前,做了论辩准备,以求得兄弟意见的统一,好共同与朱子展开论辩。陆九龄作诗一首:"孩提知爱长知钦,古圣相传只此心。大抵有基方筑室,未闻无址便成岑。留情传注翻榛塞,着意精微转陆沉。珍重友朋相琢切,须知至乐在于今。"陆九渊觉得此诗甚好,只是第二句"微有未安"。

陆氏兄弟在赴鹅湖寺途中,陆九渊一面留意山水风光,一面思索,得和诗一首:"墟墓兴衰宗庙钦,斯人千古不磨心。涓流积至沧溟水,拳石崇成泰华岑。易简功夫终久大,支离事业竟浮沉。欲知自下升高处,真伪先须辨只今。"这首诗很明确地表达了陆九渊心学的基本要旨。诗中把其心学的认识方法称为"易简功夫",把朱子的认识方法称为"支离"事业。

朱陆之间的根本矛盾在于修养方法上,是坚持从客观外在的理出发,由格物致知而"穷天理",还是坚持从主观内在的心出发,由"切己自反"、"发明本心",达到人生的最高境界,然后用这种认识去解释外在具体之理。这是两条认识途径的对立。用现在的话来说,朱子的格物穷理方法类似于归纳的方法,通过"今天格一物,明天格一物"的积累,最终达到"豁然贯通","顿悟天理";陆九渊的方法则与演绎法相仿,"先立乎大者",掌握宇宙的最高法则去"注"万物万理。朱子的方法偏为"道学问",而陆九渊的方法则偏为"尊德性"。

在鹅湖论辩开始时,二陆将各自所准备的诗在会上吟诵。当陆九渊读到"易简功夫终究大,支离事业竟浮沉"时,朱子"失色",至听完后两句则"大不怿"。朱子与吕祖谦先后提出了"数十折议论",与陆氏兄弟论辩。双方争论的问题,主要是通过何种途径完成个人伦理道德修养的问题。据《陆九渊年谱》记载:"鹅湖之会,论及数人,元晦之意欲令人泛观博览而后归之约。二陆之意欲先发明人之本心,而后使之博览。朱以陆之教人为太简,陆以朱之教人为支离。"

参加这次鹅湖之会的人员达百人之多,实为一时之盛会。与会者多为江西、浙江、福建学者。但他们在这次讨论中,大多只是"拱听而已",未能发表多少意见。

鹅湖之会在七日结束,二陆于八日辞别返乡。在鹅湖之会中,虽然论辩双方都未能心平气和地进行讨论,最终未能得到统一的意见,谁也没有说服谁。这次论辩之后,双方反思自己的学说,都意识到自己在思想学术上的偏颇,觉察到有极端之处,从而进行修正。淳熙五年(1178年)二月,陆九龄于铅山观音寺访朱子,两人继续讨论为学功夫的问题。两人在融洽的气氛中进行心平气和的讨论。此期间,朱子作诗追和三年前二陆的鹅湖诗。诗曰:"德义风流夙所钦,别离三载更关心。偶扶藜杖出寒谷,又枉篮舆度远岑。旧学商量加邃密,新知培养转深沉。只愁说到无言处,不信人间有古今。"

陆九渊虽然"终身守其说不变",但是也做了部分修改,议论与以前有所不同。比如他并不完全否定读书讲学等为学功夫,对弟子中反对读书讲学者,陆九渊也做了批评。陆氏"肯向讲学上理会",说明他也意识到读书穷理在认识中的重要。朱子则没有因为鹅湖之会带来的不快,而全盘否定陆九渊的思想,而是提出对陆学应该去短集长。他反省自己过去"工夫"只是讲论文义,以为积集理义,久当自有得力处,却与日用工夫全少点检,诸朋友往往亦只如此做工夫,所以多不得力。朱子开始意识到自己读书穷理修养方法的某些缺陷。

鹅湖之会给后世留下了展开学术讨论的优秀传统。这次论辩,是儒学内部不同思想学术观点的争论,朱、陆都是当时哲学的巨擘,所以他们之间通过争论来辩明真理,消除分歧,谋求统一的努力是值得赞赏的。这有利于学术观点的发展和深化。鹅湖之会后,通过开展学术争论来进行教育的会讲制度在书院教育中逐步形成制度,并且形成书院的重要教学方式。这种会讲,有如今天我们的学生讲座、学术讨论会,是交流学术观点、开展学术争论的重要形式。

这次鹅湖之会也为平等地开展学术争论树立了榜样。尽管在这次讨论中,因为陆九渊年轻气盛的举止而使朱子"大不怿",但朱子并没有以自己在学术上的声望和年龄上优势来压制陆氏兄弟,也没有与陆九渊结怨,思想学术观点的分歧并没有影响他们之间的友谊。会后他们各自反省自己的偏颇之处,同时仍然进行争论,如关于"无极而太极"的论辩等。

陆九渊对朱子始终是十分尊敬的。在批评朱子"学不见道,枉费精神,遂自担阁"时,仍然认为朱子是"泰山乔岳"。朱陆之间这种在学术观点上既不妥协,又互相尊重的态度,是值得我们继承的良好风范。

(杜文霞)

朱子与书院

朱子是继孔子之后最有影响的教育理论家和实践家,一生大部分时间从事讲学和著述活动。他亲自创办了寒泉精舍、云谷晦庵草堂、武夷精舍和竹林精舍,兴复了我国古代著名的白鹿洞书院和岳麓书院,是一位具有爱国、改革精神并在教育园地辛苦耕耘了半个世纪的教师。在长期教学实践中,他积累了丰富的经验,为我国古代书院文化的发展做出过不朽的贡献。

立学规完善书院制度。淳熙六年(1179 年),朱子在知南康军时,修复了白鹿洞书院,并制定了《白鹿洞书院揭示》。该《学规》包括的内容很广,提出了教育的目标、内容,为学程序,修身、处事和接物等一系列纲领。《学规》体现理学教育的根本特点,在书院中树立了一种新的学风。

绍熙五年(1194 年),朱子任湖南安抚使兼知潭州,为振兴岳麓之教,又将《学规》颁于岳麓书院。这对岳麓书院后来的教学、学风产生了极大的影响。该学规经南宋理宗皇帝的倡导,成为当时书院教育的指导方针。后来,元明清各代书院都以朱子《学规》为范本,为办学的准则。明代大教育家王阳明说:"夫为学之方,白鹿之规尽矣。"[1]明正德十三年(1518 年),王阳明任南赣巡抚,令各县立社学,特根据朱子《学规》的精神,订立了《社学教条》。明天启年间,东林党人顾宪成参照朱子《学规》订立了《东林会约》,等等。

开书院会讲制度之先河。唐代,书院是皇室编校、典藏图书的地方,即为皇家的图书馆。具有学校性质的书院始于五代,周予同先生在《中国学校制度》一书中说:"南唐升元中,因庐山白鹿洞建学馆……于是含有学校性质的书院才开始出现。"北宋,书院已相当发展,但这时书院还是独家之说,往往带有一种"门户之见"色彩,没有开展不同学派在书院自由讲学活动。到南宋,书院会讲制度,由于朱子、陆九渊、吕祖谦、张栻等人的努力而趋于成熟。

乾道三年(1167 年)八月,朱子与门人前往潭州,访问当时著名理学家张

----

① 《阳明全书·紫阳书院集序》。

栻。朱、张在岳麓书院举行会讲,讨论理学的"中和"问题。实际上,这次会讲是以朱子为代表的闽学学派与张栻为代表的湖湘学派的交汇。淳熙二年(1175 年),朱子与陆九渊、陆九龄兄弟在江西鹅湖书院进行为学之方的论辩,史称"鹅湖之会"。淳熙八年(1181 年)二月,朱子邀请陆九渊到白鹿洞书院讲学。陆讲《论语》喻义章,就"君子喻于义,小人喻于利"发论。这就是著名的《白鹿洞书堂讲义》。陆九渊这篇讲义,后来成为理学家们具有纲领性的文件。

从以上三次会讲来看,朱子打破了书院传统的"门户之见",为不同学派在书院自由讲学开了先例,促进了书院学术文化的繁荣。

推动书院与理学的一体化。南渡之后,理学伴随着书院的繁兴而发展,出现了"书院与理学的一体化"。朱子继承了杨时、罗从彦、李侗的"道南"学脉,其学说成为南渡后二程洛学传承的正宗主流;以岳麓书院为中心,在与湖湘学派的学术交往中,把周、张、二程之学综合于一,从而形成了"濂洛关闽"的理学谱系;创建和修复书院,并通过书院讲学、会讲和刻书等学术活动,使理学有了广泛传播的基地,形成了人数众多的考亭学派。他的许多重要著作都是在书院完成,其中《四书集注》成为元代以后科举考试的标准教科书。元代以后,理学、书院、科举密不可分地联系在一起,理学稳固地占据了学术的统治地位。

确定四书为书院基本教材。在朱子之前,以《诗》、《书》、《礼》、《易》、《春秋》五经为书院基本教材。唐高宗永徽四年(653 年)开始,《五经正义》成为朝廷颁布的"经典",学生学习要以《五经正义》为范本,科举取士要以《五经正义》为依据。到了宋代,孙复、石介、司马光、王安石、张载等著名学者亦治"五经"。朱子经过反复研究"四书",准确地看出"四书"体现了孔孟的基本思想。他说:"《大学》、《中庸》、《论语》、《孟子》四书道理粲然……何理不可究,何事不可处?"[①]朱子不仅诠释四书,并将他的《四书集注》作为书院的基本教材,并制定了一个具体的学习程序。南宋末以降,朱子集注的四书不仅成为书院的基本教材,而且成为策举取士和学校教育的标准书籍。

倡导推行"学导式"教学法。在南宋书院制度改革的过程中,朱子为适应书院教育制度的客观需要,实行学导式教学法。也就是以学生自学为主,教

---

① 　黎靖德:《朱子语类》卷一四。

师启发、示范为辅的教学方法。这主要是为了更好地处理好教与学、师与生之间关系,其基本结构有讲授、自学、讨论、实践四个环节。在具体的教学实践中,灵活地调整这些环节的次序,以便达到教学相长的目的。《朱子语类》就是朱子学导式教学法实际运用的最典型的记录。明清之际的教育家、思想家黄宗羲、王船山、顾炎武等人继承和发展了朱子的学导式教学法。朱子推行的学导式教学法要比英国牛津大学和剑桥大学实行学导式教学法早二百多年。

可以说,我国古代书院制度的发展,如果没有朱子的努力,不可能在南宋发展到鼎盛。朱子所倡导的书院文化,是我国教育史上一宗珍贵的文化遗产。

(张　芸)

白鹿洞书院揭示

宋代是书院教育极为发达的时代，但唯有白鹿洞书院的兴复，才具有划时代的意义。朱子修复白鹿洞书院，综合儒学之精要，摘其大端，条为学规，使白鹿洞书院成为全国书院的典范。《白鹿洞书院揭示》后经宋理宗下诏，颁行太学，成为中国读书人共同遵守的规则。而且远播朝鲜、日本和越南，成为东亚国家所共有的文化精神。

南宋淳熙六年（1179年）三月，朱子知南康军州事。白鹿洞书院原为南塘国学，后荒废。他抵南康后，广为询究白鹿洞学馆遗事往迹，并派军学教授杨大法、星子县令王仲杰等筹措兴复之事，同时向朝廷呈报《申修白鹿洞书院状》。

翌年三月，白鹿洞书院初步修复，朱子请吕祖谦为书院作《白鹿洞书院记》，希望此记应"非独以记其事，且使此邦之学者与有闻焉，以为入德之门"。朱子也在总结前人办学所订规制，以及禅林清规的经验、教训的基础上，制定了《白鹿洞书院揭示》，或称《白鹿洞书院教条》、《白鹿洞书院学规》。学规内容为：

父子有亲，君臣有义，夫妇有别，长幼有序，朋友有信。右五教之目。尧舜使契为司徒，敬敷五教，即此是也，学者学此而已。而其所以为学之序，亦有五焉，其别如左：

博学之，审问之，慎思之，明辨之，笃行之。右为学之序。学问思辨四者，所以穷理也。若夫笃行之事，则自修身以至于处事、接物，亦各有要，其别如左：

言忠信，行笃敬，惩忿窒欲，迁善改过。右修身之要。

正其谊，不谋其利；明其道，不计其功。右处事之要。

己所不欲，勿施于人；行有不得，反求诸己。右接物之要。

熹窃观古昔圣贤所以教人为学之意，莫非使之讲明义理，以修其身，然后推以及人⋯⋯

《揭示》中提出的"五教之目"、"为学之序"、"修身之要"、"处事之要"、"接物之要",正是把对儒家理想人格的塑造,化为言简意赅但又指导明确的行为准则。按照朱子所释,《揭示》教以人伦之道为根本,明乎学、问、思、辨、行五序,规之修身、处事、接物三要。它的教学指导思想是在穷理与笃行的结合上培养人。其学、问、思、辨属于认识,通过这四个环节,以达穷理之境。而笃行,则属于实践,修身、处事、接物,也都是笃行的不同方面。"修身之要"、"处事之要"、"接物之要"就是对实践提出的基本要求。这种突出"知行并重"、强调"知行合一"的教育理念,这种由外入内、由浅入深、循序渐进的学习规程,以及自强不息、刚健不懈的笃行精神,无疑是书院教育都应该遵循和提倡的读书问学之道。

《揭示》后面还有一段跋文,着重提醒书院学子,古昔圣贤所以教人为学的根本目的,在讲明义理,以修其身,然后推以及人,并非务记览词章,钓声名利禄。而今人为学已相反了。但圣贤教人之法还具存于经典之中,有志之士当于经典熟读深思而问辨之,知理之当然,责身之必然,而不是靠规矩禁防来约束。他声明,这里只不过摘取"圣贤所以教人为学之大端,条例如右,而揭之楣间",希望大家相与讲明遵守,责于自身,行于教学过程之中。

这个学规是朱子为培养人才而制定的书院教育方针,是书院师生必须遵守的基本章程。它体现了朱子以德育为中心的教育理念,即教育的根本目的在于育人,在于成人,教育要培养的是具有儒家理想人格的、能治国平天下的"人"。学规出现之后,很快就成为南宋书院统一的学规,并影响到各级各类官学,成为办学的准则。据《宋元学案》记载:"刘爚迁国子司业,请刊行朱子所著《学》、《庸》、《论》、《孟》,以备劝讲,及白鹿洞规示太学。"淳祐元年(1241年),南宋理宗赵昀在视察太学时,亲自书写《白鹿洞书院揭示》赐给太学生。[①]此后,这个揭示被摹写抄录在各地的学校和书院之中,使之成为共同遵行的"指导方针"。

朱子《学规》,在书院教学活动中所体现出来的注重自学、独立思考、问难论辩、学思并重、知行统一等特色,在书院教育中树立了一种新学风。南宋以后,成为元明清时期书院教育的典范,影响中华民族教育600多年之久。

13世纪后期,《白鹿洞书院揭示》随着朱子学传到朝鲜、日本等东亚国家,

---

① 薛应旂:《宋元通鉴》。

对朝鲜、日本书院文化的兴起和发展产生了很大的影响。

朝鲜书院教育的兴起,是朱子学及其《白鹿洞书院揭示》传入后,产生影响的结果。李朝世宗元年(1419年),敕令"凡儒士私置书院,教诲生徒者,启闻褒赏"。① 世宗二十一年九月,"令各官学校明立学令……谨按朱文公淳熙间在南康请于朝,作白鹿洞书院学规"。② 朝鲜李朝鼓励民间办书院,并诏令各官学效法朱子《学规》办学。朝鲜李朝许多学者还以朱子《学规》为蓝本,结合当时的具体情况制定学规,如李退溪的《伊山院规》、李栗谷的《隐屏精舍学规》等。

日本的书院文化也是由于朱子学及其《白鹿洞书院揭示》传入后而兴起。在江户时代,日本所有讲授朱子学的藩校、乡学和书院都奉朱子《学规》为圭臬,对日本教育的发展产生了积极的影响。如备中江原的乡学兴让馆在明治维新后,成为一所私立高等学校。但该校在开学典礼、毕业典礼和校友会等各种纪念活动中,仍坚持先齐诵朱子《揭示》,之后才开始其他活动。这种齐诵朱子《学规》的做法,不用说在日本,就是在中国本土也是罕见的。可见,朱子《学规》对日本民族教育产生的影响之深远。

（张　芸）

---

① 《世宗实录》卷二。
② 《世宗实录》卷八六。

小学与大学

　　小学与大学，属于中国传统教育制度前后相续的两个阶段。《尚书大传》说："古之帝王者，必立大学、小学。……使公卿之大子、大夫元士之嫡子，十有三年始入小学，见小节焉，践小义焉。二十入大学，见大节焉，践大义焉。故入小学知父子之道、长幼之序，入大学知君臣之义、上下之位。故为君则君，为臣则臣，为父则父，为子则子。"①由此可知，中国古代的学制有小学与大学两个阶段，当始于上古三代。但是在各个历史时期，小学与大学的教育制度与教学内容各异，故我们需要从小学与大学在各个朝代设置情况、小学与大学入学时间、小学与大学教育内容及小学与大学制度的延续四个方面来理解小学与大学的问题。

　　首先，小学与大学在各个朝代设置情况各异。在虞舜时期，设立下庠为小学，由士退休的人担任教师，上庠为大学，由卿大夫中退休之人担任教师。夏代设立西序为小学，仍由士退休的年长者担任教师，东序为大学，由卿大夫中退休的年长者担任教师。在商代，设立左学为小学，由士退休的年长者担任教师，右学为大学，由卿大夫中退休的年长者担任教师。在周代，设立虞庠为小学，由士已退休的年长者担任教师，设立东郊为大学，由卿大夫中已退休的年长者担任教师。至于小学和大学的具体位置，则多种观点并存，也因文献不足，难以确考，但可以确定一个点，即小学与大学分开设立，位于不同方位，以示区分，且均以大学为上，小学为下。又从虞舜时期开始，就是从士退休的年长者担任小学的教师，而从卿大夫中退休的年长者担任大学的教师，实已揭示大学地位远高于小学。又因各个时期执政者也较重视大学教育，而忽视小学教育，为后来小学教育传统的遗失埋下了隐患。

　　其次，小学与大学入学的时间各朝代各有不同，到元代逐步过渡到以八岁入小学，入大学则因选拔性考试而未定的情况。朱子说："《白虎通》曰八岁

---

① 《尚书大传·略说》。

入小学,十五入大学是也,此太子之礼。《尚书大传》曰:'公卿之大子……年十三始入小学……年二十入大学……'此王子入学之期也。又曰十五入小学,十八入大学者,谓诸子姓既成者,至十五入小学。其早成者,十八入大学。《内则》曰'十年出就外傅,居宿于外,学书计'者,谓公卿已下教子于家也。"①因此,最高层次的皇朝太子,以八岁入小学,十五岁入太学。其次为王国太子,以十三岁入小学,二十岁入大学。再次为皇朝或者王国的庶子十五岁入小学,十八岁入大学。最后其他公卿以下则是十岁就开始小学的学习生涯。由此可知,在中国的传统社会里,受教育的机会随着政治地位的下降而逐步降低,普通百姓受教育的机会更为渺茫了。这就是孔子以前的学在官府的教育体制。随着孔子开私人讲学的风气之后,入学教育的时间便逐步提前,逐步确定于八岁入小学,以至于成为国家的基本规定。程端礼《程氏家塾读书分年日程》定为"自八岁入学之后"。②在元代"国子监以颁示郡邑校官,为学者式",③由此八岁入学成为小学入学的基本要求,亦是当代八虚岁入小学的基础。至于大学入学的时间,则因选拔性考试制度而未有确定的时间。

再次,小学与大学在教育功能方面具有非常明确的分工,其中小学重在教授日常行为规范和基础文化知识,而大学则重在教授探索各类现象的内在规律及其方法。朱子说:"古者初年入小学,只是教之以事,如礼乐射御书数及孝弟忠信之事。自十六七入大学,然后教之以理,如致知、格物及所以为忠信孝弟者。"④在小学阶段,学生学习的内容就是礼乐射御书数及孝弟忠信之事。在大学阶段,则是学习道理及其探索事物内在之理的方法,正如朱子所说:"小学是直理会那事,大学是穷究那理,因甚恁地。"⑤这也就是小学与大学之间的分工。但是小学与大学之间并非决然分开,而是有着密切的联系。"小学是事,如事君、事父、事兄、处友等事,只是教他依此规矩做去。大学是发明此事之理。"⑥由此可知,小学重在学习基本规矩,而大学则是重在探究各类规矩及探究规律的各类方法。

---

① 《仪礼经传通解》卷一八。
② 《程氏家塾读书分年日程》卷一。
③ 《元史》卷一九〇。
④ 黎靖德:《朱子语类》卷七。
⑤ 黎靖德:《朱子语类》卷七。
⑥ 黎靖德:《朱子语类》卷七。

最后，小学与大学虽然从开始创立之时起就对应而言，但是在具体的落实过程中，却出现了偏差，即小学制度缺失了，而注重大学教育制度，这可由前述小学教师和大学教师来源的差异可以看出了。朱子说："古人便都从小学中学了，所以大来都不费力，如礼乐射御书数，大纲都学了。及至长大，也更不大段学，便只理会穷理、致知工夫。而今自小失了，要补填，实是难。但须庄敬诚实，立其基本，逐事逐物，理会道理。……"[①]又说："如今全失了小学工夫，只得教人且把敬为主，收敛身心，却方可下工夫。"[②]这是朱子对当时社会教育制度不重视小学阶段的学习及小学教育内容，提出了以持敬作为弥补的工夫。正是朱子大力论证小学教育的重要性，并疾呼恢复小学教育，在社会上产生了重要影响，到元代逐步重建小学教育制度。

（王志阳）

---

① 黎靖德：《朱子语类》卷七。
② 黎靖德：《朱子语类》卷七。

大学明道

《礼记·大学》开篇说："大学之道，在明明德，在亲民，在止于至善。"朱子注曰："大学者，大人之学也。明，明之也。明德者，人之所得乎天，而虚灵不昧，以具众理而应万事者也。但为气禀所拘，人欲所蔽，则有时而昏；然其本体之明，则有未尝息者。故学者当因其所发而遂明之，以复其初也。新者，革其旧之谓也。言既自明其明德，又当推以及人，使之亦有以去其旧染之污也。止者，必至于是而不迁之意。至善，则事理当然之极也。言明明德、新民，皆当止于至善之地而不迁。盖必其有以尽夫天理之极，而无一毫人欲之私也。此三者，大学之纲领也。"①由此可知，朱子强调人性本善，而为人欲所蒙蔽，需要通过自我革新去除私欲，回复到本善的境界，由此推及他人，并做到最好的境界。朱子以明明德、亲民、止于至善作为大学的三个为学纲领，这是"大学明道"最为核心的内容，故我们以此三个纲领作为线索解析其"明道"的内容。

在"明明德"方面，大学重在格物致知，探究各类道理，并落实到具体实践当中，促使自己的内心恢复到明净的状态。在论述小学与大学的关系之时，朱子明确了大学所当作的任务就是探究各种事物内在之理。"古者小学已自养得小儿子这里定，已自是圣贤坯璞了，但未有圣贤许多知见。及其长也，令入大学，使之格物、致知，长许多知见。"②可见大学是以格物致知作为主要方法，探究事物之理，由此增长自身的见识，改造内外世界。正是大学以探究事物之理作为主要任务，并以探究之理作为自身落实修身任务的准则。"学者须是为己。圣人教人，只在《大学》第一句'明明德'上。"③这也就意味着，明明德正是学者在大学阶段需要完成的任务，而且是做各类事情的最终归宿，正如朱子所说："以此立心，则如今端己敛容，亦为己也；读书穷理，亦为己也；做

---

① 《四书章句集注·大学章句》。
② 黎靖德：《朱子语类》卷七。
③ 黎靖德：《朱子语类》卷一四。

得一件事是实,亦为己也。"①由此确立原则,即"'明明德'乃是为己工夫"。②
因此,明明德是作为自我修身的主要目标,而事物之理则是自我修身的准则,
当属内圣方面的任务。

在"亲民"方面,因朱子继承了二程的观点,认为"亲民",实为"新民"之
误。故朱子以新民作为大学的另一个重要任务,即新民之德。"明明德"重在
修习自身的内在道德水平,而新民则是通过提高自身的道德水平来推及提升
民众的道德水平,其过程就是"自新以新民"③,其途径主要是教育,从礼乐、法
度、政刑三方面着力。"'道之以德',是'明明德';'齐之以礼',是以礼新民,
也是'修道之谓教'。有礼乐、法度、政刑,使之去旧污也。"④这就是以礼乐、法
度、政刑作为使民更新的手段。无论哪个方法,都是以格物致知作为基础来
完成的,因为礼乐、法度、政刑的内容在小学阶段均停留于如何去做,而其内
在之理则未涉及,故需要大学阶段深化理解新民方法的内在之理,随时代和
人心变化采取适当的手段完成新民的任务。这属于外王的目标。

在"止于至善"方面,不管是明己之德还是新民,都以追求尽善尽美的程
度作为目标,也是大学的任务。朱子说:"凡曰善者,固是好。然方是好事,未
是极好,便是道理十分尽头,无一毫不尽,故曰至善。"⑤以道理十分尽头作为
至善的标准,也就要求先要有明确的道理,方能在实践当中达到十分尽头。
这当中存有两种情况,即一方面追求自明及新民达到道理尽头的位置,另一
方面需要把自明及新民均保持在尽善尽美的程度,即"未至其地,则求其至;
既至其地,则不当迁动而之它也"。⑥ 前者为大学所要解决的主要任务,后者
则是大学所要达到的规模,它们都是以格物致知作为落脚点。"《大学》首三
句说一个体统,用力处却在致知、格物。"这是由于明己德的过程就是剔除自
身被外物蒙蔽的过程。"人皆有个明处,但为物欲所蔽,剔拨去了。只就明处
渐明将去。然须致知、格物,方有进步处,识得本来是甚么物。"⑦正是在自明

----

① 黎靖德:《朱子语类》卷一四。
② 黎靖德:《朱子语类》卷一四。
③ 黎靖德:《朱子语类》卷一四。
④ 黎靖德:《朱子语类》卷一四。
⑤ 黎靖德:《朱子语类》卷一四。
⑥ 黎靖德:《朱子语类》卷一四。
⑦ 黎靖德:《朱子语类》卷一四。

其德的过程中,以致知、格物之法剔除蒙蔽内心之物。在新民过程中,需要解决礼乐、法度和政刑的现实运用问题,其依靠的方法依然是格物致知之法。朱子注"致知格物"时说:"致,推极也。知,犹识也。推极吾之知识,欲其所知无不尽也。格,至也。物,犹事也。穷至事物之理,欲其极处无不到也。"①正是格物致知以穷至事物之理为途径来提升内在知识水平,故在大学阶段,其最主要的任务正是掌握格物致知的方法,这也是朱子不断强调大学阶段重在明理的根源所在。但是明理属于知的阶段,还需要有实践的检验,故朱子概括其过程是"只有两件事:理会,践行。"②又因实践具有改造自己和改造外部世界两方面,故明明德与新民均是在具体事物过程中格物致知,完成自我知识与外在世界的改造过程。

因此,"大学明道"是以格物致知之法探究事物之理,改造内外部世界,实现内圣外王的目标。

(王志阳)

---

① 《四书章句集注·大学章句》。
② 黎靖德:《朱子语类》卷九。

先立大本

　　"先立大本"语出《朱子语类》,即"为学须是先立大本"①。所谓"大本",就是根本基础,其意在于为学需要先从根本入手,方能从宏观角度来解决学习过程中的具体问题。主要应从如下三个方面来理解其内涵。

　　首先,为学需要先立大志,方能够克服各种各样的困难,实现读书的目标。"立志不定,如何读书!"②这是以立志作为读书的前提,原因在于志向就是目标,能够调动起个体读书的积极性,挖掘自身的潜力,全身心投入到学习过程中,克服读书过程中所遇到各类难题。失去了目标,也就失去了前进的方向和动力。"学者须是立志。今人所以悠悠者,只是把学问不曾做一件事看,遇事则且胡乱恁地打过了。此只是志不立。"③学者有了志向,才会把学问作为一件自己的事情来落实,否则便会把读书治学当成别人安排自己的事情,具有被迫的意味。内心具有抗拒心理,无法全身心投入学习当中,自然而然出现应付了事的情况,其效果就大打折扣,无法达到预期目标。正因有了志向,明白读书是为自己而读书,也是对自己负责的重要事情,才会有强大的执行力。"圣贤直是真个去做,说正心,直要心正;说诚意,直要意诚;修身齐家,皆非空言。"④为自己而读书,以正心、修身、诚意、齐家为目标,调动起个人的内在潜力,拥有了强大的执行力,才具有铸就成功的机会。"读书,须是要身心都入这一段里面,更不问外面有何事,方见得一段道理出。"⑤正是以自己的目标作为前进方向,始终把心放置于目标上,也就掌握了所阅读的内容,也就为提高读书学习效率提供了前提条件。

　　其次,读书治学要先明主体内容,方能够合理分配精力。有了志向之后,

---

① 黎靖德:《朱子语类》卷一一。
② 黎靖德:《朱子语类》卷一一。
③ 黎靖德:《朱子语类》卷八。
④ 黎靖德:《朱子语类》卷八。
⑤ 黎靖德:《朱子语类》卷一一。

需要依据学习对象的重要性,抓住治学重点,集中精力解决主要问题。在治学过程中,需要关注的内容丰富多样,但是人的精力是有限的,且每个知识点对每个人的意义并不一样,这就需要抓住核心知识点,方能起到事半功倍的效果。"为学须先立得个大腔调了,却旋去里面修治壁落教绵密。"①正是在为学过程中,需要以学术的主体框架作为基础,打下扎实的学术基础,才能够逐步去做各项的补充和拓展,否则会迷失在丰富多彩的局部之中,模糊了焦点,无法真正实现预期目标。与之相反,一旦打下了扎实的基础,会使学习过程得到事半功倍的效果。这也是由各个知识点对个人知识体系作用不同所导致的。"学须先理会那大底。理会得大底了,将来那里面小底自然通透。今人却是理会那大底不得,只去搜寻里面小小节目。"②核心内容关系到一个人的知识体系能否建立的问题,而一旦建立起完整的知识体系,就会使自身知识具备自我创新发展的能力,实现触类旁通之效。"天下只有一个道理,学只要理会得这一个道理。这里才通,则凡天理、人欲、义利、公私、善恶之辨,莫不皆通。"③正是以核心道理作为读书的大本,方能够立得稳脚跟,着力处理各类事项。"须就源头看教大底道理透,阔开基,广开址。如要造百间屋,须着有百间屋基;要造十间屋,须着有十间屋基,缘这道理本同,甲有许多,已有许多,丙也有许多。"④正是从学术思想的根本处着手,理会其根本内容,才能快速掌握事物的本质。反之,只注重较次要的内容,则会使人迷失于知识森林当中,"终不快活"。⑤

再次,治学要以大本大原为先,重在积累,当以打下扎实基础作为关键内容。有目标,有主要学习内容,均离不开基础的日积月累的过程。读书是一个逐渐积累的过程,并非一蹴而就,这就需要有日积月累的工夫方能掌握主要内容,实现原有目标。"学者做工夫,莫说道是要待一个顿段大项目工夫后方做得,即今逐些零碎积累将去。才等待大项目后方做,即今便蹉过了。学者只今便要做去,断以不疑,鬼神避之。'需者,事之贼也。'"⑥这也就意味着,

---

① 黎靖德:《朱子语类》卷八。
② 黎靖德:《朱子语类》卷八。
③ 黎靖德:《朱子语类》卷八。
④ 黎靖德:《朱子语类》卷八。
⑤ 黎靖德:《朱子语类》卷八。
⑥ 黎靖德:《朱子语类》卷八。

在具体做事的过程中,需要从现有切合自身的事情先做。这是因为读书需要从目前读得懂的内容入手,待积累多了之后,由量变而质变,完成圣人的修养过程。为学过程需要从基础做起,脚踏实地,否则欲速则不达。"大抵为学虽有聪明之资,必须做迟钝工夫,始得。既是迟钝之资,却做聪明底样工夫,如何得。"①朱子推崇以一步一个脚印的迟钝工夫打下坚实的基础,而不是躐等跨越式完成学习过程,力求获得扎实有用的学习效果。与迟钝功夫相同,我们需要在尚未获得大本大原之前,先着手去处理切己的事项,而非干等别人的指导或者告知内在道理。"道不能安坐等其自至,只待别人理会来,放自家口里。"②等待的结果,仅会等来消失的时间,丧失成功的机会而已。这是由于学习本身拥有自己的规律,而非一味追逐学术热点问题。"学者读书,须是于无味处当致思焉"。③由小处着眼,日积月累,才能够为实现原有目标提供机会。

(王志阳)

---

① 黎靖德:《朱子语类》卷八。
② 黎靖德:《朱子语类》卷八。
③ 黎靖德:《朱子语类》卷一〇。

朱子与师道

朱子有感于"师道绝塞"与"师道陵夷",自觉承担起重振师道,继续践履"师道之传",树立"师道自尊"形象,大力培养道德君子,引导社会"尊严师道",积极以"师道辅佐"帝王事业。

朱子认为,在三代以前没有专职教人之"师","一有聪明睿智能尽其性者,则天必命之以为亿兆之君师"。天命之承担教化的人是圣人。"既有许多气魄才德,决不但已,必统御亿兆之众,人亦自是归他。如三代以前圣人都是如此。"①"夫先王之教子也,建师保之职,申诲谕之道,莫不先之以礼乐,遵之以典法,使其近正人而闻正言,达古义而式古训,化与心会,习与性成,然后德智长而治道得矣。"②到了周朝,特别重视文化教育,设三公三少二傅四辅教育太子,司徒、司乐、师氏、保氏诸子之教国子、庶民,教以《诗》《书》,教以《礼》《乐》。③武王即位,太公望为师,周公旦为辅,召公、毕公之徒左右王,师修文王绪业。后来召公为保,周公为师,辅佐成王,促成周王朝文化继续繁荣昌盛。所以这个级别的"师",以义持身,修善行仁,修养与地位明显高于对大众实施教化之"师"。

早期从事教化工作的人,与儒密切相关。"儒以道得民"④,王朝即以儒者讲学传道齐民。在学校设立以来,"儒"逐步演变为"师",成为专职教师,主要承担讲明先王之道的任务,如"三代盛王致治天下,必先崇学校,立师资,聚群材,陈正道"。⑤师资陈正道,就是诠释与传授先王之道。师所以教其弟子,即讲明"尧之不虐,舜之好生,禹之拯溺,汤之救民于水火,文王之视民如伤"之用心与方法。韩愈说:"古之学者必有师。师者,所以传道授业解惑也。"这就

---

① 黎靖德:《朱子语类》卷一一四。
② 王钦若、杨亿等:《册府元龟》卷七一〇。
③ 黎靖德:《朱子语类》卷六六。
④ 《周礼·天官冢宰·大宰》。
⑤ 范仲淹:《范文正集》卷一八,《代人奏乞王洙充南京讲书状》。

给从事教育工作者的身份与职能定了基调。担任"师"的人,被称为"师资",必须是有"德"有"能"的饱学之士,而不是泛泛之辈,滥竽充数者。不同的师,面对不同的群体,培养不同的人才。"得圣人而师之,皆足为君子。"降至春秋时期,孔子开创私人讲学之先河,有弟子三千,贤人七十二。孔子成为万世师表,享有崇高地位。

古代有天地君亲师之说,但朱子门人关注到"君臣、父子、夫妇、兄弟、朋友"五伦中没有"师"这一社会角色,便问:"人伦不及师,何也?"朱子回答说:"师之义,即朋友,而分则与君父等。朋友多而师少,以其多者言之。"也就是说,"师与朋友同类,而势分等于君父"①。这就可以解释师生之间为何存在"亦师亦友"的关系。孔子把比我学问高、见识广、能解决问题的人当作老师看待,说"三人行,必有我师焉。择其善者而从之,其不善者而改之。"这为有一技之长的人进入"师"的行列找到理论根据,专以"授业"为职事,淡化了"传道"的色彩。

师能传道,才获得社会尊重。国家设立各级学校,委派官员管理,聘请师资讲学,施教的主要目的是培养德才兼备的社会管理人才。学官责任重大,负有导向作用。而作为施教主体的师资,一定要身能行道,然后可以传诸人;自己学养充足,然后可以授于徒。"夫师严道尊,民乃贵学,束脩受业,人知向方,是故传先圣之训,有在三之重焉。若乃列徒著籍,而博喻不倦,升堂窥奥,而请益弥坚,心志既通,行业增广,道之所在,义亦至焉。"②朱子借助于著述与讲学来重振师道,"家居讲学,接引后来",故于教书育人投入最多,成就最大。

朱子登第入仕后从事著述与讲学五十年,讲学内容有理气、鬼神、性理、小学、学、知行、持守、《四书》《五经》等。既有家塾讲学,也有县学、州学讲学,更多是在书院讲学。既有课堂讲说,当面请益,也有书信往来问难解疑,内容丰富,形式多样。朱子讲学与著述活动几乎同步进行,相辅相成,尤其是精心打造《四书集注》,作为教材,成为新儒家经典,有补于治道③。朱子还编写教材,以《小学》教儿童,夯实小学基础,有补于风化。"古者小学教人以洒扫、应对、进退之节,爱亲、敬长、隆师、亲友之道,皆所以为修身、齐家、治国、平天下

---

① 黎靖德:《朱子语类》卷一三。
② 王钦若、杨亿等:四库本《册府元龟》卷六〇〇。
③ 脱脱等:《宋史》卷四一。

之本。而必使其讲而习之于幼稚之时,欲其习与知长,化与心成,而无扞格不胜之患也。今其全书虽不可见,而杂出于传记者亦多,读者往往直以古今异宜而莫之行,殊不知其无古今之异者,固未始不可行也。"①而朱子作《大学章句》,引导学者致力于格物致知、正心诚意、修齐治平之道。朱子以文献建设作为教育基础,以讲授儒家思想文化来塑造人格,使孔孟学说思想得以发扬光大。

朱子从自己成长的经历总结出一条经验,即有志于学的人,可以先自学再寻师问友,以求突破。"今请归家正襟危坐,取《大学》《论语》《中庸》《孟子》,逐句逐字分晓精切,求圣贤之意,切己体察,著己践履,虚心体究。如是两三年,然后方去寻师证其是非,方有可商量,有可议论,方是'就有道而正焉'者。"②朱子认为有学养的高人不在官学系统,散居民间,依然发挥传道作用。"居乡而多贤,其老者,吾当尊敬师事,以求其益;其行辈与吾相若者,则纳交取友,亲炙渐磨,以涵养德性,薰陶气质。"③一方面,经过数十年努力,朱子已提供《四书》读本;另一方面,有为数不少掌握孔孟之道的老成者退居民间,可资后学者质正。有了经典可读,有了德行者指教,师道之传得以延续不是没有可能。

(陈国代)

① 朱熹:《晦庵先生朱文公文集》卷七六,《题小学》。
② 黎靖德:《朱子语类》卷一二一。
③ 黎靖德:《朱子语类》卷二八。

如何理解"泛观博览,由博返约"

"泛观博览,由博返约"是对朱子治学方法的系统概括,其语出自《陆九渊年谱》淳熙二年(1175年)乙未条所转载朱亨道之语,即"鹅湖之会,论及教人。元晦之意,欲令人泛观博览,而后归之约。二陆之意,欲先发明人之本心,而后使之博览。朱以陆之教人为太简,陆以朱之教人为支离,此颇不合"。① 此条内容虽由朱亨道所概述,却颇符合朱子生平教育教学的主导思想,即朱子在教学过程中,坚持认为学习者需要多方学习知识,方能够由此提炼出学术真谛。

"泛观博览"就是博学,其所学的对象就是以自己为中心,一切切己之事均应包括在自己所学内容范围之内。"博学,谓天地万物之理,修己治人之方,皆所当学。"②朱子追求的内容是以多与广为目标,以天地万物作为学习的对象,而自身修养与社会治理的方法都应该纳入到学习的对象当中。这决定于朱子的学术思想,尤其是格物致知的思想。在学习过程中,始终需要把握住每个切己事物,方能实现掌握内在事物之理的目标。"某与一学者言,操存与穷格,不解一上做了。如穷格工夫,亦须铢积寸累,工夫到后,自然贯通。若操存工夫,岂便能常操。其始也,操得一晷,旋旋到一食时;或有走作,亦无若之何。能常常警觉,久久自能常存,自然光明矣。"③正是在不断积累的过程中,逐步掌握每样事物的内部规律,能够贯通诸事之理,实现触类旁通之效。"大凡义理积得多后,贯通了,自然见效。"④

由博返约,则是以博学为基础,归宿于切己之事。"为学须是切实为己,则安静笃实,承载得许多道理。若轻扬浅露,如何探讨得道理?纵使探讨得,

---

① 陆九渊:《陆九渊集》卷三六,《年谱》。
② 黎靖德:《朱子语类》卷八。
③ 黎靖德:《朱子语类》卷九。
④ 黎靖德:《朱子语类》卷九。

说得去，也承载不住。"正是为学需要以切实提高自身修养水平作为目标，方能够脚踏实地钻研内在学术思想，真正完成学习过程。这就决定了朱子以切合自身各项实际情况作为出发点，努力完成自己的学习目标。这就需要学习者以书本知识结合自身存在的具体情况而做出恰当处理，使外物之理内化为内在之知。"不可只把做面前事看了，须是向自身上体认教分明。如道家存想，有所谓龙虎，亦是就身上存想。"①亲身体认，也就是在实践当中检验道理，并以道理作为行为准则来做事。"人白昼不得，要将圣贤道理扶持。"②正是体认圣贤道理，并以此为行为准则，落实到自身的行动当中。

在"泛观博览，由博返约"中，前后相互依存。在鹅湖之会后，学者们在博约关系中，出现了各种偏差，朱子始终坚持两者互为一体的学习模式。"务反求者，以博观为外驰；务博观者，以内省为狭隘，堕于一偏。此皆学者之大病也。"③博观与反求诸己关系密切，不能截然分为二者，因为读书的目标是为了完善自我，需要途经格物致知。而博学又是格物致知的重要一环，能够为掌握事物之理提供重要条件，为返求自身修养奠定基础。正是以泛观博览为基础，由博返约才能够真正实现。

因此，在"泛观博览，由博返约"中，蕴含了朱子最为重要的治学思想——格物致知。朱子在回答学生为学伦序之时说："不可安排此一件为先，此一件为后，此一件为大，此一件为小。随人所为，先其易者，阙其难者，将来难者亦自可理会。且如读书……若子细看，里面有多少伦序，须是子细参研方得。此便是格物穷理。"④朱子以读书为例，重在强调学者要"随人所为"，即依据自己的实际情况选择具体读书进程，并以自己所得为基础研究外在事物，掌握事物规律，由此实现内化为自己认知水平，完成格物穷理的过程。这也就是说在格物致知的过程中，诸多学者均以为己而读书作为基本原则，需要着力贯彻于具体治学过程中。"精神长者，博取之，所得多。精神短者，但以词义简。""中年以后之人，读书不要多，只少少玩索，自见道理。"⑤精力的旺盛程度与年纪的大小程度都影响到博取之后的求约水平，这就需要依据自身状况来

---

① 黎靖德：《朱子语类》卷八。
② 黎靖德：《朱子语类》卷八。
③ 黎靖德：《朱子语类》卷九。
④ 黎靖德：《朱子语类》卷八。
⑤ 黎靖德：《朱子语类》卷一一。

做出决定,否则会事倍功半而已。"泛观博取,不若熟读而精思",①熟读精思优于泛观博取的原因在于熟读精思是以自己水平为基础考虑各项外在事物,由此获得格物穷理的效果,而缺少由博返约,则会让人迷失于学习本身。朱子说:"近日真个读书人少,也缘科举时文之弊也,才把书来读,便先立个意思,要讨新奇,都不理会他本意着实。才讨得新奇,便准拟作时文使,下稍弄得熟,只是这个将来使。虽是朝廷甚么大典礼,也胡乱信手捻合出来使,不知一撞百碎。前辈也是读书。某曾见大东莱之兄,他于六经、《三传》皆通,亲手点注,并用小圈点。注所不足者,并将疏楷书,用朱点,无点画草。某只见他《礼记》如此,他经皆如此。诸吕从来富贵,虽有官,多是不赴铨,亦得安乐读书。他家这法度却是伯恭打破了。自后既弄时文,少有肯如此读书者。"②以读书作为自身内在需求,追求内在真理,实现一贯之道。

综合上述可知,"泛观博览,由博返约"是以博学多闻为基础,以提升自我水平作为目标,为内圣外王奠定良好基础。

(王志阳)

---

① 黎靖德:《朱子语类》卷一一。
② 黎靖德:《朱子语类》卷一〇。

如何理解"志向高明"

"志向"是指人树立自己目标,并为之努力。朱子说:"心之所之谓之志,日之所之谓之时。'志'字从'之',从'心';旹字从'之',从'日'。如日在午时,在寅时,制字之义由此。志是心之所之,一直去底。意又是志之经营往来底,是那志底脚。凡营为、谋度、往来,皆意也。所以横渠云:'志公而意私。'"问:'情比意如何?'曰:"情又是意底骨子。志与意都属情,'情'字较大。'性、情'字皆从'心',所以说'心统性情'。心兼体用而言。性是心之理,情是心之用。"①陈淳注解道:"之犹向也,谓心之正面全向那里去。如志于道,是心全向于道;志于学,是心全向学。一直去求讨要,必得这个物事,便是志。若中间有作辍或退转底意,便不得谓之志。"②由此可见,志是集中精神做某件事,其基础是内在之意,根源则是个人性情。

"高明"一词,最早见于《中庸》"尊德性而道问学,极高明而道中庸"。朱子说:"'极高明'是言心,'道中庸'是言学底事。立心超乎万物之表,而不为物所累,是高明。及行事则恁地细密,无过不及,是中庸。"③则在朱子观念当中,"高明"一词不是谈理,而是谈内心的状态,能够超然于物上,追求圣贤气象,不为外物所拖累。与之相对应,在具体做事过程中,需要细密,符合中道原则,故朱子说:"极高明是就行处说,言不为私欲所累耳。"④正是以光明正大之事作为自己的追求,摒除内心的私欲,方能够实现圣人之事。因此,高明实指学者能够超越日常之事,以圣贤之心为心,追求内圣外王之业。

正是"志向高明"指向了立志要超乎万物之表,需要摆脱外在事物的拖累,这要求立志成为圣人,才能真正实现立志的作用。"学者大要立志。所谓

---

① 黎靖德:《朱子语类》卷五。
② 陈淳:《北溪字义》卷上。
③ 黎靖德:《朱子语类》卷六四。
④ 黎靖德:《朱子语类》卷六四。

志者,不道将这些意气去盖他人,只是直截要学尧、舜。"①以成为尧、舜作为志向,视学尧、舜等圣人为自己个人之事,与其他人无关,这才是大志向。这就是在立大志向的过程中,需要先破除圣人过于遥远的世俗看法,以超越世俗观点来看待圣人之所以成为圣人的原因。"世人多以圣贤为高,而自视为卑,故不肯进。抑不知使圣贤本自高,而己别是一样人,则早夜孜孜,别是分外事,不为亦可,为之亦可。然圣贤禀性与常人一同,既与常人一同,又安得不以圣贤为己任?……圣贤能尽其性,故耳极天下之聪,目极天下之明,为子极孝,为臣极其忠。"②圣贤与常人具有一样的禀性,并无特殊之处,这就为众人成为圣人奠定了人性基础。与之相同,圣人高于众人的原因仅在于圣人能够把人性做到极致之处,其途径则是体会平日生活之事,修习自身水平。"圣人教人,大概只是说孝弟忠信日用常行底话。人能就上面做将去,则心之放者自收,性之昏者自著。"③圣人以平常之事作为处理对象,其成为圣人的关键则是圣人探究平常之事的内在之理。"圣门日用工夫,甚觉浅近。然推之理,无有不包,无有不贯,及其充广,可与天地同其广大。故谓圣,为贤,位天地,育万物,只此一理而已。"④在平凡之事当中体会到天地之理,这正是圣人修习的具体方法。在诸多道理之中,其根源在于习礼,并以礼为行为准则。"圣人教人有定本。舜'使契为司徒,教以人伦。父子有亲,君臣有义,夫妇有别,长幼有序,朋友有信。'夫子对颜渊曰:'克己复礼为仁。''非礼勿视,非礼勿听,非礼勿言,非礼勿动。'皆是定本。"⑤正是礼是圣人教人之事的核心内涵,故朱子强调以礼作为立志的基础,而在日常生活当中贯彻礼的准则,则是实现志向高明的途径。

在树立志向之外,又有了以圣人为目标,但是这仅是实现了高明志向的前提条件而已,更需要在有方向之后,长期贯彻落实到日常行为当中,才是真正的志向高明,这是因为知行相需,并以行作为检验志向高明程度的标准。"方其知之而行未及之,则知尚浅。既亲历其域,则知之益明,非前日之意

---

① 黎靖德:《朱子语类》卷八。
② 黎靖德:《朱子语类》卷八。
③ 黎靖德:《朱子语类》卷八。
④ 黎靖德:《朱子语类》卷八。
⑤ 黎靖德:《朱子语类》卷八。

味。"①既然未能够落实到实地,便是认识尚浅,而志向属于知的范畴,故志向高明与否,当以实践的实现程度作为检验标准,方能证实志向是否高明的问题。事实上,这是圣贤之所以成为圣贤的原因。"圣贤千言万语,只是要知得,守得。"②所谓"守得"便是实践。既然圣贤均是以知得与守得作为一切问题的出发点,则以圣人为志向的学者,要实现高明的志向,亦当以知识与实践作为重要基础。在知识与实践当中,又当以力行实践作为根本标准。"致知、力行,用功不可偏。……论先后,当以致知为先;论轻重,当以力行为重。"③因此,志向高明程度的检验标尺当以力行程度作为准则,否则一切都无从谈起。这也是圣贤从来未把知与行分开的重要原因。

综上所述,志向高明重在树立以成为圣贤作为人生目标,而其实现途径则是在日常生活当中体会领悟其中之理,其标准则是社会礼仪规范,关键则是在日常生活中始终坚持践行自己的志向标准。

(王志阳)

---

① 黎靖德:《朱子语类》卷九。
② 黎靖德:《朱子语类》卷九。
③ 黎靖德:《朱子语类》卷九。

如何理解"为己之学"

"为己之学"见于《论语·宪问》。出于孔子所言:"古之学者为己,今之学者为人。"史官认为"为人者,凭誉以显物;为己者,因心以会道"。① 程子曰:"为己,欲得之于己也。为人,欲见知于人也。"程子又说:"古之学者为己,其终至于成物。今之学者为人,其终至于丧己。"朱子加按语:"圣贤论学者用心得失之际,其说多矣,然未有如此言之切要者。于此明辨而日省之,则庶乎其不昧于所从也。"② 在这里,既有孔子回答子路问事君的相关联答案,又有程子的独到见解,还有朱子的赞同之声。

朱子分疏"为己之学":"相古先民,学以为己。今也不然,为人而已。为己之学,先诚其身。君臣之义,父子之仁。聚辨居行,无怠无忽。至足之余,泽及万物。为人之学,烨然春华。诵数是力,纂组是夸。结驷怀金,煌煌炜炜。世俗之荣,君子之鄙。维是二者,其端则微。眇绵弗察,胡越其归。"③

"为己之学"的具体含义包括:为学性质上的学做人与为学内容的道德性;为学动机的为己性与为学目的的成己性;为学过程的涉己性与为学效果的己为性。

在孔子的话语中,"为学"有古今之分,"古"是既往的历史社会,"今"代表着当下的社会现实。所谓"为己",即自我完善或自我实现。"为人"则是迎合他人以获得外在的赞赏。儒家提倡"为己",意味着将为学的重点指向自我。完善自我,成就理想人格,达到理想的人生境界。这正是儒家哲学的价值取向。孔子提出的"为己之学",作为儒家思想的基本前提,为后期儒学流派所继承,得到进一步发展。传统儒家从先秦孔子、孟子、荀子到南宋朱子,大都坚持"学者为己"的为学宗旨。"为己之学"反映了儒家对主体自我的肯定,体

---

① 范晔:《后汉书》卷三七。
② 朱熹:《四书集注·论语集注》。
③ 朱熹:《晦庵先生朱文公文集》卷八五,《学古斋铭》。

现了对个体内心精神世界的关切。

儒学在历史上发挥过积极作用，但历代正史对"为己之学"的记载，只是凤麟片爪。如晋武帝于咸熙二年（265年）十一月乙未，"令诸郡中正以六条举淹滞"，第六条就是"学以为己"。①"仕凭借誉，学非为己，崇诡遇之巧速，鄙税驾之迟难，士自此委笥植经，各从所务，早往晏退，以取世资。庠序黉校之士，传经聚徒之业，自黄初至于晋末，百余年中，儒教尽矣。"②两宋崇儒，儒学大兴，观念转变。朱子说自己"少而鲁钝，百事不及人，独幸稍知有意于古人为己之学"③，"以先君子之余诲，颇知有意于为己之学"④。朱子四十八岁时，"杜门窃食，不敢与闻外间一事，尚不能无虎食其外之忧。衰病疲薾，虽在山林，亦不能有寻幽选胜之乐。但时有一二学子相从于寂寞之滨，讲论古人为己之学"⑤。在此前后大力推广"为己之学"，令"为己之学"深入人心。

朱子要求人好好学习，去学做人。学做人意味着道德上的完善，人格的确立及精神境界的升华。讲究为己之学，则每事讲究，求合义理。如门生问："'色容庄'最难。"朱子曰："心肃则容庄，非是外面做那庄出来。"一天晚上，陈文蔚跟随老师说"九容"。次早，才卿以右手拽凉衫，左袖口偏于一边。先生曰："公昨夜说'手容恭'，今却如此！"才卿赧然，急叉手鞠躬，曰："忘了。"先生曰："为己之学有忘耶？向徐节孝见胡安定，退，头容少偏，安定忽厉声云：'头容直！'节孝自思：'不独头容要直，心亦要直。'自此便无邪心。学者须是如此始得。"⑥

朱子认为，读书不能内化为自己思想，"如举业一般，非为己之学也"。"以科举为为亲，而不为为己之学，只是无志。""为学而求名者，自非为己之学，盖不足道。""有意于古人为己之学，不但为言语诵说之计而已。"⑦朱子常对士子加以引导，如"人之为学，亦不专为科举而已，不审吾友比来于为己之

---

① 房玄龄：《晋书》卷三。
② 沈约：《宋书》卷五五。
③ 朱熹：《晦庵先生朱文公文集》卷四〇，《答何叔京书一》。
④ 朱熹：《晦庵先生朱文公文集》卷三八，《答江元适书一》。
⑤ 朱熹：《晦庵先生朱文公文集》卷三七，《答尤延之书一》。
⑥ 黎靖德：《朱子语类》卷一一四。
⑦ 朱熹：《晦庵先生朱文公文集》卷五九，《答吴斗南书一》。

学亦尝致意否？"①又如"今既得脱去场屋，足以专意为己之学，更望勉力，以慰平日期望之意。"②马涓是元祐六年（1091 年）以进士举首入幕府，自称状元。吕大忠谓曰："状元云者，及第未除官之称也，既为判官则不可。今科举之习既无用，修身为己之学，不可不勉。"③可以说，学者为己成为儒家的一贯之道。

朱子"有意于古人为己之学"，且"讲之有年"④。本来不求人知，却偏偏名声在外。朱子三十一岁时，便吸引了刘清之前来武夷山下登门拜师。"初，清之既举进士，欲应博学宏词科。及见朱子，尽取所习焚之，慨然志于义理之学。"⑤丁尧"为人笃厚慈良，深有志于为己之学"⑥，从游朱子数年。陈定"年十二三，则已知古人为己之学，而不屑为举子之文"⑦，问学于朱子。朱子晚年还说："熹自少鄙拙，凡事不能及人，独闻古人为己之学而心窃好之，又以为是乃人之所当为而力所可勉。遂委己从事焉，庶几粗以塞其受中以生之责，初不敢为异以求名也。既而闾里后生有相问者，因以所闻告之。"⑧正是通过"有相问者，因以所闻告之"，将"为己之学"传播开去。

在朱子同道中传播"为己之学"者，如石子重告诉诸生"所以学者，盖皆古人为己之学"。⑨ 如李宗思在蕲州任教时提出"今将有以告二三子者，而相与朝夕乎古人为己之学，庶以无负朝廷教养之意"，引导诸生，"使之潜思乎《论语》、孟氏之书，以求理义之要"。⑩

为己之学，需要众人合力推广。"予顷得高君于会稽而知其贤，今乃闻其政教之施于人者又有成效如此，故已乐为之书矣。而况其邑之父兄子弟能率高君之教而有所兴起，皆知从事于古人为己之学，而不汲汲乎夸多斗靡之习，以追时好而取世资，则又予之所深叹，而尤乐取以告人者也。"⑪朱子撰文推广

---

① 朱熹：《晦庵先生朱文公文集》卷三九，《答王近思书一》。
② 朱熹：《晦庵先生朱文公文集》卷四九，《答滕德章书五》。
③ 脱脱等：《宋史》卷三四〇。
④ 朱熹：《晦庵先生朱文公文集》卷三五，《答刘子澄书一》。
⑤ 脱脱等：《宋史》卷四三七。
⑥ 朱熹：《晦庵先生朱文公文集》卷九四，《丁复之墓记》。
⑦ 朱熹：《晦庵先生朱文公文集》卷九一，《陈师德墓志铭》。
⑧ 朱熹：《晦庵先生朱文公文集》卷二九，《与留丞相书》。
⑨ 朱熹：《晦庵先生朱文公文集》卷七七，《南剑州尤溪县学记》。
⑩ 朱熹：《晦庵先生朱文公文集》卷七七，《蕲州教授厅记》。
⑪ 朱熹：《晦庵先生朱文公文集》卷八〇，《常州宜兴县学记》。

高商老等人从事于古人为己之学,通过文献传播,收到更好的效果。

杜维明先生说:"在儒家的传统里,学做一个完善的人不仅是一个首要关切的问题,而且是终极关切和全面关切的问题。"正因为此,儒家的为己之学,在当今中西文化冲突与融合的时代背景下,面对人役于物、工具理性凌驾于价值理性之上的人类的尴尬境地,仍具有强大的生命力。

(陈国代)

读书六法

朱子引导从学者首先要读圣贤之书，认为"圣人是经历见得许多，所以写在册上与人看。而今读书，只是要见得许多道理"。① 朱子认为读书要讲究方式方法，辅广最先总结导师的读书法，南宋张洪等人编《朱子读书法》四卷，归纳起来有居敬持志、循序渐进、熟读精思、虚心涵泳、切己体察、着紧用力六种大法。

居敬持志 朱子说：敬是不放肆底意思，是公然主张要做底事。"敬者，一心之主宰，万物之本根也"，"人之心惟敬则常存，不敬则不存"，"'敬'之一字，真圣门之纲领，存养之要法"②。朱子认为，"圣贤千言万语，大事小事莫不本乎敬"，"敬不是万虑休置之谓，只是随事专一，谨畏不放逸耳"③。敬字工夫，乃是圣学之入门，非是圣学之归宿。

朱子说：志乃是心之所之，人要立志，有向学之志，志向高明，且要持志，不放肆。朱子认为，为学以立志为先，志是心之所向和为学的目的，目的不明，无以为学。即所谓"立志不定，如何读书？"概言之，读书要有纯静专一的心境和坚定远大的志向。

循序渐进 读书要按一定的顺序、步骤逐渐进行。朱子说："凡读书，须有次序。且如一章三句，先理会上一句，待通透；次理会第二句、第三句，待分晓；然后将全章反复细绎玩味。如未通透，却看先辈讲解，更第二番读过，须见得身分上有长进处，方为有益。"④又说："字求其训，句索其旨，未得其前，则不敢求其后，未通乎此，则不敢志于彼。如此循序而渐进，则意定理明，而无疏易凌躐之患矣。"⑤最典型的是为读者安排读四书的顺序，要求"先读《大学》

---

① 黎靖德：《朱子语类》卷一〇。
② 黎靖德：《朱子语类》卷一二。
③ 朱熹：《晦庵先生朱文公文集》卷六四，《答林易简》。
④ 黎靖德：《朱子语类》卷一一。
⑤ 朱熹：《晦庵先生朱文公文集》卷七四，《读书之要》。

以定其规模;次读《论语》以立其根本;次读《孟子》以观其发越;次读《中庸》以求古人之微妙处"。读了四书,再读五经等,就容易掌握了。

熟读精思 熟读,就是反复诵读原文,通透烂熟,都无记不起处。精思,就是理解原文意思。朱子说:"大抵观书先须熟读,使其言皆若出于吾之口;继以精思,使其意皆若出于吾之心,然后可以有得尔。""成诵精读注中训释文章、事物、名义,发明经旨,有相穿组处,一一认得,如自己做出来一般,方能玩味反复,向上有通透处。读书须是成诵,方能精熟。"①

朱子继承孔子"学而不思则罔,思而不学则殆"的思想,认为思考是读书治学之根本,读与思是读书学习的两个不可分割的统一体。因而强调学与思须相连,"才学这事,须使思量这事合如何"。②

读书活动,实际上是人类的大脑神经的活动,是外在信息刺激神经系统并保存信息的过程。因此,要遵循记忆与思维相结合的原则。

虚心涵泳 朱子要求学者虚心涵泳。这里所言虚心,一般解释为谦退容物,心不自满。涵泳,则含有沉潜其中好好品味。

朱子认为,大凡读书,须且虚心参验,久当自见,切忌硬作见解主张。也就是说,当虚心看圣贤言语,不要先立己意。"读书须是虚心,方得。他圣人说一字是一字,自家只平着心去秤停他,都不使得一毫杜撰,只顺他去。某向时也杜撰说得,终不济事。如今方见得分明,方见得圣人一言一字不吾欺。"③"今人观书,先自立了意后方观,尽率古人语言入做自家意思中来。如此,只是推广得自家意思,如何见得古人意思。"④

朱子要求学者"学须先理会那大底。理会得大底了,将来那里面小底自然通透"。⑤ 所谓大本、大底,即源头,大纲即要领。掌握了读书的源头和要领,也就为做好学问打下了牢固的基础,为今后进步和发展明确了方向。

切己体察 切己,即与自己密切相关。体察,即体会、省思。切己体察,就是要将"圣贤语言,体之于身",观察体验自己能否如此力行。它包含阅读的文义理解和知识的内化两层意思,即读者对原著的阅读和理解,把外在的

---

① 朱熹:《晦庵先生朱文公文集》卷七四,《读书之要》。
② 黎靖德:《朱子语类》卷二四。
③ 黎靖德:《朱子语类》卷一〇四。
④ 黎靖德:《朱子语类》卷一一。
⑤ 黎靖德:《朱子语类》卷八。

知识内化为自身的知识,将其转化为自身的知识结构。还要将阅读之所得形诸文字,将读书所获得的意义予以文字表达。

朱子认为,读书要求得经文本义,将书中道理结合自己的经验或生活去体验省察,并以此去指导自己的实践。"将自家身己入那道理中去。渐渐相亲,久之与己为一。"①同时,朱子认为,"观书以己体察,固为亲切,然亦须遍观众理而合其归趣乃佳。若只据己见,却恐于事理有所不同,欲径急而反疏缓也"。② 读书要有主见,但又不可以固执己见,以免发生偏差。

着紧用力 着紧,立即、果断;用力,使用力气。可以解释为抓紧时间下功夫,勇猛直前。朱子认为,"为学要刚毅果决,悠悠不济事"。指出"为学不进,只是不勇"。"人气须是刚,方做得事。如天地之气刚,故不论甚物事皆透过。人气之刚,其本相亦如此。若只遇着一重薄物事,便退转去,如何做得事!"③"须是策励此心,勇猛奋发,拔出心肝与他去做! 如两边擂起战鼓,莫问前头如何,只认卷将去! 如此,方做得工夫。若半上落下,半沉半浮,济得甚事!"④"为学正如上水船,方平稳处,尽行不妨。及到滩脊急流之中,舟人来这上一篙,不可放缓。直须着力撑上,不一步不紧。放退一步,则此船不得上矣!"⑤朱子把读书进取,看成逆水行舟,不进则退,鼓励学者读书要勤奋,抓紧不松懈,舍得下苦功夫,下大气力,勇往直前。

(吴剑美 陈国代)

---

① 黎靖德:《朱子语类》卷八。
② 朱熹:《晦庵先生朱文公文集》卷五〇,《答程正思书五》。
③ 黎靖德:《朱子语类》卷八。
④ 黎靖德:《朱子语类》卷八。
⑤ 黎靖德:《朱子语类》卷八。

《童蒙须知》

朱子初仕同安归来，蛰伏五夫，开办私塾以教子弟，"童蒙贵养正，孙弟乃其方。鸡鸣咸盥栉，问讯谨暄凉。奉水勤播洒，拥篲周室堂。进趋极虔恭，退息常端庄。劬书剧嗜炙，见恶逾探汤。庸言戒粗诞，时行必安详。圣途虽云远，发轫且勿忙。十五志于学，及时起高翔"。① 就儿童日常生活中择其可知而易行者，制定《童蒙须知》，促成儿童养成良好的生活态度。《童蒙须知》原文见于清代朱启昆辑录的《朱子大全集补遗》，今意译如下。

衣服冠履第一 做人首先要先整齐端正身体，每天从戴头巾、穿衣服、穿鞋袜开始，保持整齐洁净。我的先父常训诫弟子说："男人有三紧。"具体就是扎好头巾，未成年人要把头发扎成髻，要束紧腰带，要穿好鞋袜。这三者都是要紧束，不可散乱。散乱则就会显得散漫不端庄，被别人轻视。

凡是穿衣服，一定要先理顺衣领，系好纽带（或纽扣），不可有遗漏。进餐时照管好，以免玷污衣袖；走路时看管好，避免被泥水染污。凡是脱衣服，一定要整齐地折叠好放在箱子里，不要散乱放置，不要被尘土污秽弄脏。这样做，容易寻找，不至于丢失。衣服穿久了，不免有污垢，一定要勤洗晒干。有破处就缝补，有补丁没有什么，只要完整洁净。

凡是洗脸时，一定要用毛巾遮挡保护衣领，卷起两袖，以免沾湿。凡是劳动时，一定要脱去外面的长衣，只穿短便服装，保护衣服不受到损坏。凡是白天所穿的衣服，夜里睡觉前要更换下来，就不会藏虱子、跳蚤，不这样做衣服也容易损坏。如果能这样，穿戴齐整干净，不但威仪可使人效法，又能不浪费衣服。晏子一件裘衣穿了三十多年，虽然本意是为了以简朴来感化世俗，也是因他爱护有道才能使用这么久。这是警饬己身的关键，不要忽视。

语言步趋第二 凡是做人弟子的，一定要态度谦恭，说话和缓，不可高声喧哗，玩笑嬉闹。父兄师长，有所教导，应当低头听受，不可妄加议论。师长

---

① 朱熹：《晦庵先生朱文公文集》卷四，《斋居感兴二十首》。

检查,有时有错误,不可马上辩解,暂且缄默不言。过段时间再慢慢细心分条陈述,说此事恐怕是这样,先前可能是不小心遗漏。或者说,应当是偶然没考虑到。如果这样,就不会顶撞师长,事理也自然明了了。至于对于朋友,也应当如此处理。

凡是听到别人的不善事,就连婢女仆人,应当包涵,不要马上当众声张,应当私下以言语相告,让他(她)改正。凡是走路去拜谒他人时,不能快步奔跑跳跃。如果父母师长有召唤时,却应该快步向前,不可行动迟缓。

洒扫涓洁第三 凡是做人弟子的,应当扫洒住处的地面,擦拭桌子茶几,使之保持洁净。书本案卷笔砚,一切用具,都应当整齐摆放,放在平常放置的地方。使用之后,再放回原地。父兄师长起居处,书本纸张之类,如果有散乱,应当留心整理好,不可擅自取用。

凡是向别人借来书卷、资料,都用簿子登记主人名字,及时归还。

窗子、墙壁、案桌、案卷之上,不可以写字。在书桌砚台上面刺刻涂抹,这是最不雅的,一定要戒除。前辈说,弄坏笔,使墨污,是弟子荒废懈怠、没有尽到职分。

读书写文字第四 凡去课堂上课,必须先整理几案,将其擦拭干净,摆放端正。将书册整齐放好,端正身体,正对书册详观,字要看分明。朗读时,定要字字读得响亮,不可误一字,不可少一字,不可多一字,不可倒一字;不可勉强背诵,只要反复多读几遍,滚瓜烂熟,自然长久不忘。古人说:"读书千遍,其义自见。"读得熟了,就能知道课文的意思。

我曾经说过读书要三到:心到、眼到、口到。心如不到,眼就不会仔细看。心、眼都不专一,只是随意诵读,绝对不会记住。就算记住了,也不会记得长久。其中心到最重要,心既然到了,眼、口岂有不到之理?

凡是书籍,都要爱护,不要损污皱折。济阳人江禄书未读完时,即使有紧急的事情,也定要等书卷收拾清楚后再起身。这是很值得效仿的。

凡是写字,必须拿着墨锭的上端,端端正正地研墨,不让墨汁沾到手。手执笔的上端,呈双钩状写楷书,手指不得接触笔毫。凡是写字,不管写得是否漂亮,必须一笔一画地写,做到字体端正,笔画分明,不可潦草。凡是抄写文章,必须要仔细对照原本,不可出现差误。

杂细事宜第五 凡是弟子,一定要早起晚睡。凡是喧闹争斗的地方不可靠近,无意义的事情不要做。

凡是吃饭，有啥就吃啥，没有的就不要思虑索求。但是粥饭等充饥之物，不可不吃。凡是有火堆的，不要太靠近。否则，不只举止不雅，重要的是要防止烧毁衣服。

凡是相互作揖时，一定要弯腰。凡是对父母、师长、朋友，一定要报出自己的名。凡是称呼师长，不可称字，一定要敬称某伯、某叔。如果是父辈且年龄相仿者，则说某姓某丈。这是按古代规定的说法。

凡是外出，一定要向长辈说明事由并行礼，等到归来，也要禀报行礼。即使是暂时外出回来，也一样。凡是在长辈面前吃饭，一定要轻嚼慢咽，免发出咀嚼啜饮之声。随长辈进餐，饮食之物，不要计较多少和好坏。凡是侍立长辈身旁，一定要端身拱手，长辈有所问，一定要诚实对答，不能有虚妄之语。

凡是开门掀帘时，动作要慢，手要轻，不可发出震动声响。凡是饮酒，不可喝到醉的程度。凡是上厕所，一定要先脱去长外衣，便后一定要洗手。凡是夜行时，一定要有灯火照明，不要摸黑去。对待婢女仆人，一定要端庄严肃，不要与之开玩笑。手拿器皿，一定要端正严谨，以免失手。凡是危险的地方，不可靠近。凡是路上遇到长者时，一定要端身拱手，轻快而小步上前行礼。凡是夜里睡觉时，一定要使用枕头，不要用衣被蒙头。凡是进餐，拿起汤匙时，要放下筷子；拿起筷子时，要放下汤匙。饭后，则把汤匙和筷子放在盘里。

弟子应遵守的细碎事情，名目很多，暂且大略列举，但是大概具备了。凡是这五篇规定，如果能遵守不违反，自然不失为诚实之人。如果又能读圣贤之书，发大愿力，增进德行，修养学业，要进入品德高尚之人的行列，就没有什么不能够做到的。诸位应该勤勉践行。

（吴剑美　陈国代）

《小学》

　　朱子在淳熙四年(1177年)第一次总结生平学问著述后,在不断修改《四书集注》的过程中,将修撰"小学"书提上日程,以补"四书"学体系中有"大学"无"小学"的内在弱点。朱子在浙东提举任上,耳闻目睹士人驰骛功利,将持敬工夫搁置一边,导致操履不正感到忧虑。朱子提倡"敬知双修,诚明两进",是以敬的涵养为主,但《大学》中的次序却先讲格物致知,由格物、致知而进于正心、诚意、修身、齐家直至治国、平天下,是先致知进学再用敬涵养,明显缺少前期的小学阶段的"敬"之工夫。朱子认为,人若缺少一段小学的修养基本功夫,不能以尊德性自律收敛身心,必然会导致轻向内正心而重向外求功,沉溺于利欲而形成功利主义盛行的局面。朱子要通过教育,令人"变化气质",因此必须从小抓起。于是,要修《小学》以施教,夯实人生修养基础,从而与大学阶段的穷理致知对接起来,如此包含小学与大学两个阶段之"敬"才会完整。

　　朱子大约从淳熙十年(1183年)五月开始编撰《小学》,经历三个阶段。第一阶段是自编初稿,第二阶段是与刘清之合作,第三阶段是与蔡元定合作。《小学》分内外篇,内篇四卷为《立教》、《明伦》、《敬身》、《稽古》,外篇两卷为《嘉言》、《善行》,共三百八十五章。内篇是全书的主干,"立教"阐述先王所以教人之法;"明伦"说明君臣、父子、夫妇、长幼、朋友的关系;"敬身"讲解孩童修养身心的重要和相应的规矩,有心术、威仪、衣服、饮食之目,包括衣服之制和饮食之节;"稽古"则记载往圣前贤的崇高德行。外篇分"嘉言"和"善行"两篇,乃记载古人值得后人效法的言行。经过朱子与门人的努力,"以训蒙士,使培其根,以达其支"[①]的《小学》书编次完成。"备载古人事亲事长、洒扫应对之法,亦有补于学者"[②]之书最终成于朱子之手。《小学》"宏纲有三:曰立教,

---

①　真德秀:四库本《西山读书记》卷三一。
②　朱熹:《晦庵先生朱文公文集》卷二六,《与陈丞相别纸》。

曰明伦,曰敬身。明伦则有父子、君臣、夫妇、长幼、朋友之品,敬身则有心术、威仪、衣服、饮食之目。又采摭古今经传书史之所记载,曰稽古,曰嘉言,曰善行,以广其教而实其事。小学之工程,大学之门户也"。① 朱子云:"《小学》,教人以洒扫应对进退之节,爱亲敬长、隆师亲友之道,皆所以为修身齐家治国平天下之本,而必使其讲而习之于幼稚之时。欲其习与知长,化与心成,而无扞格不胜之患也。今其全书虽不可见,而杂出于传记者亦多,读者往往直以古今异宜而莫之行,殊不知其无古今之异者,固未始不可行也。今颇搜辑以为此书,授之童蒙,资其讲习,庶几有补于风化之万一云尔。"②

朱子嘱咐蔡元定刊印《小学》一书时,交待"封面只作'武夷精舍小学之书'",作为武夷精舍小学阶段的教材,也就是为八岁到十四岁的孩童提供精神食粮。儿童还未形成固定的思想和生活习惯,可塑性强,是培养正确观念和良好素质的最佳时期。朱子从事教育工作,接触各地教育工作者,讲学于许多私立学校,又与众多的士子、士大夫接触,对当时的官办教育机构进行研究探讨,对当时的教育模式进行分析,特别是结合自身的读书经历以及私塾的教育现状,提出了自己的童蒙教育思想,即以学"眼前事"为主的教学内容,培养自觉自律的行为习惯的教育过程,贯彻寓教于乐的教学方法。小学教育的目的,主要在于给孩童提供行为上的准则,但是教育的精神却在于从小就培育孩童的道德之心,从而让他们的身心得以渐渐成长。小学专注的就是事,要孩童在日常起居的诸事中磨炼,让他们学会"即事即物"、"恭敬持守",可以避免单受"气质之禀"的影响,使"变化气质"成为可能。

朱子鉴于来求学者水平参差不齐,也将《小学》作为某些成年人的补习读本,补上短板。朱子还把《小学》送给陈俊卿,作为莆田玉湖陈氏子孙的读本。朱子在知漳州期间,定期赴校视事讲学,为诸生讲《小学》为正其义。朱子认为"后生初学,且看《小学》之书,那是做人底样子"。③ "某所编《小学》,公且子细去看,也有古人说话,也有今人说话"。④ 朱子说:"《小学》多说那恭敬处,少说那防禁处"⑤,重在引人向善。

① 赵希弁:《郡斋读书志附志》。
② 朱熹:《晦庵先生朱文公文集》卷七六,《题小学》。
③ 黎靖德:《朱子语类》卷七。
④ 黎靖德:《朱子语类》卷一二○。
⑤ 黎靖德:《朱子语类》卷一○五。

朱子的教材编写与具体施教在于引导向学者积极向善,同《白鹿洞书院揭示》倡导的宗旨相连贯,于是有"修身大法,《小学》备矣"①之说,合乎"古人为学,皆是自小得人教之有方,所以长大来易入于道"。② 在朱子编定《小学》的影响下,自明清之后,童蒙教材如《三字经》、《千字文》、《百家姓》及其他读本亦日益增多。而朱子编写《小学》之经验,可以作为现代教材编写之借鉴。相较而言,当代教育的教材编写,主导思想不重视中华传统文化精髓的弘扬,最大弊端在于弃经文,好时文,重文采,轻内涵,读书人不能从正常教育渠道获得本应有的中华优秀文化熏陶,有专业知识,无文化素质,容易导致人格畸形。

(吴剑美　陈国代)

---

① 黎靖德:《朱子语类》卷一〇五。
② 黎靖德:《朱子语类》卷一一六。

《家礼》

诸多儒家将礼视为人类的精神寄托，所遵行的礼制思想，成为五千年文明古国所具有的文化特质，是中华民族的文化灵魂。朱子认为，理是礼的基础，礼是德的化身，德是符合万物之理的理念和准则。朱子修《家礼》，推广儒家礼文化，把人们引向习礼、知礼、行礼，自觉地执礼做人，以赢得世人尊重。

朱子说："'人生而静，天之性'，未尝不善；'感物而动，性之欲'，此亦未是不善。至于'物至知知，然后好恶形焉；好恶无节于内，知诱于外，不能反躬，天理灭矣'，方是恶。"①因此，为了弘扬天理，扬善去恶，需要对人进行正确的教育，"古人自幼入小学，便教以礼；及长，自然在规矩之中"。② 且把礼当作"天理之节文，人事之仪则"，要以礼来规范人的行为以存其大本大原。这就需要给出可供参考的合乎时宜的礼学文本。

朱子以司马光《书仪》为底本，复加删削而成《家礼》一书。温公制礼，尽管于"冠、昏、丧、祭"亦不完备，但"本诸《仪礼》，最为适古今之宜"。③ 这是朱子通过比较程颢、程颐、张载和司马光四家所作礼书后而得出的判断与选择。朱子修《家礼》的目的，就是要把儒家敬畏天命的精神客观化、具体化，普遍渗透到社会民众的日常生活里，来代替宗教的功能，挽救人心颓败。

淳熙二年（1175 年）十二月，朱子开始作《家礼》五卷。卷一言通礼，包括祠堂、深衣制度，附司马氏居家杂仪。此篇为日常必修之礼。卷二言冠礼，包括男冠、女笄。此篇为成人礼，此乃人道之始，所系甚重。明此者当脱幼稚而立成人之志。卷三言婚礼，包括议婚、纳采、纳币、亲迎、妇见舅姑、庙见、婿见妇之父母。明此而结两姓之好，和睦共处，延续香火。卷四言丧礼，程序甚多，举家哀伤，当明慎终追远。卷五言祭礼，包括四时祭、初祖、先祖、祢、忌

---

① 黎靖德：《朱子语类》卷八七。
② 黎靖德：《朱子语类》卷九三。
③ 黎靖德：《朱子语类》卷八四。

日、墓祭等。《家礼》所及内容，贯穿人生整个过程，但求简便易行，以适应民众使用。

"古礼惟冠礼最易行。如昏礼须两家皆好，礼方得行。丧礼临时哀痛中，少有心力及之。祭礼则终献之仪，烦多长久，皆是难行。""今日行之正要简，简则人易从。""只以今之俗语告之，使之易晓，乃佳。"①朱子不再墨守成规，而是对传世旧礼《唐开元礼》进行改造，对现世俗礼《温公书仪》进行取舍，对传统礼仪的更新具有较强的自觉意识。而《家礼》体例完备，眉目清晰，礼仪安排紧凑、连贯，内容详略得当，文字表达简洁，尤其是突出家族形态，对现实生活具有指导作用，处处体现了儒家的人文关怀之精神。

朱子作《家礼序》，讲明功用："凡礼有本、有文，自其施于家者言之，则名分之守、爱敬之实，其本也。冠婚丧祭，仪章度数者，其文也。其本者，有家日用之常，礼固不可以一日而不修。其文尤皆所以纪纲人道之始终，虽其行之有时，施之有所，然非讲之素明，习之素熟，则其临事之际，亦无以合宜而应节，是亦不可以一日而不讲且习焉者也。三代之际，礼经备矣。然其存于今者，宫庐器服之制，出入起居之节，皆已不宜于世，世之君子虽或酌以古今之变，更为一时之法，然亦或详或略，无所折中。至或遗其本而务其末，缓于实而急于文，自有志好礼之士，犹或不能举其要而因，于贫窭者，尤患其终不能有以及于礼也。熹之愚，盖两病焉。是以尝独究观古今之籍，因其大体之不可变者，而少加损益于其间，以为一家之书。大抵谨名分、崇爱敬，以为之本。至其施行之际。则又略浮文务本实，以窃自附于孔子从先进之遗意。诚愿得与同志之士熟讲而勉行之，庶几古人所以修身齐家之道，谨终追远之心，犹可以复见。而于国家所以崇化导民之意，亦或有小补云。"朱子重礼教，所行、所用、所宜、所忌、所尊、所辟，于书中皆有论及，要求后世视具体情况择检参用，不必拘泥，具有与时俱进、合乎时宜的理念。

从周公开始修礼，所修之礼，适合上层社会。到朱子修礼，就将士庶阶层考虑进去，所修《家礼》，适合士庶阶层。《家礼》具有平民化性质，将礼引入民众的日常生活，因此弥补了以往诸礼的不足。这样一来，礼的主要内容包含在儒家重要典籍《周礼》、《仪礼》、《礼记》和《家礼》中，社会各个阶层都有了相应的礼的文本作为参照，体现了朱子于中华礼文化建设的贡献。

---

① 黎靖德：《朱子语类》卷八九。

　　《家礼》是朱子理学思想的重要组成部分,体现了朱子礼学思想。既有文本构架,也有理论逻辑;既有哲学高度,也有思想深度,体现了儒家的人文关怀。朱子以明人伦为大要,务从本实作是书,以宗法为主,礼仪于古有征且简约易行,实惠后学,故为百姓所接受。南宋以降,家有其书,人人尊用,以至流传海外,连高丽李朝也专以《家礼》为本制定"五礼仪"等来改变佛教时俗、强化封建伦理道德和宗法等级制。故《家礼》传播所及,影响着东亚儒家文化圈的中日朝三国社会的文明进展,为家庭和谐、社会稳定起了积极的作用。《家礼》的内容和思想对于今天的道德建设,包括道德教育、道德情感、道德发展、道德继承和道德规范等方面,仍然有着值得借鉴的意义。

(陈国代)

《学校贡举私议》

　　世界著名科学家竺可桢先生在《为什么中国古代没有产生自然科学》中说:"从两宋到明清,凡是有识见的人,从朱晦庵、文文山,到顾景范、袁子才没有不痛恨科举,鄙弃时文的。"其说根据是什么呢? 从《学校贡举私议》可见朱子痛恨科举之发端。

　　朱子说:"今之世,父所以诏其子,兄所以勉其弟,师所以教其弟子,弟子之所以学,舍科举之业则无为也。"朱子指出,"人之为学,亦不专为科举而已"。① "诸君苟能致思于科举之外,而知古人之所以为学,则将有欲罢而不能者,熹所企而望也。"②朱子赞同吕祖谦说法:"科举之教无益"③。对士子"科举之夺志"④,"示喻有科举之累"⑤感到惋惜。朱子对"乡里晚学见闻单浅,不过溺心于科举程试之习"⑥感到不满。朱子知南康军,大兴教育,"今岁科场解发赴省待补之士二十有八人",要招到白鹿洞书院再培养,"恭惟国家以科举取士,盖循前代之旧规,非以经义、诗赋、策论之区区者为足以尽得天下之士也。然则士之所以讲学修身以待上之选择者,岂当自谓止于记诵,缀缉无根之语,足以应有司一旦之求而遂已乎?"⑦"大抵今日后生辈以科举为急,不暇听人说好话,此是大病。"⑧"科举文字固不可废,然近年翻弄得鬼怪百出,都无诚实正当意思,一味穿穴,旁支曲径,以为新奇。最是永嘉浮伪纤巧,不美尤甚,而后生辈多宗师之,此是今日莫大之弊。向来知举辈,盖知恶之而不能识其病之

---

① 朱熹:《晦庵先生朱文公文集》卷三九,《答王近思书一》。
② 朱熹:《晦庵先生朱文公文集》卷七四,《同安县谕学者》。
③ 朱熹:《晦庵先生朱文公文集》卷三三,《答吕伯恭书四》。
④ 朱熹:《晦庵先生朱文公文集》卷四九,《答滕德粹书一》。
⑤ 朱熹:《晦庵先生朱文公文集·续集》卷七,《答丘子服书四》。
⑥ 朱熹:《晦庵先生朱文公文集》卷八一,《书徽州婺源县〈中庸集解〉版本后》。
⑦ 朱熹:《晦庵先生朱文公文集·别集》卷九,《招举人入白鹿咨目》。
⑧ 朱熹:《晦庵先生朱文公文集》卷四九,《答滕德章书一》。

所在,顾反抉摘一字一句以为瑕疵,使人嗤笑。今欲革之,莫若取三十年前浑厚纯正、明白俊伟之文诵以为法,此亦正人心、作士气之一事也。"①

朱子确认"须是格物、致知、诚意、正心、修身,而推之以至于齐家、治国,可以平治天下,方是正大学问"。② 而看到"士子习熟见闻,因仍浅陋,知有科举,而不知有学问"③,"后世人才不振,士风不美,在于科举之法"④。针对当时科举教育的弊端,发出呐喊:"近日诸处教官亦有肯留意教导者,然其所习不过科举之业,伎俩愈精,心术愈坏。盖不如不教犹足以全其纯愚之为愈也。"⑤ 朱子也作自我检讨,"向编《近思录》,欲入数段说科举坏人心术处,而伯恭不肯。今日乃知此个病根,从彼时便已栽种培养得在心田里了,令人痛恨也"。⑥

朱子于庆元元年(1195 年)六月作长达五千多字的《学校贡举私议》。朱子批评"设太学利诱之",官学所教者,"既不本于德行之实,而所谓艺者,又皆无用之空言。至于甚弊,则其所谓空言者,又皆怪妄无稽,而适足以败坏学者之心志"。"混补之说","三舍之法",都不可行,"乘时改制以渐复先王之旧,而善今日之俗,则必如明道先生熙宁之议,然后可以大正其本,而尽革其末流之弊。"一时做不到,则采取"均诸州之解额以定其志,立德行之科以厚其本,罢去词赋,而分诸经、子史、时务之年以齐其业,又使治经者必守家法,命题者必依章句,答义者必通贯经文,条举众说而断以己意。学校则遴选实有道德之人,使专教导,以来实学之士。裁减解额,舍选谬滥之恩,以塞利诱之途。至于制科、词科、武举之属,亦皆究其利病,而颇更其制。则有定志而无奔竞之风,有实行而无空言之弊,有实学而无不可用之材矣"。⑦ 朱子在此大纲下做了分析说明。

朱子提出"德行道艺"为教学之目,主张学校首设"德行"科,罢去"词赋"科,又另设"诸经、子、史、时务"等科。将"德行"科与"诸经"科分开,这是《私议》发前人所未发者。而分设"子、史、时务"等科,则继承了范仲淹和胡瑗的

① 朱熹:《晦庵先生朱文公文集》卷四九,《答陈肤仲书三》。
② 朱熹:《晦庵先生朱文公文集》卷七四,《玉山讲义》。
③ 朱熹:《晦庵先生朱文公文集》卷八〇,《信州州学大成殿记》。
④ 朱熹:《晦庵先生朱文公文集》卷六二,《答李敬子余国秀》。
⑤ 朱熹:《晦庵先生朱文公文集》卷二七,《答詹帅书三》。
⑥ 朱熹:《晦庵先生朱文公文集》卷五四,《答时子云》。
⑦ 朱熹:《晦庵先生朱文公文集》卷六九,《学校贡举私议》。

教育思想。定各州解额,又"损太学解额,舍选取人分数,使与诸州不至大段殊绝",体现资源分享,公平竞争的思想。学校开设德行科,培养有道德的人才,"士诚知用力于此,则不惟可以修身。而推之可以治人,又可以及夫天下国家",体现了站位高。朱子为学校教育选定教材:《易》、《书》、《诗》、《周礼》、《仪礼》、《礼记》、《春秋》,"以及《大学》、《论语》、《中庸》、《孟子》则又皆有《集解》等书",旗帜鲜明地确立儒家经典五经和四书的教化地位,将无名小辈的应举时文排除在外。朱子还要求,"愿下诸路漕司,戒敕所差考试官,今后出题须依章句,不得妄有附益裁剪。如有故违,许应举人依经直答以驳其缪,仍经本州及漕司陈诉,将命题人重作行遣。其诸州申到题目,亦令礼部国子监长贰看详,纠举谴罚,则主司不敢妄出怪题,而诸生得守家法,无复敢肆妖言矣"。① 这是朱子的晚年定论,比较完整地表达了自己的教育思想,尽管宁宗朝没有采用,并不意味着没有意义。

朱子把德育教育放在第一位,强调德育的重要性,对文人治国的社会而言,社会管理者的道德风范直接关系着社会政治的稳定。因此,朱子要求士人注重心性修养以树立道德人格,修己治人,即加强内圣外王的儒家修养,显得相当重要。

(陈国代)

---

① 朱熹:《晦庵先生朱文公文集》卷六九,《学校贡举私议》。

《玉山讲义》

　　绍熙五年(1194 年)十一月十一日,朱子从京城临安南归路过玉山,县宰率领诸生迎接,并邀请朱子到县庠宾位讲座。朱子回到武夷山后,与门人继续讲论,并把讲说内容整理为《玉山讲义》。

　　其一,朱子要读书人掌握的正大学问。"熹此来得观学校鼎新,又有灵芝之瑞,足见贤宰承流宣化,兴学诲人之美意,不胜慰喜。又承特设讲座,俾为诸君诵说,虽不敢当,然区区所闻,亦不得不为诸君言之。盖闻古之学者为己,今之学者为人。故圣贤教人为学,非是使人缀缉言语,造作文辞,但为科名爵禄计;须是格物、致知、诚意、正心、修身,而推之以至于齐家、治国,可以平治天下,方是正大学问。"

　　其二,朱子要诸生理会仁义问题。朱子与在座师生互动,其中程洪站起来问:"《论语》多是说仁,《孟子》却兼说仁义。意者夫子说元气,孟子说阴阳。仁恐是体,义恐是用。"朱子回答:"孔孟之言,有同有异,固所当讲。然今且当理会,何者为仁,何者为义。晓此两字,义理分明,方于自己分上有用力处。然后孔孟之言有同异处,可得而论。如其不晓自己分上元无工夫说得,虽工何益于事?且道如何说个仁义二字底道理。大凡天之生物,各付一性。性非有物,只是一个道理之在我者耳。故性之所以为体,只是仁、义、礼、智、信五字。天下道理,不出于此。韩文公云:'人之所以为性者五。'其说最为得之,却为后世之言性者,多杂佛老而言,所以将性字作知觉心意看之,非圣贤所说,性字更不必说,只仁义礼智四字,于中各有分别,不可不辨。盖仁则是个温和慈爱底道理。凡此四者,具于人心,乃是性之本体。方其未发,漠然无形象之可见;及其发而为用。则仁者为恻隐,义者为羞恶,礼者为恭敬,智者为是非。随事发见,各有苗脉,不相淆乱,所谓情也。故孟子曰:'恻隐之心,仁之端也;羞恶之心,义之端也;恭敬之心,礼之端也;是非之心,智之端也。'谓之端者,犹有物在中而不可见,必因其端绪发见于外,然后可得而寻也。盖一心之中,仁义礼智各有界限,而其性情体用,又自各有分别,须是见得分明,然后就此四者之中,又自见得仁义两字,是个大界限。如天地造化,四序流行,其实不过于一阴一阳而已。于此见得发明,然后就此又自见得仁义是个生底意思,通贯周流于四者之中。仁固仁之本体也,义则仁义断制也,礼则仁之节文也,智则仁之分别也。正如春之生气,贯彻四时。春则生之生也,夏则生之长也,秋则生之收也,冬则生之藏也。故程子谓四德之元,犹五常之仁。偏言则一事,专言则包四者,正谓此也。孔子只言仁,以其专言者言之也。故但言仁,义、礼、智皆在其中。孟子兼言义,以其偏言者言之也,然亦不是于孔子所言之外,添入一个义字。但于一理之中,分别出来耳。其又兼言礼智,亦是如此。盖礼又是仁之著,智又是义之藏,而仁之一字,未尝不流行乎四者之中也。若论体用,亦有两说。盖以仁存于心,而义形于外,言之,则曰,仁,人心也;义,人路也,而以仁义相为体用,看得透,则玲珑穿穴,纵横颠倒,无处不通。而日用之间,行著习察,无不是着功夫处矣。"

其三,朱子要求诸生掌握圣人之道。程珙又问:"三代以前,只是说中说极,至孔门答问说着便仁,何也?"朱子回答:"说中说极,今人多错会了他文义,今亦未暇一一详说。但至孔门,方说仁字,则是列圣相传到此,方渐次说亲切处耳。夫子所以贤于尧舜,于此亦可见其一端也。然仁之一字,须更于自己分上,实下功夫始得,若只如此草草说过,无益于事也。"朱子举《孟子道性善言必称尧舜》一章进行阐述。"《中庸》曰:'大哉!圣人之道,洋洋乎发育万物,峻极于天,优优大哉!礼仪三百,威仪三千,待其人而后行。'故曰苟不至德,至道不凝焉。是故君子尊德性而道问学,致广大而尽精微,极高明而道中庸。温故而知新,敦厚以崇礼。盖道之为体,其大无外,其小无内,无一物之不在焉。故君子之学,既能尊德性以全其大;便须道问学,以尽其小。其曰致广大,极高明,温故而敦厚,则皆尊德性之功也。其曰尽精微,道中庸,知新而崇礼,则皆道问学之事也。学者于此固当以尊德性为主,然于道问学亦不可不尽其力。要当时时有以交相滋益,互相发明,则自然该贯通达,而于道体之全无欠阙处矣。今时学者,心量窄狭不耐持久,故其为学略有些少影响见闻,便自主张,以为至是,不能遍观博考,反复参验。其务为简约者,既荡而为异学之空虚,其急于功利者,又溺而为流俗之卑近。此为今日之大弊,学者尤不可以不戒。"

其四,朱子表彰司马光和汪应辰。"熹又记得昔日参见端明汪公,见其自少即以文章冠多士,致通显而未尝少有自满之色,日以师友前辈多识前言往行为事,及其晚年德成行尊,则自近世名卿鲜有能及之者,乃是此邦之人,诸君视之,文人行耳,其遗风余烈尚未远也。又知县大夫,当代名家,自其先正温国文正公以盛德大业为百世师,所著《资治通鉴》等书,尤有补于学者,至忠洁公扈从北狩,固守臣节,不污伪命,又以忠义闻于当世,诸君盖亦读其书,而闻其风矣。自今以往倘能深察愚言,于圣贤大学有用力处,则凡所见闻寸长片善皆可师法,而况于其乡之先达与当世贤人君子道义风节乎。诗曰:'高山仰止,景行行止。'愿诸君留意以副贤大夫教诲作成之意,毋使今日之讲徒为空言,则区区之望也。"①

束景南先生评价《玉山讲义》"是朱熹生平对自己的理学体系做的一次最精约明晰的理论概括"。

(陈国代)

---

① 朱熹:《晦庵先生朱文公文集》卷七四,《玉山讲义》。

如何理解"文道合一"

　　文道关系是贯穿中国文学发展过程的核心问题,不同时期的论者对"文"、对"道"或有各自不同的认识,但都要思考并阐述"文"与"道"的关系。纵观从魏晋、唐以来文道关系的论述,有一个很明显的趋向,就是由文学本体的关注,逐渐到文道分离。及至朱子,丰富和发展了文道关系的学说,以理学为中心,将文学纳入理学轨道,最终建立起"文道合一"的理论,使文学与儒学重新在理论上合流。

　　早在先秦诸子的著作里,就对"文"与"道"有了不同的解释和认识。在《荀子》中文以明道的思想即已露端倪,东汉的扬雄则进一步提出作者要遵循自然之道的问题。实际上,系统地首论文与道之关系的是魏晋南北朝的刘勰,刘勰在《文心雕龙·原道》中说:"道沿圣以垂文,圣因文以明道",文道并重。韩愈、柳宗元在倡导的古文运动中明确提出"文以明道"的口号,有重道轻文的倾向。宋代随着古文运动的不断深入,文学家和道学家各自沿着不同的方向发展,文道关系的讨论也愈加深入。柳开积极提倡古文,将韩愈所讲的道统与文统合一。欧阳修作为当时的文坛领袖,积极提倡诗文革新,他的"道胜文至"论上承韩愈,下启朱子,在文论史中占有重要地位。道学家对"道"的偏重越来越明显,被朱子称为道学奠基人的周敦颐提出"文以载道"说,体现出理学家重道轻文、轻文而不废文的倾向。程颐在"文""道"关系上明确地提出了"作文害道",把"文"与"道"对立起来,被人认为是重道轻文的极端。文学家"文以明道"、"道胜文至",其重心在文。理学家的重心在"道",因道以垂文,将"文"归于第二义,甚至于抹杀排斥古文。朱子则打破了千百年来人们讨论文道关系上旧的思维模式,不再将文与道置于两端,而是合文道于一体,提出了"文道合一"的文道观,终结了千年来文道关系的论争。

　　为了更好理解"文道合一",我们先来看看朱子的文道观。由于朱子身兼理学家和文学家的双重身份,所以他对"文"、"道"关系的阐述就会有不同的表述。

朱子的"文"和"道"所指对象相当广泛,"文"有典章制度、文化学术、文学、文章等含义,"道"有永世长存的"天道"、儒家的学说、人伦秩序、文章的思想内容等多种含义。朱子在实际论述"文"、"道"关系时,一方面说"文是文,道是道",另一方面又说"文便是道",这是在两个不同的层次上说的。如朱子站在理学家的立场上说:"这文皆是从道中流出,岂有文反能贯道之理? 文是文,道是道,文只如吃饭时下饭耳。若以文贯道,却是把本为末。以末为本,可乎? 其后作文者皆是如此。"①此处所说的"文"和"道"是两个事物,"道"带有本体论的意义,它不但是事物的规律,而且是事物的本源,宇宙万物都是从"道"派生出来的。那么,作为万物之一的"文"无论它是典章制度、文化学术还是文字、文章,应该都是从"道中流出"的了,所以"文是文,道是道"。朱子站在理学家的立场上重视"道",轻视"文",认为作文就是为了"明理"(也即"载道"),毋需追求文学性。同时朱子又说:"道者,文之根本。文者,道之枝叶。惟其根本乎道,所以发之于文,皆道也。三代圣贤文章,皆从此心写出,文便是道。"这是朱子站在文学家立场上的言论,他既重视"道"也重视"文",认为文学本身也有其价值,所以应下功夫去研求。这里所说的"文"是指"文章"(实即文学形式),而"道"是指"文"所表达的"道理"(实即思想内容)。对于文章来说,思想内容和艺术形式两者都是不可缺少的。在这个层面上,"文"与"道"是合一的。对于文学史和文学批评史的研究来说,更重要的研究对象应是朱子作为文学家所发表的言论。

朱子倡"文道合一",实际上仍旧隐含着重"道"轻"文"的思想,他仍然坚持"道"是第一义的,他认为人生最要紧的事是讲学明理,即研求圣贤之道,"道"是文学的目的与根本,而文学只不过是其附庸与工具,不该把精力和时间浪费在做文章上面。所以,我们看朱子的著作,十分口语化,修辞方面也不太重视,往往有面谈的感受。同时,朱子认为"文"与"道"是不可分割的,虽然"道"比"文"重要,但文学仍有存在的理由。古文家韩、柳、欧、苏虽然都认为文道一体,但双方对"道"的理解不同,他们对文的要求也就不同。朱子要表达的"道"集中体现为儒家的学说,所以他要求"文"应以儒家经典或继承儒道的理学家的文章为典范。所以,在朱子看来,虽然古文家也以"道"相标榜,但他们在实际写作时太重视"文"。这不但是本末倒置,而且是破坏了文道一

---

① 黎靖德:《朱子语类》卷一三九。

体。因为"道"是根本，"文"是枝叶，古文家不去培养根本却反要突出枝叶的地位，这实际上是把"文"从文、道的统一体中离析出来了。这就是朱子指责古文家"文自文，道自道"或"裂道与文以为两物"的原因。从整体而言，朱子的文道观不像二程那样对文学持一概排斥的极端态度。

朱子的"文道合一"论暂时缓和了"文"和"道"的相互矛盾，为古代诗文批评开创了全新的批评方法。不过，"文道合一"本质上仍是一种道德批评方式，拿道德作为文学批评的标准，就难免不暴露出它严重的局限性。

（郭翠丽）

如何理解"诗理和合"

"诗理和合"既是讲"诗"与"理"的关系，又是朱子诗学解释、诗歌创作中的理想境界，其归宿则仍在平常日用的修养上。

"诗"与"理"的关系近似"文"与"道"的关系而较具体，朱子的主张是"文道合一"、"诗理合一"。朱子批评苏轼之文道："今东坡之言曰：'吾所谓文，必与道俱。'则是文自文而道自道，待作文时，旋去讨个道来入放里面，此是它大病处。……欧公之文则稍近于道，不为空言。如唐《礼乐志》云：'三代而上，治出于一；三代而下，治出于二。'此等议论极好，盖犹知得只是一本。如东坡之说，则是二本，非一本矣。"①文道分离，是朱子对时文的批评，而六经之所以为典范，即在于"三代圣贤文章，皆从此心写出，文便是道"。朱子有一譬喻："道者，文之根本；文者，道之枝叶。惟其根本乎道，所以发之于文，皆道也。"②

"诗理合一"是朱子论诗的基点，进而推及诗教、诗作之用，始终在追求一"诗理和合"的境界。朱子在《通书注》中说："废礼败度，故其声不淡而妖淫；政苛民困，故其声不和而愁怨。妖淫，故导欲而至于轻生败伦；愁怨，故增悲而至于贼君弃父。"③这里可以看出诗教的重要性，"淡"与"和"不仅是美学的要求，也是人伦秩序的要求。所以《国风》有"正"有"变"，盖"《周南》《召南》亲被文王之化以成德、而人皆有以得其性情之正。故其发于言者，乐而不过于淫、哀而不及于伤。是以二篇独为风诗之正经。自邶而下，则其国之治乱不同，人之贤否亦异，其所感而发者，有邪正是非之不齐。而所谓先王之风者，于此焉变矣"。④ 在上位者音声不和，其国之民则贤否亦异，这是诗教有损的

---

① 黎靖德：《朱子语类》卷一三九。
② 黎靖德：《朱子语类》卷一三九。
③ 《周敦颐集》卷二。
④ 《诗经传序》。

教训。

而《雅》《诵》则为"诗理和合"的典范,所谓"其语和而庄,其义宽而密,……此《诗》之为经,所以人事浃于下,天道备于上,而无一理之不具也"。① 此"语""义"之关系,即"诗"与"理"的关系。《诗》之所以有"经"的教化意义,在于已臻至"无一理之不具"的和合境界。

朱子是诗人,于诗教的意义之外,在作诗上亦提出了"诗理和合"的艺术要求。朱子批评时人学诗的本末倒置:"今人不去讲义理,只去学诗文,已落第二义。况又不去学好底,却只学去做那不好底。作诗不学六朝,又不学李杜,只学那峣崎底。今便学得十分好后,把作甚用? 莫道更不好。如近时人学山谷诗,然又不学山谷好底,只学得那山谷不好处。"又:"作诗先用看李杜,如士人治本经。本既立,次第方可看苏黄以次诸家诗。"②"义理"为诗理之本,而李杜为诗法之本,本固而末生,这是朱子说"文者,道之枝叶"的意思。

学诗固然是艺术,更是人生境界的修炼,差别只在"学"上能否切实格物致知。朱子批评说:"今江西学者有两种:有临川来者,则渐染得陆子静之学。又一种自杨谢来者,又不好。子静门犹有所谓学。不知穷年穷月做得那诗,要作何用?"③认为江西陆学还能守住大本,而江西诗学完全舍本逐末,倒置了"学"的意义。

所以美学的境界与人生的境界本来一致,孟子云"可欲之谓善"、"充实之谓美"即此意。朱子在《孟子》"故理义之悦我心,犹刍豢之悦我口"句下引程子之说:"此语亲切有味,须实体察得理义之悦心,真犹刍豢之悦口,始得。"④此切己的"充实"之"美"必须"实体察得理义之悦"方能领略,"诗理和合"的境界即在此微妙处。

朱子曾叹息学生未有此切己之体验,说:"谓公不晓文义,则不得,只是不见那好处。正如公适间说穷理,也知事事物物皆具此理,随事精察,便是穷理,只是不见所谓好处。……须是看得那物事有精神,方好。若看得有精神,自是活动有意思,跳踯叫唤,自然不知手之舞,足之蹈。这个有两重:晓得文

---

① 《诗经传序》。
② 黎靖德:《朱子语类》卷一四〇。
③ 黎靖德:《朱子语类》卷一四〇。
④ 《孟子集注》卷一一。

义是一重,识得意思好处是一重。若只是晓得外面一重,不识得他好底意思,此是一件大病。如公看文字,都是如此。"①"须是踏翻了船,通身都在那水中,方看得出!"②因为学生读书只在文义上,和真正的"好处"却隔了一层,所以朱子要其通身翻落在水里,才能切己感受。而真感受到"好处"时,是自然而然地手舞足蹈,不是文义能传递。

朱子主张"文从道中流出",其为诗也以中和平淡为特色。但平淡中寓有"真味",是朱子在诗学境界上的追求,所谓:"作诗间以数句适怀亦不妨,但不用多作,盖便是陷溺尔。当其不应事时,平淡自摄,岂不胜如思量诗句? 至如真味发溢,又却与寻常好吟者不同。"③此"真味"唯其平淡,才有"刍豢之悦我口"的"诚"、"实"之美。而"陷溺"于文的"寻常好吟者",则不免有害道之嫌,已经偏离了"中和"之旨。

中和平淡,正是宋明理学诗共同的特点。钱穆先生在其《理学六家诗钞》中讲:"理学者,所以学为人。为人之道,端在平常日用之间。而平常日用,则必以胸怀洒落、情意恬淡为能事。惟其能此,始可体道悟真,日臻精微。而要其极,亦必以日常人生之洒落恬淡为归宿。……所钞六家,固一代之魁杰、理学之宗师……其论学遵旨,亦复相殊互异。然观其平常日用之胸怀意境,洒落恬淡,则大体相若。"

(梁从峨)

---

① 黎靖德:《朱子语类》卷一一四。
② 黎靖德:《朱子语类》卷一一四。
③ 黎靖德:《朱子语类》卷一一四。

诗教的理论特色

诗教传统由来已久,它有不同的层次和内容,且随着时代的发展变化而变化。诗教是从孔子的"诗教"开始的,"诗教"一词最早出现在《礼记·经解》中:"入其国,其教可知也。其为人也,温柔敦厚,诗教也。"其实质就是以《诗经》为教材的教育活动,"诗教"在当时具有化民美俗的社会教化功能。汉儒尊孔读经,把《诗》提高到"经"的地位,因而,汉代"诗教"得到了很大的发展。《毛诗序》被认为是传统"诗教"最完整的著述,《毛诗序》发挥了"诗言志"的主旨,强化了诗歌要反映政教得失的社会政治功能和诗教"经夫妇,成孝敬,厚人伦,美教化、移风俗"的教育功能,将《诗经》的政治作用发挥到了极致。

进入魏晋南北朝文学自觉的时代后,"诗教"内涵外延更加丰富,从此诗从"诗言志"的政治教化中解放出来,论诗也从"诗教"扩展到诗教,人们对"诗缘情而绮靡"的文学特性有了更多的认识,注意到了诗歌的美学特征。魏晋隋唐围绕《毛诗序》有过激烈的争论,随着唐代经学统一时代的到来,《毛诗正义》成为法定的官方正本,唐至宋初数百年,士子皆谨守官书,莫敢异议。北宋庆历以后,疑古之风起。欧阳修、苏辙已经开始打破疏不破注的传统经学模式,对《诗序》提出了大胆的怀疑,程颐对欧、苏之论大不以为然,在疑序和遵序两派长期激烈争论的学术背景中,朱子展开了他的《诗经》研究。

朱子坚持"诗道合一"的立场,注重对儒家传统诗学观念"诗言志"的继承和诗歌抒发内心情感的作用,对《诗经》用力甚多,《诗集传》最集中地体现了他的"诗教"思想。其诗教内容有自己鲜明的理论特色:

第一,朱子诗教进入《诗经》学的"宋学"阶段,即"理学"内涵。朱子认同《诗》是感物道情的产物,他从理学的教育观和教化逻辑出发,在继承前人以义理解《诗》的基础上,将"修齐治平"之道落实到具体诗篇的训释上,将"得性情之正"作为"诗教"目标。同时,朱子继承并发展了欧阳修"求诗人之意,达圣人之志"的观念,在《诗集传》中采纳了欧阳修《诗本义》对部分诗篇的阐释,最终完成了《诗经》理学化的进程。

朱子打破《诗经》"汉学"藩篱,这主要体现在对《诗序》的态度上,朱子经历了遵序—反序—废序三个阶段,最后突破旧说,破除"诗序",他曾回忆自己的解《诗》历程说:"某向作《诗解》,文字初用小序,至解不行处,亦曲为之说。后来觉得不安。第二次解者,虽存小序,间为辨破,然终是不见诗人本意。后来方知,只尽去《小序》,便可自通。于是尽涤旧说,诗意方活。"

第二,朱子对《诗经》学领域千年来沿袭传承的观念进行重新审视思考,从而破旧立新,得出自己独到的看法与结论。如提出"二南"新说、诗与"六义"、"淫诗说"等。

朱子根据《大学》中的"修齐治平"思想来诠释"二南"的 25 篇诗歌,朱子认为"二南"诗篇不仅是里巷歌谣,同时也是周文王王道政化后的诗篇,将"二南"诗旨与其理学思想结合起来,认为"二南"是《诗经》学之总纲,主题都是歌咏"文王之化"。束景南说朱子"建立了一个理学化的'二南'解说体系"。

诗之六义之说,《诗序》论述仍不详尽,朱子在《诗集传》中进行了创造性的发挥,从而达到了较为完善的地步。朱子在《诗集传》中不畏繁杂,首次使用"赋""比""兴"及兼体标注方式逐章解说《诗经》,补前代所未备。朱子认为风、雅、颂是主干,"做诗的骨子",赋、比、兴则是诗歌的表现手法。在《诗集传》中,朱子能够具体指出各篇的表现手法,同时又注意到赋、比、兴三种手法的综合运用,并且对赋比兴加以具体解释。

在《诗集传》中,朱子解作"淫诗"的有三十多首,所谓"淫诗",其实就是"男女相与咏歌,各言其情者",这是《诗经》中文学性质最为强烈,也是历来受到经学家最大曲解的部分。莫砺锋教授认为,朱子在《诗经》学研究中最为惊世骇俗、同时也最具文学批评性质的是他对所谓"淫诗"的解读,打破了经学的藩篱,使《诗经》学迈出了从经学向文学的第一步。当然,朱子是站在封建礼教的立场上来解释《诗经》的,朱子把涉及男女爱情的诗称之为"淫诗",也是出于否定的态度。但朱子看清了"淫诗"的真正性质,明白那些爱情诗本是民间的歌谣,是民间的男女自道其情、自叙其事的作品,为后人正确地认识《诗经》中的爱情诗打下了良好的基础。"淫诗说"的提出,更是使《诗经》学迈出了从经学转向文学的关键一步。

第三,《诗集传》训诂的成就。朱子不拘泥于前代注疏,大胆疑古,敢于创新,破除门户之见,广泛吸收古今《诗经》研究成果,打破汉宋界限,不拘泥于一家之言,辨识出文本本来之意。同时,朱子也不忘汲取宋代学者的研究成果,《诗集传》中引宋人诗说标明姓氏的共 21 家,184 次。

朱子反对汉学那种繁琐注疏的学风,力求简明扼要,语言明白晓畅、浅显易懂,就诗说诗,注重从诗本身探求诗义,找寻诗文本身独立存在的价值。同时,朱子创新训诂材料和方法,首次使用金石文材料证《诗经》词语,成就卓著,用出土文献释传世文献的方法,是训诂学上的一大进步。《诗集传》至今也是《诗经》研究不可或缺的注本。

（郭翠丽）

风雅颂与赋比兴的理论特色

　　"风雅颂"、"赋比兴"是解《诗》的六种重要体例,《毛诗序》中称"六义"。在朱子诗学中,"六义"之说又有发展变化,"风雅颂"侧重诗体的分别,"赋比兴"则侧重解释作诗、解《诗》的方法。

　　朱子《诗集传序》中提出了"所以作"与"所以教"的区别,其解释"风雅颂"之体,特重其"所以作"的一面,故说:"凡诗之所谓风者,多出于里巷歌谣之作。所谓男女相与咏歌,各言其情者也。……若夫雅、颂之篇,则皆成周之世,朝廷郊庙乐歌之词。其语和而庄,其义宽而密。其作者往往圣人之徒。……至于雅之变者,亦皆一时贤人君子闵时病俗之所为,而圣人取之。"①"风"之作者为里巷男女,"雅、颂"之作者则为"圣人之徒"、"贤人君子"。

　　朱子解《诗》很重视诗人的立场,这是其异于《诗序》的地方。在《诗序》中认为:"风,风也,教也。风以动之,教以化之。"②《诗序》只讲"所以教"的一面,诗人作诗的立场被隐去了。朱子强调"所以作"的一面,为其"淫诗"说提供了诗学基础,即所谓:"惟《周南》《召南》亲被文王之化以成德,而人皆有以得其性情之正。故其发于言者,乐而不过于淫,哀而不及于伤。是以二篇独为风诗之正经。自邶而下则其国之治乱不同,人之贤否亦异,其所感而发者,有邪正是非之不齐。而所谓先王之风者,于此焉变矣。"③"淫诗"说是朱子诗学最大的创见,周予同先生认为:"朱熹在经学上最能表现其怀疑之精神者在此,而其最受后世经学家之攻击者亦在此。"④莫砺锋等学者认为"淫诗"说实际上导致了《诗经》的解释开始进入文学视域。

　　"风雅颂"之诗体说,不仅蕴含着作者的立场、寓意,亦可用以解释读者的

---

　　①　《诗经传序》。

　　②　《毛诗正义》卷一。

　　③　《诗经传序》。

　　④　《中国经学史论著选编·朱熹》。

立场、视域,二者合起来才是朱子完整的诗学诠释。所以朱子又进一步提出学《诗》的方法与次第:"本之二南,以求其端;参之列国,以尽其变;正之于雅,以大其规;和之于颂,以要其止。此学《诗》之大旨也。"①"二南"为学《诗》之"本",求义之"端";列国之"风"以尽其"变";"雅"以"正";"颂"以"和"。对"风雅颂"诗体说的四层解释,是朱子是由诗入"理"的理学化经学诠释的特点。

"风雅颂"、"赋比兴"并称为诗之"六义",此说出自《毛诗序》:"故诗有六义焉:一曰风,二曰赋,三曰比,四曰兴,五曰雅,六曰颂。"孔颖达疏云:"诗各有体,体各有声。大师听声得情,知其本意。《周南》为王者之风,《召南》为诸侯之风,是听声而知之也。然则风、雅、颂者,诗篇之异体;赋、比、兴者,诗文之异辞耳。大小不同,而得并为六义者,赋、比、兴是诗之所用,风、雅、颂是诗之成形。用彼三事,成此三事,是故同称为义,非别有篇卷也。"②又"诸诗未有一篇之内备有风、雅、颂,而此篇(《七月》)独有三体者……然则始为风,中为雅,成为颂,言其自始至成,别故为三体"。③ 故孔说以"风雅颂"为诗之"三体",而以"赋比兴"为"诗之所用",所谓"用彼三事,成此三事"。

朱子与学生曾讨论此"六义":"或问诗六义,注三经、三纬之说。曰:'三经是赋、比、兴,是做诗底骨子,无诗不有,才无,则不成诗。盖不是赋,便是比;不是比,便是兴。如风雅颂却是里面横弗底,都有赋、比、兴,故谓之三纬。'"④朱子以"赋比兴"为"三经",以"风雅颂"为"三纬",仍是取孔颖达"用彼三事,成此三事"之意。以今天的语言说,大致以"赋比兴"为作诗的方法,所以说"是做诗底骨子,无诗不有",即孔说"诗之所用";而以"风雅颂"为诗之体裁,故孔说为"三体"。只是不同于后人诗话中所说的"诗体",这是经学解释意味中的"诗体"。故朱子认为:"盖所谓六义者,风雅颂乃是乐章之腔调,如言仲吕调,大石调,越调之类;至比、兴、赋,又别直指其名,直叙其事者,赋也;本要言其事,而虚用两句钓起,因而接续去者,兴也;引物为况者,比也。立此六义,非特使人知其声音之所当,又欲使歌者知作诗之法度也。"⑤

朱子本人是诗家,所以论"六义"时多结合诗歌创作的经验而言。他说

① 《诗经传序》。
② 《毛诗正义》卷一。
③ 《毛诗正义》卷八。
④ 黎靖德:《朱子语类》卷八〇。
⑤ 黎靖德:《朱子语类》卷八〇。

"赋者,敷陈其事而直言之者也。""比者,以彼者比此物也。""兴者,先言他物以引起所咏之词也。"①其"赋比兴"多就作诗的方法上说,方法是作诗的基础,所以说"是做诗底骨子,无诗不有"。

在朱子看来,"六义"也只是大致如此,不必严格恪守《诗传》与孔疏。学生问:"《诗传》分别六义,有未备处。"朱子说:"不必又只管滞却许多,且看诗意义如何。特别是不同意孔疏以《七月》兼备"三体"之说,朱子表达其怀疑:"且诗有六义,先儒更不曾说得明。却因《周礼》说豳诗有《豳雅》《豳颂》,即于一诗之中要见六义,思之皆不然。……某亦不敢如此断,今只说恐是亡其二。"②可见"六义"虽然是作诗的法度,解《诗》的体例,但不可拘泥于汉唐旧说,离《传》而直解《诗》意,是朱子诗学观的重要原则。

(梁从峨)

---

① 《诗集传》卷一。
② 《诗集传》卷一。

《楚辞集注》的文学理论特色

朱子晚年所撰《楚辞集注》，是他从《诗集注》以来文学思想的继承和发展并臻于成熟的标志。作为儒家思想集大成的理学大家，朱子的文学思想主张"文道合一"，将文学视为理学的附庸，重视并强调文学"正人伦、美教化"的政治伦理教化功能。而与"二程"等其他理学家不同的是，朱子有深厚的文学素养，更重视文学的审美功能，认为文学通过抒发真情直达人心能够更好地成为政治教化的工具。如果说在《诗集传》中，朱子是通过将爱情内容的诗判定为"淫诗"，从而以否定其价值的方式肯定了《诗经》的文学性的话，那么在《楚辞集注》中，朱子是通过对《离骚》等作品的抒情性明确肯定了《楚辞》的文学性，同时也强调这种文学性无损于屈原忠君爱国的"诚心"和《楚辞》的政治教化的诗教作用。

《楚辞》，尤其是《离骚》充满浪漫主义色彩，情绪激愤热烈，结构跌宕捭阖，想象恢诡超拔，形象奇伟绚烂，言辞富丽华美。朱子则能透过这些更富于文学性的表达，"每有味于其言，而不敢直以'词人之赋'视之"，发掘出屈原"缱绻恻怛，不能自已之至意"，感发"天性民彝之善"，肯定其"增夫三纲五典之重"的作用。[①]

朱子明确认识到文学与理学的不同之处正在于文学的抒情性，他认为诗歌无非"感物道情，吟咏情性"[②]，他说："大凡人之感于事，则必动于情，然后兴于嗟叹，发于吟咏，而形于歌诗矣。"[③]这"情"必须是真情实感。诗歌合乎儒学大义的真情实感引起读者的共鸣，也就是"感发"，才能起到正人心，厚人伦的诗教作用。朱子反复肯定了《楚辞》中"穷而呼天，疾痛而呼父母"的真挚情感。

---

① 《楚辞集注目录序》。
② 黎靖德：《朱子语类》卷八〇。
③ 黎靖德：《朱子语类》卷八一。

而对屈原强烈的情感,朱子之所以能够肯定,是因为他认定屈原在《离骚》等作品中表达的情感是基于"忠君爱国眷恋不忘"①、"思君念国"、"随事感触"②。因此屈原作品感情悲愤激越,虽不合于儒家行为情感的中庸之道、"温柔敦厚",但当这种感情是因"忠君念国"而不能自已,就依然能够"正人心",值得后人乃至君主吟咏深思。《九章》小序中,朱子表示:"董子有言:'为人君者,不可以不知《春秋》。前有馋而不见,后有贼而不知。'呜呼,岂独《春秋》也哉!"

对于屈原忠君爱国的情感肯定,进而进一步肯定屈原的正面形象,与班固、扬雄、颜之推等前人对于屈原"扬才露己、显曝君过"的指责相反,将屈原形象由"信而见疑、忠而被谤"怨恨满腹的激愤失意之人,推举到"忠贞高标、忧国忧民"的爱国诗人的高度。

对《楚辞》的艺术表现手法的分析,朱子也继续延续了《诗经》"六义"的理论而有所发展,对"六义"的概念做出了解释,阐释更为深化、系统。

《楚辞集注》云:"风则闾巷风土男女情思之词,雅则朝会燕享公卿大夫之作,颂则鬼神宗庙祭祀歌舞之乐。其所以分者,皆以其篇章节奏之异而别之也。赋则直陈其事,比则取物为比,兴则托物兴词。其所以分者,又以其属辞命意之不同而别之也。诵诗者先辨乎此,则三百篇者,若网在纲,有条而不紊矣。不特诗也,楚人之词,亦以是而求之,则其寓情草木,托意男女,以极游观之适者,变风之流也;其叙事陈情,感今怀古,以不忘乎君臣之义者,变雅之类也;至于语冥婚而越礼,摅怨愤而失中,则又风雅之再变矣。其语祀神歌舞之盛,则几乎颂而其变也,又有甚焉。其为赋,则如骚经首章之云也。比则香草恶物之类也,兴则托物兴词,初不取义,如《九歌》沅芷、澧兰以兴思公子而未敢言之属也。然诗之兴多而比赋少,骚则兴少而比赋多。要必辨此而后词义可寻。读者不可以不察也。"朱子从中指出了风雅颂的内容和音乐特点,对赋比兴加以解释。认为这是解读《诗经》、《楚辞》的关键。特别是对于赋比兴的解释与《诗集传》不同,正说明朱子看到了《楚辞》与《诗经》的差别。

朱子在注释《楚辞》诗句时,往往标明赋、比、兴的用法,必要时做进一步说明。

---

① 《九歌》小序。
② 《九章》小序。

朱子认为《楚辞》中的赋，用直白无隐的话语直接宣泄感情，表现出来的激烈愤恨才能最好的表达"忠君爱国"之至诚。朱子肯定屈原的感情为"忠君爱国"，也正是通过《楚辞》中屈原作品，尤其是后期作品里以"赋"手法直陈其事、直抒胸臆而得出的结论。

朱子在注释《楚辞》用"比"时，反对过于穿凿附会。他在《楚辞辨证·离骚》中指出："荃以喻君……此又借以寄意于君，非直以小草喻至尊也。"又说："《离骚》以灵修、美人目君，盖托为男女之辞而寓意于君，非以是直指而名之也。"目为"比"而不直指，则是变相肯定这种"比"更隐晦委婉，具有象征意义。

朱子《楚辞集注》对兴的理解"将物之有，兴起自家之无"或"将物之无，兴起自家之有"，认识到了主观审美感受客观化、物象化，揭示了诗歌艺术主客观统一融合的艺术规律。

朱子还进一步指出《楚辞》中赋、比、兴的手法还往往兼用，如"赋而比"、"比而赋"、"比而又比"、"兴而比"等，以增加诗歌的表现力。

朱子对《楚辞》赋比兴的注释，不但肯定了香草美人这一类的直观意象，更是将超现实的虬龙鸾凤、飘风云霓等神话传说划归到"比"的意向中，丰富了《楚辞》的象征范畴。而对《楚辞》中赋比兴手法的兼用说明，揭示了《楚辞》灵动多变的表现手法。

《楚辞集注》蕴含了朱子思想和学术的精髓，展现了朱子在文学理论上的创新和发展，有政治教化的梳理，更有基于文本的情感共鸣，是站在理学体系上的文学认同，对后世的文学发展有着重要的借鉴和指导意义。

（马　宾）

《九曲棹歌》的体例特色

棹歌是本是渔民行舟所唱之歌。汉武帝刘彻《秋风辞》："箫鼓鸣兮发棹歌，欢乐极兮哀情多。"南朝·梁·丘迟《旦发渔浦潭》诗："棹歌发中流，鸣鞞响沓嶂。"《南史·羊侃传》称："〔侃〕性豪侈，善音律，自造《采莲》、《棹歌》两曲，甚有新致。"这是文人以《棹歌》为题拟作之始，唐·骆宾王作《棹歌行》："相思无别曲，并在《棹歌》中。"唐·戴书伦作《兰溪棹歌》："凉月如眉挂柳湾，越中山色镜中看。兰溪三日桃花雨，半夜鲤鱼来上滩。"之后文人拟作渐多，遂成诗中一体。刘铁冷在《作诗百法》中总结《棹歌》的创作要点是"棹歌如渔家唱晚之歌，大旨与竹枝词相近。惟须婉约，须轻倩，下字似倚声，琢句似风谣。斯有真趣，斯有挚情，盖小儿女临波狎水与咿哑之声相酬答，较之采桑歌采茶歌，尤有一种丰韵，是在文人善为摹写耳。"

淳熙十年夏，朱子于武夷大隐屏下建成武夷精舍。淳熙十一年春，作《淳熙甲辰春精舍闲居戏作武夷棹歌十首呈同游相与一笑》[①]。因滩险流急，一般游九曲是从九曲往下至一曲。而此诗却是从一曲开始逆流而上写起，是朱子在精舍闲居戏作，可见九曲的风光是刻在朱子心头。每一曲的美景，在朱子笔下展开。其诗如下：

> 武夷山上有仙灵，山下寒流曲曲清。
> 欲识个中奇绝处，棹歌闲听两三声。
> 一曲溪边上钓船，幔亭峰影蘸晴川。
> 虹桥一断无消息，万壑千岩锁翠烟。
> 二曲亭亭玉女峰，插花临水为谁容。
> 道人不作阳台梦，兴入前山翠几重。
> 三曲君看驾壑船，不知停棹几何年。
> 桑田海水兮如许，泡沫风灯敢自怜。

---

① 简称《九曲棹歌》或《武夷棹歌》。

四曲东西两石岩，岩花垂露碧㲞㲞。

金鸡叫罢无人见，月满空山水满潭。

五曲山高云气深，长时烟雨暗平林。

林间有客无人识，欸乃声中万古心。

六曲苍屏绕碧湾，茆茨终日掩柴关。

客来倚棹岩花落，猿鸟不惊春意闲。

七曲移舟上碧滩，隐屏仙掌更回看。

却怜昨夜峰头雨，添得飞泉几道寒。

八曲风烟势欲开，鼓楼岩下水萦回。

莫言此地无佳景，自是游人不上来。

九曲将穷眼豁然，桑麻雨露见平川。

渔郎更觅桃源路，除是人间别有天。

　　《九曲棹歌》的艺术魅力，来自于它的独特体例、思想内容、诗歌结构、语言特色。思想内容的深刻丰富是《九曲棹歌》艺术魅力的基础。《九曲棹歌》打动人心的，就是朱子在诗中以真挚情感所描绘的充满真趣的人间仙境，又巧妙糅合了当地丰富历史典故和传说。

　　一路走来，跟着作者的笔触，我们为山的峭拔、水的幽深而震撼。而武夷的每一折每一曲，还有动人绚烂的神话传说点染山的神奇。如幔亭虹桥飞架、玉女插花临水、金鸡孤啼无闻，再加上神秘的悬棺，相对沉默的石壁，让武夷九曲山水景物有了生命和活力。

　　最重要的就是朱子对武夷九曲的深深眷恋之情。朱子从小生活在武夷山下的五夫里，是武夷山水滋养长大。一生足迹踏遍武夷山水，留下的诗篇，都带有武夷山水的芬芳，也抒发他对武夷山水的深挚爱恋。作于乾道末年的《游武夷以相期拾瑶草分韵赋诗得瑶字》就宣称"眷焉此家山"，表露出想在隐屏峰下营建精舍的心愿。而作于淳熙四年（1177 年）的《奉陪机仲宗正景仁太史期会武夷而文叔茂宾二友适自邵武来集相与泛舟九曲周览岩壑之胜而还机仲景仁唱酬迭作谓仆亦不可以无言也衰病懒废那复有此勉出数语以塞嘉贶不足为外人道也》："此山名自西京传，丹台紫府天中天。"第一句即有对武夷秀色高蹈拔俗的赞叹，从中不难体味出朱子甘愿终老于此山水自然的愿望。

　　从结构上说，以往的棹歌往往是单曲，而朱子借着武夷天然的九曲美景创做了各自独立而又彼此呼应一体的组诗。第一首序曲,用"仙灵"、"寒流曲清"、"奇绝"等词语引发读者对九曲美景的向往。第二首一曲,"幔亭峰影蘸晴川""万壑千岩锁翠烟"描写山景的峭拔。第三首二曲,描写玉女峰"插花临水",描写山花烂漫装点而成的妩媚。第四首三曲,描写人迹不到之绝壁高处的枯枝架壑,引发人们对时光和生命的哲理感悟。第五首四曲,描写金鸡山高耸入云,潭深水静,俗人难至。第六首五曲和第七首六曲,写山气空濛,涤尘脱俗。第八首七曲,写隐屏峰仙掌峰巨峰耸立,石壁峭拔。第九首八曲,风烟渐开,鼓楼峰下美景隐然。第十首九曲,山形豁然开朗,宛如人间仙境。按一到九曲逆流而上的顺序而非一般游览顺流而下九曲到一曲的顺序,有人生治学逆流而上的艰辛与坚韧,有达到至境的豁然开朗,有一路走来看到种种人生历练的哲理感悟,有理学大家遗世独立的高标。

语言上,这组诗体现出的是朱子一贯的质朴平易。明白通俗,本是渔民所唱的棹歌本色,可是朱子以他如椽巨笔,举重若轻,感情质朴而深刻,风格平易而不平庸,遣词通俗而不低俗,娓娓道来,自是一派名士风流。

这条九曲,是山水武夷的美景画卷,是人文武夷的深厚淀积,更是朱子献上的对武夷、对理学的一腔忠贞,是理学武夷的象征。

朱子以其对武夷风光的热爱,对武夷山区丰富多彩的民间传说的稔熟,以理学家的胸襟和造诣深厚的诗人笔触,描绘了武夷九曲胜景,成为宋代描绘山水的佳作名篇,历代和作、仿作不断,遗风传至朝鲜,在朝鲜士林中形成影响极大的"九曲文化",在文学、绘画、园林等方面产生深远影响,如"九曲歌系诗歌",通过《九曲棹歌》所描绘景物而想象的绘画和园林建造,成为朝鲜儒学界追寻朱子精神、表达自我人生体验的情感家园。

(马　宾)

礼乐思想

圣人制礼乐　礼是儒家学说中的一个中心观念,在漫长的历史演化过程中,逐步发展成为社会政治生活中的制度以及人们行为的基本规范。自从尧舜推行礼乐以来,夏商周有礼有乐,皆以仁义礼乐治天下,各行数百年。特别是周公"制礼作乐"形成独有文化体系,后经孔子承前启后,聚合前人的思想精髓创建以礼乐仁义为核心的儒学文化系统。

朱子推崇孔子定礼乐在历史上所起的重要作用。只是"今去孔孟之时千有余年,古乐散亡,无复可考"①,对孔子整理的《乐》文本失传感到惋惜。从朱子引"颜子一问为邦,夫子便告以四代之礼乐"②来看,礼乐形态随时代变化而变化,不是一成不变的,但其传道精神却一脉相承,且具有鲜明的时代特征。"圣人之修仁义,制礼乐,凡以明道故也",这是明确的目的。

礼乐之功用　先王制礼乐,与圣贤"导之以礼乐而民和睦",而"礼乐征伐自天子出",表明礼乐具有约束力,要奉天理而行,不能随意妄为。基于礼乐具有引导与约束的功用,不但不可缺,还要加强普及推广。乐有五音六律,能通畅人心。"乐者,能动荡人之血气,使人有些小不善之意都着不得,便纯是天理,此所谓'成于乐'。""后世去古既远,礼乐荡然,所谓'成于乐'者,固不可得。"③朱子推测"乐出乎诗"。读书人只能静心读保留下来的儒家文献,从中获得教化。"读书理会道理,只管将来涵泳,到浃洽贯通熟处,亦有此意思。"朱子所言"有此意思",便是指获得身心愉悦。由此推出,"古人学乐,只是收敛身心,令入规矩,使心细而不粗,久久自然养得和乐出来"。④

朱子说:"三代之时,礼乐用于朝廷而下达于闾巷,学者讽诵其言以求其

---

① 朱熹:《晦庵先生朱文公文集》卷三七,《答陈体仁》。
② 朱熹:《晦庵先生朱文公文集》卷五五,《答包详道书三》。
③ 黎靖德:《朱子语类》卷三五。
④ 黎靖德:《朱子语类》卷三五。

志,咏其声,执其器,舞蹈其节,以涵养其心,则声乐之所助于诗者为多。"①办学校,延儒师,"开之以《诗》《书》,而成之以礼乐。""理义以养其心,声音以养其耳,采色以养其目,舞蹈降登疾徐俯仰以养其血脉,以至于左右起居,盘盂几杖,有铭有戒,其所以养之之具,可谓备至尔矣。"②

礼乐必相须 从前面所言可以看出,礼乐不同,却相须为用。礼,指礼仪制度。乐,指音乐,兼有人听音乐而产生的内心喜悦。从哲学角度来看,"礼者,天理之节文;乐者,天理之和乐。"这是人们顺应天理,内心才能得到自由。

宋儒对礼乐文化建设有新的贡献。周敦颐以为礼先而乐后,即明理在先,获得快乐在后。朱子举例说明,"《通书》说:'礼,理也;乐,和也。阴阳理而后和。君君臣臣,父父子子,兄兄弟弟,夫夫妇妇,万物各得其理然后和,故礼先而乐后。'说得最好。"③"大抵圣贤之教无一言一句不是入德门户,如所谓'礼乐不可斯须去身者'尤为深切,直当佩服存省,以终其身,不但后学也。"④程子曰"敬则自然和乐"。朱子说:"礼主于敬,乐主于和,此异用也;皆本之于一心,是同体也。然敬与和,亦只一事。敬则和,和则自然敬。"⑤

礼乐厚民俗 朱子说:"欧阳子曰:'三代而上,治出于一,而礼乐达于天下;三代而下,治出于二,而礼乐为虚名。'此古今不易之至论也。"⑥春秋战国时期,礼崩乐坏,民俗浇薄。五代十国,更是如此。"欲民俗厚,当兴礼乐"⑦,朱子同意李燔之说。而兴礼乐,首先应是国家层面的要求,同时也是读书人必不可少的任务。就读者而言,道德修养放在首位,"时务之大者如礼乐制度、天文地理、兵谋刑法之属,亦皆当世所须而不可阙,皆不可以不之习也。"⑧"如礼乐射御书数,一件事理会不得,此心便觉滞碍。惟是一一去理会,这道理脉络方始一一流通,无那个滞碍。"⑨这与天理挂钩。"人心若存得这天理,便与礼乐凑合得着,若无这天理,便与礼乐凑合不着。"处理时务,要有仁心,

---

① 朱熹:《晦庵先生朱文公文集》卷三七,《答陈体仁》。
② 朱熹:《晦庵先生朱文公文集》卷七四,《谕诸生》。
③ 黎靖德:《朱子语类》卷二二。
④ 朱熹:《晦庵先生朱文公文集》卷五八,《答陈叔向》。
⑤ 黎靖德:《朱子语类》卷二二。
⑥ 朱熹:《晦庵先生朱文公文集》卷七〇,《读唐志》。
⑦ 朱熹:《晦庵先生朱文公文集》卷六二,《答李敬子余国秀》。
⑧ 朱熹:《晦庵先生朱文公文集》卷六九,《学校贡举私议》。
⑨ 黎靖德:《朱子语类》卷三四。

不能徒具仪式，"若人而不仁，空有那周旋百拜，铿锵鼓舞，许多劳攘，当不得那礼乐"。①

补六艺之阙 朱子说："六经之道同归，而礼乐之用为急。遭秦灭学，礼乐先坏。汉晋以来，诸儒补缉，竟无全书。其颇存者，三《礼》而已。"②朱子想与吕祖俭合作《礼书》，分为五类，"第一类皆上下大小通用之礼，第二类即国家之大制度，第三类乃礼乐之说，第四类皆论学之精语，第五类论学之粗者也"。③ 这种分法，"先儒未有此说"，是有创见的。

朱子与吕祖俭合作中辍，上《乞修三礼札子》，求助于官修，"欲以《仪礼》为经，而取《礼记》及诸经史杂书所载有及于礼者，皆以附于本经之下，具列注疏诸儒之说，略有端绪。而私家无书检阅，无人抄写，久之未成。会蒙除用，学徒分散，遂不能就。而钟律之制，则士友间亦有得其遗意者。窃欲更加参考，别为一书，以补六艺之阙，而亦未能具也。欲望圣明特诏有司，许臣就秘书省太常寺关借礼乐诸书，自行招致旧日学徒十余人，踏逐空闲官屋数间，与之居处，令其编类"。但朝廷未批准，朱子只能退而与门生同修，于是有了《仪礼经传通解》，其中内容可以补六艺之阙。

（陈国代）

---

① 黎靖德:《朱子语类》卷二五。
② 朱熹:《晦庵先生朱文公文集》卷一四,《乞修三礼札子》。
③ 朱熹:《晦庵先生朱文公文集》卷五〇,《答潘恭叔书八》。

乐教的主要内容

朱子尝与学者共讲琴法,有一套"定律之法"①,而"朱子好琴,精于乐律"②,表明朱子重视乐教。

朱子重乐教　朱子承续孔孟儒家思想,对周公"制礼作乐"的治理国家的制度倾注关怀,并在长期的教育实践过程中重视乐教的实施,其谦说自己弹琴技能不高,不能与琴师相提并论,不能援琴向门徒传授具体的弹唱演奏之技能,但他从形而上的理论高度谈论音乐教育为社会服务的思想,超出一般的感官享乐。朱子与门人讨论古今之乐,接受传统音乐教育。朱子对古琴的音乐功能进行了深入的研究与探讨,深知音乐教育能使人心致中和而不妄,使人精神修养达到高境界。

朱子著琴文　朱子将琴乐修养,当作情操、才艺的重要标志。朱子重琴,说鼓琴奏乐以表现操守,即表现人的情操和气节,把人格修养和塑造与琴乐紧密结合在一起。朱子撰《琴》、《闻琴》、《琴操》、《赵君泽携琴载酒见访分韵得琴字》、《刘屏山复斋蒙斋二琴铭》、《黄子厚琴铭》、《琴铭》、《琴律说》、《声律辨》、《律吕新书序》等篇,这些成于不同时期的作品,或言琴具,或言琴声,或言琴律,或言琴理,或言琴友,已有相当丰富的内涵,以朱子的创作态度而言,这些涉琴之文,绝非泛泛之高谈虚论。朱子又撰《招隐操》、《虞帝庙迎送神乐歌词》、《水调歌头》等,按律吟唱,音乐已成为其生活的一部分。

朱子知琴韵　朱子曾请人修制了一具琴,闲暇时应弦而歌,甚至在讲说音乐知识时,还边弹边唱边说,俨然是个地道的音乐教师。虽然他没有经常抚弦而歌,不以教授音乐为主要任务,但深于研究古代礼制的朱子与音乐的关系,已不容后人忽略不理。就艺术修养而言,朱子能弹琴,精音律,擅书法,

---

① 脱脱等:《宋史》卷一四二,志第九五。
② 钱穆:《朱子学提纲》。

好金石,通绘事,并说"此虽余事,然亦见游艺之不苟",①称得上是儒家学者中最能奉行孔子"游于艺"者。朱子有时也谦说自己不能弹琴,但这只表明他没有时常反复的抚弦弹奏,在技艺上没有达到专业者那样娴熟而已。朱子能弹琴是个不争的事实,更重要的是其知琴韵。为琴材所作之铭,强调将天、地、人、器融合为一,展现了朱子以天地人文自然为一体的美学思想。这种音乐审美的追求,就是本于自然,合乎于自然,又能超越于自然,使人心得到醇化。

朱子交琴友   朱子早期琴学知识,得益于其师刘子翚和师叔刘甫,后来与师友抚琴交流,也使其受益匪浅。刘子翚出身于名门望族,厌倦官场生活,息影于武夷山下、五夫潭溪上,在六经堂里教授子弟,课余时间,抚琴而歌,对朱子影响很大。刘甫隐居在山崖下的洞天里,晦迹读书,横吹铁笛,其笛声清脆悠扬,穿云裂石之声回荡在山野,也震撼着少年朱子的心灵。朱子能抚弦吹笛,大概离不开二位前辈的指教。而同窗学友黄铢,以能诗善歌而闻名,经常携琴过境访问朱子,谈论之余,抚弦而歌,甚有动人处,朱子为其琴作铭。蔡元定为朱子高足,与朱子探讨、修订而成《律吕新书》、《燕乐本原》等音乐专书。

朱子论乐律   朱子加意于乐律的研究,且与众士友讨论之。庆元三年(1197年)三月,朱子在建阳沧洲精舍研究前人说琴的文字,"见人说琴无归着,谩疏所疑,得数千字",这些文字直接表明朱子对音乐的重视。②朱子与众多门生讲论古今音乐的内容,涉及衡量尺度、十二律、五音,以及历代音乐著作,表明朱子对律吕和音乐知识的了解已经达到某种程度的精通。朱子考论琴律、声律问题,并作成《琴律说》、《声律辨》,这是朱子对乐律研究后的成果总结。

朱子辨古乐   朱子所追求的是能登大雅之堂的音乐,而古代流传下来的音乐,在朱子看来,就是经过时间考验,没有退出历史舞台,具有生命力的。朱子对北宋音乐歌词做了分析,说:"今朝廷乐章长短句者,如《六州歌头》,皆是俗乐鼓吹之曲。四言诗乃大乐中曲。本朝《乐章会要》,国史中只有数人做得好,如王荆公做得全似《毛诗》,甚好。其他有全做不成文章。横渠只学古乐府作,辞拗强不似,亦多错字。"实际上也是对时儒提出严肃的批评。朱子

---

① 朱熹:《晦庵先生朱文公文集·别集》卷三,《与孙季和书第五》。
② 朱熹:《晦庵先生朱文公文集·续集》卷三,《答蔡季通书第六》。

注意到北宋时期之乐没有徵调,宋徽宗令人作之,作不成,只能以徵音起,而不能以徵音终。朱子认为谱不成徵调,怀疑必是"其中有个什么欠缺处,所以做不成"。这似乎是个音乐悬案,未知后世是否有人破解。

朱子倡乐学 赵宋王朝经历亡国之痛而南渡,完全失去了北宋的雄风,掌管官方祭祀、庆典活动的机构,没有完备的常规队伍,教授音乐的人才匮乏,使用的教材不规范,因此,音乐演奏水平与内容不能适合大型的、隆重的、庄严的国家庆典、祭祀等活动的要求,以至州县不得不降低标准在很多场合使用民间歌伎演唱俗乐以应景。这种类似春秋时期的礼坏乐崩的局面,令朱子担忧。绍熙五年(1194年)冬,朱子成为宁宗帝师,上《乞修三礼札子》,向朝廷推荐"钟律之制,则士友间亦有得其遗意者"蔡元定、姜夔。鉴于"今之士大夫,问以五音、十二律,无能晓者"的现状,朱子说,"要之,当立一乐学,使士大夫习之,久后必有精通者出"。朱子提出创办一所音乐学校,用以培养精通音乐的专门人才,为社会服务。

综上所言,朱子具有良好的艺术素养,提倡音乐服务于人的精神生活,对儒学与艺术教育起到榜样作用。

(陈国代)

书学理论的特色

朱子不仅有大量书法作品、题跋文章与书法评论，还有回答门人关于书法训练、书法态度的问题，兼具书法造诣与理论特色。

书法根基　朱子之书法，始于临摹，成于创造，深受朱松、刘子翚、刘珙以及前代书法家的影响。朱子说："得故先君子时所藏，与熹后所增益者凡数十种。虽不多，要皆奇古可玩，悉加标饰。因其刻石大小，施横轴悬之壁间。坐对循行卧起，恒不去目前，不待披筐箧，卷舒把玩而后为适也。盖汉魏以前，刻石制度简朴，或出奇诡，皆有可观。存之足以佐嗜古之癖，良非小助。其近世刻石，本制小者，或为横卷若书秩，亦以意所便也。"①这种品鉴能力，是建立在良好的书法根基上的。

朱子在五夫六经堂受学，接受书法基本功训练，临摹过曹操帖。"余少时曾学此表，时刘共父方学颜书《鹿脯帖》，余以字画古今诮之，共父谓予：'我所学者，唐之忠臣；公所学者，汉之篡贼耳。'时予默然亡以应。今观此谓'天道祸淫，不终厥命'者，益有感于共父之言云。"②这成为朱子终生书法创作的基调。朱子初学汉魏，崇尚晋唐，主张复古而不泥古，独出己意，萧散简远，古澹和平，非流俗所敢望，大有晋人风致。朱子临摹书法大家钟繇、王羲之、颜真卿、蔡襄之帖，远师钟王，中学颜体，近步蔡襄，为其后来书法自成一家打下良好的根基。

书法态度　朱子忙于著述，没有刻意书法，但有扎实功底，使汉字书写成为艺术享受，求字者不在少数。随行门人有记载：如"镇江一窦兄托（刘）过禀求书其家斋额，不许"。还说："人家何用立牌榜？且看熹家何曾有之？"漳州太守求新"贡院"二字，已为书去，"彼有数百间贡院，不可无一牌"③。朱子外

---

① 朱熹：《晦庵先生朱文公文集》卷七五，《家藏石刻序》。
② 朱熹：《晦庵先生朱文公文集》卷八二，《题曹操帖》。
③ 黎靖德：《朱子语类》卷一〇七。

出时,慕名者不少,"道间人多来求诗与跋,某以为人之所以与天地日月相为长久者,元不在此。"信州一士人为其先人求墓碑,先生不许。请之不已,又却之。临别送出,举指云:"赠公'务实'二字。"陈同父一子、一婿(吴康)同来求铭文。先生是时例不作此,与写"有宋龙川先生陈君同父之墓"十二字。婺源李参仲与先生为乡旧,其子亦来求墓铭,只与跋某人所作行实,亦书"有宋钟山先生李公之墓"与之。吴寿昌喜欢老师的字,乘先生酒酣兴逸,遂请醉墨。"先生为作大字《韶国师颂》一首,又作小字杜牧之《九日诗》一首,又作大字渊明《归田园居》一首。"有举子亦乘便请之,先生曰:"公既习举业,何事于此?"请之不已,亦为作渊明《阻风于规林》第二首。且云:"但能参得此一诗透,则公今日所谓举业,与夫他日所谓功名富贵者,皆不必经心可也。"①

书法珍品 朱子善书,大字小字,行书楷书,皆为可观,既有外在形式,又有思想内涵。故其墨宝之流传甚广,后世多有采集,或为元宝或为影印,载于《朱子翰墨》、《朱子尺牍墨迹》、《宋朱熹书翰文稿》、《宋人法书册》、《三希堂石渠宝笈法帖》、《宋元宝翰册》、《宋元法书》、《三希堂法帖》、台北《故宫书画录》者尚多。朱子墨迹,大字如"仙苑"(北京大学图书馆藏有拓本);行草如《致程允夫书》(辽宁省博物馆藏),《上时宰二札卷》、《生涯帖》、《城南唱和诗卷》(均由北京故宫博物院藏);草书如《会之知郡朝议贤表》(台湾台北故宫博物院藏),《秘阁修撰劄子》、《顿首上覆札》(均由东京国立博物馆藏);行书如淳熙九年六月作《呈提举中大契丈札子》、《致教授学士尺牍》、《致彦修少府尺牍》、《□君承务尺牍》(均由台湾台北故宫博物院藏),《所居帖》(由北京故宫博物院藏),庆元乙卯四月二十日《题江嗣宗宿涵晖谷书院题咏折本》(台北"中央研究院"历史语言研究所藏),无疑是传世珍宝。除博物馆珍藏外,多数散落民间,识者奇珍之,有的作品流入卖市,身价不菲,如朱子手迹《赠门人彦忠、彦孝同榜登第诗册》,视同国珍。就连其作品拓片,人们亦珍藏之。

书法普及 朱子书学思想强调温静平和、雍容中正、严谨内敛,反对狂怪变异、张扬外露,回到儒学"中和"之美的轨道,把艺术纳入"以道为本"的理学规范之内。朱子对宋代四大书法家苏轼、黄庭坚、米芾、蔡襄有过评论,认为"字被苏黄胡乱写坏了。近见蔡君谟一帖,字字有法度,如端人正士,方是字。"朱子说:"予旧尝好法书。然引笔行墨,辄不能有毫发象似,因遂懒废。

---

① 黎靖德:《朱子语类》卷一〇七。

今观此帖,益令人不复有余念。今人不及古人,岂独此一事？推是以往,庶乎其能自强矣。"[1]朱子力图以此矫正北宋书法之失,刻印多种名家法帖,如淳熙七年(1180年)五月在白鹿洞书院刻尹焞《和靖帖》,绍熙四年(1193年)刻张载《横渠帖》,作为学者临帖之用,以冀望书法的普及。朱子把书法教育与理学思想联系在一起,赋予书法教化的功能,这是一个特点。

朱子强调法度,崇尚古法,书法名重一时。后人评价其书法,如"朱子继续道统,优入圣域,而于翰墨亦工。善行草,尤善大字,下笔即沉着典雅,虽片缣寸楮,人争珍秘,不啻璠玙圭璧"。[2] 其后宋濂、王世贞、董其昌、李士实、何乔新、钱大昕等名家皆有赞誉。中国青年出版社出版朱子楷书榜书《千字文》,可以看着是对朱子书学精神的继承。

(陈国代)

---

① 朱熹:《晦庵先生朱文公文集》卷八二,《题法书》。
② 陶宗仪:《书史会要》卷六。

论画的主要观点

　　黄榦说朱子:"文词字画,骚人才士,疲精竭神,常病其难。至先生未尝用意,而亦皆动中规绳,可为世法。"① 陈继儒则言"朱紫阳画,深得吴道子笔法"。② 可见宋明诸家已言朱子曾着意于绘画,且造诣不凡。

　　绘图释义　朱子讲学、著述,有按实际需要画图以帮助从学者理解之举。这些图解,包括说易、言仁、言性、言学,皆以图释之,属文字图表式以阐绎文义。又有礼制诸图,如深衣、冠、巾等图,周之宗庙图、古今庙制图、明堂图、絜矩之道图、改正武陵旧图等,为规整示意图,标明尺寸、位置、方向等。这些绘图或释文见载于朱子《晦庵集》或《朱子语类》中。朱子《云谷记》以语言文字刻画沿途自然景观,以及与之配套建人文景观,非常详细,可视同旅游景观规划图的文本,"将使画者图之"。朱子在庐山修复白鹿洞书院前,叫门生画书院布局、营建图,这对书院的规划与建设具有重要的意义。朱子未能拨冗游观庐山三叠泉,离任后特地嘱咐门人、友人画图来观赏,以饱眼福,充满对大自然的爱。

　　对镜写真　朱子生前至少有 4 张画像,即 44 岁一张,45 岁两张,61 岁一张。朱子六十一岁自画像,云:"从容乎礼法之场,沉潜乎仁义之府,是予将有意焉而力莫能与也。佩先师之格言,奉前烈之余矩。惟黯然而日修,或庶几乎斯语。绍熙元年孟春良日熹对镜写真题以自警。"③ 陈亮到建阳考亭拜访朱子,见此像而作赞语云:"体备阳刚之纯,气合喜怒之正。睟面盎背,吾不知其何乐;端居深念,吾不知其何病。置之钓台捺不住,写之云台捉不定。天下之生久矣,以听上帝之正命。"自画像笔法尚圆滑,其画意则偏重理性,不勉而中乃其特点。

---

① 黄榦:《勉斋集》卷三六,《朱子行状》。
② 陈继儒:《太平清话》。
③ 朱熹:《晦庵先生朱文公文集》卷八五,《书画像自警》。

润色画图 朱子晚年与考亭陈昭远为邻相善,庆元五年(1199 年)十一月受聘参与修建聚星亭,"得相其役事",并为亭设计画屏。朱子考证史料,再现汉朝陈太丘诣荀朗陵——陈寔拜见荀淑之事,"为之本原事迹,画著屏上,并为之赞,以视来者"。① 朱子不满建阳"市工俗笔,殊不能起人意",致信巩丰请福州画家作画。朱子看到巩丰寄来的草图中有"车中、堂上有两太丘,心颇疑之",要求分为二幅修改,并提出具体的谋篇布局。后来由周元兴、吴和中推荐张彦悦和黄卓二生完成绘画。张、黄二生能考究车服制度,想象人物风采。观者皆叹其工。② 朱子参与聚星亭的建设,考据史实,寻找画手,并为构思与画稿润色,用画图再现历史人物故事,是一件不简单的事。

摹像作赞 乾道九年(1173 年),朱子为濂溪先生周敦颐、明道先生程颢、伊川先生程颐、康节先生邵雍、横渠先生张载、涑水先生司马光作画赞③,朱子临摹六先生画像,请方士繇的母舅吕胜己审阅修改,然后付梓刊行。朱子说:"近得作六先生画像赞,谩录去。烦呈令舅一观,求其未当处。且夕画成,当并以拜浼,早得刊定为幸耳。"④《六先生画像》及赞语,先是应张栻之请而作的,随后李宗思为蕲州州学教授,也请朱子作之,故湖南长沙的城南书院和湖北蕲州州学里皆当悬挂之。朱子后来陆续还为亡友张栻和吕祖谦、陈旦、程端蒙画像作赞。此外,朱子还摹写尹焞之遗像。"河南尹君来自临川,出示其大父和靖先生遗像及手书,欧阳文忠公所作三志。仰瞻伏读,不胜敬叹。既模其像以藏于家,尹君又俾记于志文之后。熹惟尹氏世德之盛,既得欧阳公之文以发挥之,而和靖手书唯谨,是亦足以传世矣。"⑤

朱子知南康军,捐献俸钱十万,托崔嘉彦在庐山建造卧龙庵,草堂上悬挂诸葛孔明像。"画汉丞相诸葛公之像,置之堂中,而故友张敬夫尝为赋诗,以纪其事。"⑥张栻作《庐山有胜处曰卧龙南康朱使君始筑茅绘诸葛武侯像于其中以书属予赋诗寄题此篇》。

朱子临摹这些出自不同画家之手的画像,绘画手法,当今已难得见,难以

---

① 朱熹:《晦庵先生朱文公文集》卷八五,《聚星亭画屏赞并序》。
② 朱熹:《晦庵先生朱文公文集》卷七六,《赠画者张黄二生》。
③ 朱熹:《晦庵先生朱文公文集》卷八五,《六先生画像赞》。
④ 朱熹:《晦庵先生朱文公文集》卷四四,《答方伯谟书七》。
⑤ 朱熹:《晦庵先生朱文公文集》卷八三,《跋尹和靖帖》。
⑥ 朱熹:《晦庵先生朱文公文集》卷七九,《卧龙庵记》。

评价其艺术水平,而赞文文字,则完好保留下来。这是一组两宋儒学大家的风采录,赞文就是很好的注脚。不可否认,肖像具有历史性质和政教作用,朱子注意到绘画的劝诫作用,并把劝善的教化付诸以实际行动。

品评丹青 淳熙元年(1174年)六月,画师郭拱辰到五夫访问朱子,为朱子画像。"世之传神写照者,能稍得其形似,已得称为良工。今郭君拱辰叔瞻,乃能并与其精神意趣而尽得之,斯亦奇矣。予顷见友人林择之、游诚之,称其为人,而招之不至。今岁惠然来自昭武,里中士夫数人,欲观其能,或一写而肖,或稍稍损益,卒无不似,而风神气韵,妙得其天数,有可笑者。为予作大小二像,宛然麋鹿之姿,林野之性。持以示人,计虽相闻而不相识者,亦有以知其为予也。"①

朱子为画配诗,"传闻姑阙欲南侵,愁破雄边老将心。却是燕姬能捍虏,不教行到杀阙林。"②即指阿骨打事。《朱子文集》中配画诗甚多,如王嘉叟所藏画二首,观黄德美两图二首,题可老所藏徐明叔画卷二首,题祝生画二首,题祝生画,观祝孝友画卷六言五言,题祝孝友枕屏小景,题画卷,题米元晖画,题尤溪宗室所藏二妃图,观刘氏山馆壁画六言五言,壁间古画精绝未闻有赏音者,等等。为名家吴道子、王维、苏轼、米芾之画作跋也不少,如"予老于农圃,日亲犁耙。故虽不识画,而知此画之为真牛也。彼其前者,却顾而徐行,后者骧首而腾赴,目光炯然,真若相语以雨,而相速以归者,览者未必知也"。③这是来源于现实生活的体味与辨识。

朱子曾收藏陆探微的《狮子》画,悬挂于壁。其小外孙黄辂见之甚是喜欢,于是朱子给女婿黄榦书云:"辂孙不知记得外翁否? 渠爱壁间狮子。今画一本与之,可背起与看,勿令揉坏却也。此是陆探微画,《东坡集》中有赞。愿他似此狮子,奋起哮吼,令百兽脑裂也。"朱子以百兽之王狮子的勇猛来警励后人。

(陈国代)

---

① 朱熹:《晦庵先生朱文公文集》卷七六,《送郭拱辰序》。
② 朱熹:《晦庵先生朱文公文集》卷一〇,《题蕃骑图》。
③ 朱熹:《晦庵先生朱文公文集》卷八三,《跋唐人暮雨牧牛图》。

天理史观的主要思想

天理史观是以朱子为代表的理学家的历史观,是其哲学思想直接应用于社会历史的产物。理学家们从天理论出发考察与解释社会历史,认为天理是推动历史发展的动力,且贯穿于自然界和人类社会历史过程的始终,历史的盛衰变化是天理的体现。同时,天理也是评价历史事件和历史人物的唯一标准,而帝王心术则决定着历史的盛衰进退。宋明理学将"天理"这一哲学最高范畴,运用到解释社会政治与历史发展方面,天理论成为理学家们历史观的理论依据,故亦称为天理史观。

众所周知,理或天理是宋明理学最核心的概念,他们提出了以理为主宰的理本论,认为"理"是宇宙的本源,是世界万事万物的最高本体,是先天存在的"天理","万物皆只是一个天理";"未有天地之先,毕竟也只是理。有此理,便有此天地。若无此理,便亦无天地,无人无物"。天理是天地万物的产生根源,天地万物由理而生,由此而灭。天理又是一个超越时空、无始无终永恒存在的绝对本体,是万物存在和运行的总则。天理同样也支配着人类社会和人类的历史,人类历史的发展演变,就是天理的体现,在社会历史发展演变中起主宰、支配作用。

在天理史观的指导下,理学家们认为"天理"是推动历史发展的动力,人类社会历史的发展,必须受着天理支配,遵循天理的准则。

朱子是天理史观的典型代表。他不仅是理学的集大成者,也是旷世无匹史学大师。他的史学著作有《伊洛渊源录》、《八朝名臣言行录》、《资治通鉴纲目》三部。但最代表性的是他在乾道八年(1172年)完成的《资治通鉴纲目》。该书是在司马光《资治通鉴》和胡安国《资治通鉴举要补遗》二书的基础上,"别以义例,增损隐括"编纂而成的。正如他在《自序》中所言:"岁周于上,而天道明矣;统正于下,而人道定矣;大纲概举,而鉴戒昭矣;众目毕张,而几微著矣。"朱子在华夷之防、正统之辨、纲常伦理等重大问题上,批评司马光把关不严,认为司马光在正名分、守纲常方面做得还很不够,最根本的是没能把

"天理"贯穿于全部历史过程之中。如贬抑曹魏，而以蜀汉为正统，贬抑北魏而以偏安一隅的东晋为正统等，都没能遵循天理。因此，本着序正统、正名分、齐人伦、明顺逆的宗旨，作《资治通鉴纲目》，将天下一统，政权归一的就视为正统。"只天下为一，诸侯朝觐，狱讼皆归，便是得正统。"以此为标准，他把周、秦、汉、晋、隋、唐均视为正统王朝。

对此，不少学者给予肯定，元代揭傒斯就把朱子的《纲目》与孔子《春秋》并列，称"孔子因鲁史作《春秋》，以为万世之法；朱子因司马氏通鉴作《纲目》，以正百王之统"。朱子所著《通鉴纲目》，是其天理史观的明确应用和集中反映。

朱子从天理论出发考察与解释历史。认为天理贯穿于自然界、人类社会历史过程的始终，它既是历史盛衰的支配者，也是判分王道与霸道的根据。朱子以是否合乎天理，将历史演变过程进行了划分。

朱子根据天理的盛衰变化，对中国历史做出了王道与霸道的区分。朱子的历史观是主张"法先王"的。他崇尚夏商周三代，认为三代圣王心中天理流行，无丝毫利欲之念，是以天理之"道"治天下，因此，是天下太平的王道盛世；而三代之后的君王，只从利欲上着眼，以"法"、"智力""权术"把持天下，使得"尧、舜、三王、周公、孔子所传之道未尝一日得行于天地之间也"。因此，三代以降的历史，未能遵循天理，导致整个社会成为人欲横流的霸道衰世。以是否遵行天理，来区分王、霸之道，以义利、理欲来评价历史阶段，是朱子天理史观的重要表现。

与王霸之辨相联系，朱子还提出了"道统"说。在朱子看来，道统是凌驾于社会历史之上，是永恒的。自尧、舜、禹、汤、文、武、周公直到孔孟，圣圣相传，从未间断。但孟子之后，道统中断，圣人之道不行于世，结果导致百世无善治，千载无真儒。直到二程得不传之学于遗经，以兴起斯文为己任，辨异端，辟邪说，才使圣人之道复明于世。

天理史观还体现在对历史事件与历史人物的评价之中，以天理作为评价历史事件与历史人物的唯一标准。朱子曾说："品藻人物，须先看他大规模，然后看他好处与不好处，好处多与少，不好处多与少。又看某长某短，某有某无，所长所有底是紧要与不紧要，所短所无底是紧要与不紧要。"他对历史人物的评价以是否符合圣人之道、是否能存天理去私欲来作为衡量标准，突出对人物的心术、气象、资禀、本领、见识等方面的考量评价，将历史人物的一切活动都置于天理的天平上进行衡量。

比如他认为管仲虽然帮助齐桓公成为春秋首霸,但"管仲全是功利心",并不值得肯定。在评论李德裕、牛僧儒的牛李党争时,朱子说:"德裕所言,虽以利害,然意却全在为国。僧孺所言虽义,然意却全济己私。"认为牛僧孺所论纯正而心有偏私,李德裕所论则心术纯正,值得赞赏。对于为实现富国强兵而进行的王安石变法,朱子评价也很低,指斥王安石汲汲以财利兵革为先务,是趋利而不知义,导致人心陷溺,甚至视之为败国祸民的千古罪人。总之,朱子认为评价历史人物不应以成败论英雄,而重在考察其心术,看其心术是否出于天理之正,如果心术不正,私欲夹杂,即使有较大的成就,也不值得称道。

朱子还特别强调君心是天下大事之根本,国家的安危,社会的治乱兴衰,都决定于君主心术是否纯正。他说:"天下万事,本于一心","故人主之心正,则天下之事无一不出于正;人主之心不正,则天下之事无一得由于正"。如果君主心术合乎天理,则天下太平;如果杂乎利欲之私,则违逆天理,将致天下危乱。把君王心术的好坏视为历史发展的决定因素,这是天理史观的又一特点。具体而言,君主心正,天理流行,就是光明的王道政治,尧舜三代就是如此;君主心术不正,人欲横流,那就是黑暗的霸道政治,汉唐就是代表。因此,朱子认为汉高祖、唐太宗等汉唐君王实行霸道,夹杂了利欲之心,虽然建立了汉唐盛世,也不值得肯定。他说:"高帝,则私意分数犹未甚炽,然已不可谓之无;太宗之心,则吾恐真无一念之不出于人欲也。"甚至认为,秦汉以下的帝王都是功利之心都是不值得肯定的。

总之,天理史观一方面将天理视为历史发展的本源,决定着历史的盛衰成败。同时,是符合天理,还是充满人欲成为评判历史人物的唯一标准。还认为决定历史变化的主要因素是人心的好坏,特别是帝王心术的好坏,帝王的心术对历史进程起着决定作用,是社会历史变化的决定因素。

(冯会明)

依经解义

朱子集北宋理学之大成,认为宇宙万物的抽象之"理"被古代圣贤总结出来,并以文字记载而流传下来。人们认识"理"或求得"理",可以从孔子整理的儒家经典六经找到答案。先儒尊经,讲经,解经,明经,引导人读经,因此形成尊经思想。其中的解经,就是用更通俗易懂的当下语言文字解释经文意思。常见的解经做法是只依旧本作夹注,而"解经但可略释文义名物,而使学者自求之,乃为有益耳"。① 历代有许多高明者从事"随文解义"工作,训解、阐述和研究儒家经典,由此诞生了经学家,而朱子就是其中的代表人物。

朱子阅读儒家经典著作,并做了大量诠释工作,目的是借经通理,明理弘道。"平日解经最为守章句者,然亦多是推衍文义,自做一片文字,非惟屋下架屋,说得意味淡薄,且是使人看者将注与经作两项功夫做了,下稍看得支离,至于本旨,全不相照。以此方知汉儒可谓善说经者,不过只说训诂,使人以此训诂玩索经文,训诂、经文不相离异,只做一道看了,直是意味深长也。"② 朱子上承汉唐经学之绪,在"汉儒解经,依经演绎"的基础上,有鉴于前期"诸先生解经不同处多"③,而提出"依经解义"的独到见解。

"依经解义"之"经",主要指的是儒家经典;"依经解义"之"义",指的是经文含义;"解经谓之'解'者,只要解释出来。"就是"将圣贤之语解开了,庶易读"。④ 也就是说,儒家经典著作六经蕴涵微言大义,承载了三皇五帝尧舜禹汤的思想精华,只是年代久远,许多古典文句不好读,需要诠释,使语言表意更接近当下人的理解,以便于掌握。朱子主张"以《诗》说《诗》",以"经"言"经"为诠释原则,以"唯本文本意是求"为诠释宗旨。"读书如《论》、《孟》,是

---

① 朱熹:《晦庵先生朱文公文集》卷三一,《答张敬夫孟子说疑义》。
② 朱熹:《晦庵先生朱文公文集》卷三一,《答张敬夫书十八》。
③ 朱熹:《晦庵先生朱文公文集》卷三五,《答吕伯恭别纸》。
④ 黎靖德:《朱子语类》卷一一。

直说日用眼前事,文理无可疑。先儒说得虽浅,却别无穿凿坏了处。如《诗》、《易》之类,则为先儒穿凿所坏,使人不见当来立言本意。此又是一种功夫,直是要人虚心平气,本文之下打叠,教空荡荡地,不要留一字先儒旧说。莫问他是何人所说,所尊所亲,所憎所恶,一切莫问,而唯本文本意是求,则圣贤之指得矣。"①

朱子看出,"今之谈经者,往往有四者之病:本卑也,而抗之使高;本浅也,而凿之使深;本近也,而推之使远;本明也,而必使至于晦。此今日谈经之大患也。""谈经"是以解经为基础的,于是投身于解经事业。"圣贤说出来底言语,自有语脉,安顿得各有所在,岂似后人胡乱说了也!须玩索其旨,所以学不可以不讲。讲学固要大纲正,然其间子细处,亦不可以不讲。只缘当初讲得不子细,既不得圣贤之意,后来胡乱执得一说,便以为是,只胡乱解将去!"朱子曾当面对林栗说:"大凡解经,但令纲领是当,即一句一义之间,虽有小失,亦无甚害。"②这与程颢"解经有不同处不妨,但紧要处不可不同耳"的解经精神相一致。"紧要处"就是经典文本的根本精神,是需要牢牢抓住的。若"纲领"不当,误解圣人本意,失之毫厘,谬以千里,必然要误人子弟。

解经要做到平实,忌讳新奇。"尝见徐端立文说曾以苏说问尹和靖,和靖正色久之,乃言曰:'解经而欲新奇,何所不至?'闻之,令人悚然汗下。"③追求新奇的结果,会导致穿凿,难免背离圣贤本意。而"言外求意,亦非解经之体。"④弄不好,反令人转为迷昧。朱子解经唯求"本文本意","大抵某之解经,只是顺圣贤语意,看其血脉通贯处为之解释,不敢自以己意说道理也。"⑤这就要求从学者虚心平气地回到经典文本阅读,与求真实义理。

朱子认为,解经是一项伟业,不可能一蹴而就,因此下了常人无法理解的苦功,不断反复修改,精益求精,止于至善。朱子要人读彻《大学》、《论语》、《孟子》、《中庸》,掌握义理,能别是非,才去解经,这样才能接近原典的本义。解经的目的是体认经典的本义和圣人本意。朱子解经,就是要把经典中的道理讲明白,既能明白名物训诂,又能揭示经典本旨。"经之有解,所以通经。

---

① 朱熹:《晦庵先生朱文公文集》卷四八,《答吕子约书八》。
② 朱熹:《晦庵先生朱文公文集》卷七一,《记林黄中辨易西铭》。
③ 朱熹:《晦庵先生朱文公文集》卷七一,《偶读谩记》。
④ 朱熹:《晦庵先生朱文公文集》卷五三,《答刘季章书十四》。
⑤ 黎靖德:《朱子语类》卷五二。

经既通,自无事于解,借经以通乎理耳。"①这样做的目的是便于读者诵读、理解与掌握,为今人与圣人的沟通扫除语言文字障碍,做切实的疏解工作,搭建一座桥梁,进而拉近古今、凡圣之距离,使道德教化工作得以普及与顺利进行。

朱子总结解经经验,"凡解释文字,不可令注脚成文。成文则注与经各为一事,人唯看注而忘经。不然,即须各作一番理会,添却一项功夫。窃谓须只似汉儒毛、孔之流,略释训诂名物及文义理致尤难明者,而其易明处,更不须贴句相续,乃为得体。盖如此,则读者看注即知其非经外之文,却须将注再就经上体会,自然思虑归一,功力不分,而其玩索之味,亦益深长矣"。② 当然,朱子也有分经别传的文本再造之功,故其《周易本义》、《诗集传》、《仪礼经传通解》和《四书章句集注》,成为宋代经学诠释学的典范,也是新儒家弘道的好读本。

(陈国代)

---

① 黎靖德:《朱子语类》卷一一。
② 朱熹:《晦庵先生朱文公文集》卷七四,《记解经》。

《四书集注》

　　《四书章句集注》是朱子最有代表性的著作之一，一般简称《四书集注》。朱子祖述二程的观点，特别是尊崇《孟子》与《礼记》中的《大学》、《中庸》，使之同《论语》并列。朱子认为《大学》中"经"的部分是"孔子之言而曾子述之"，"传"的部分是"曾子之意而门人记之"，《中庸》是"孔门传授心法"而由"子思笔之于书以授孟子"。四者合起来，代表了由孔子经过曾子、子思传到孟子这样一个儒家道统，而二程则是这一道统的继承与发扬者。朱子分别为此四部儒家经典做了注释，《大学》、《中庸》的注释称为"章句"，《论语》、《孟子》的注释因引二程、程门弟子及其他人的解说较多，称为"集注"。对《大学》还区分了经与传，并重新编排了章节，作为一套书同时刊行，即淳熙九年（1182 年）六月，朱子在浙东提举任上将《大学章句》、《中庸章句》、《论语集注》、《孟子集注》集为一编，刊刻于婺州，是为《四书章句集注》，学界所称"宝婺本"四书。自此在经学史上出现"四书"之名。

　　朱子认为，圣人言语精华归为《大学》一篇，言"明明德、新民、止于至善"三纲领，又言"格物、致知、诚意、正心、修身、齐家、治国、平天下"八条目，构成儒家阐述治国政治理想最全面、最系统的篇章，为世所重。朱子将《大学》视为研读儒家典籍的总纲，为之文字训诂，义理诠释，补写"格物传"，使之完备、系统。孔子的主要学说集中在后人编集的语录体著作——《论语》里。《论语》一书共 20 篇，乃圣门亲切之训，由孔门弟子根据笔录和记忆整理而成，汇集从学者每日零碎问孔子事亲、取友、居乡党等问题而得到的答案，包含了孔子的一些感悟格言、人生境遇、与弟子的对话以及某些弟子的言论。特别是包含了孔子的重要思想——仁，集中反映了孔子的基本思想和政治主张。《孟子》共 7 篇，是记载孟子及其学生言行的典籍，大约都是谈体验、扩充之端，以阐发性善、仁本为主旨，对孔子思想具有继承、发展和完善，反映了孟子的基本思想和政治主张。其中四心、四端、仁义礼智、性善、诚、良心良能、尽心、存心、养心、寡欲、知言、养气、义利、王霸等基本思想命题，成为宋儒思想的理论基石。二程认为《中庸》是"孔门传授心法"①的重要著作,是孔孟思想的组成部分,也是伊洛之学依凭的主要经典。朱子对《中庸》一篇三十三章作章句处理,突出首章,作为"一篇之体要",进而揭示深奥的心性哲学。朱子毕生致力于《四书》诠释与修改,主要目的是借此宣扬程朱学派的理学思想,揭示四书的义理,为读者提供一套精练的理学书。

《大学》、《论语》、《孟子》和《中庸》形成于不同时代,作者不一,作为一个整体,有无统一的中心思想"一以贯之"? 其统一的中心思想究竟是什么? 朱子经过反复思考,确认"四书"之间有一个内在逻辑递进的关系。朱子说:"某要人先读《大学》,以定其规模;次读《论语》,以立其根本;次读《孟子》,以观其发越;次读《中庸》,以求古人之微妙处。《大学》一篇有等级次第,总作一处,易晓,宜先看。《论语》却实,但言语散见,初看亦难。《孟子》有感激兴发人心处。《中庸》亦难读,看三书后,方宜读之。"②于是强调读者阅读时要"专看《大学》,首尾通贯,都无所疑,然后可读《语》《孟》。《语》《孟》又无所疑,然后可读《中庸》"③。朱子特别强调循序渐进地读"四书",交代门生把"《大学》、《论语》、《孟子》、《中庸》四书,自依次序循环看"④,以复归天理善性为根本旨归。认为"先看《大学》,次《语》《孟》,次《中庸》。果然下工夫,句句字字,涵泳切己,看得透彻,一生受用不尽"⑤。朱子叙述"四书"皆依次为《学》、《论》、《孟》、《庸》,可以看出的四书排序是客观存在的。这种排序,在黎靖德编辑的《朱子语类》里得到如实的贯彻,即"四书"置于"五经"之前,前者依序按《大学》、《论语》、《孟子》、《中庸》排列,后者依序为《易》、《书》、《诗》、《春秋》、《礼》排列。

朱子重视四书与五经的重要地位,也就含有四书学理论构建的含义。中国文化生命之生生不息,在南宋后是由朱子《四书章句集注》完成的,因此,《四书集注》具有划时代意义。随着程朱理学地位的提高,如宋理宗于宝庆三年(1227年)下诏说:"朕观朱熹集注《大学》、《论语》、《孟子》、《中庸》,发挥圣贤蕴奥,有补治道。"⑥淳祐元年(1241年)又下诏说:"中兴以来,又得朱熹精

---

① 程颢、程颐:《二程集》。

② 黎靖德:《朱子语类》卷一四。

③ 朱熹:《晦庵先生朱文公文集》卷五四,《答郭希吕书五》。

④ 黎靖德:《朱子语类》卷一一七。

⑤ 黎靖德:《朱子语类》卷一四。

⑥ 脱脱等:《宋史》卷四一。

思明辨,表里混融,使《大学》、《论》、《孟》、《中庸》之书,本末洞彻,孔子之道,益以大明于世。"①经宋理宗"表章朱熹四书,丕变士习"②之后,《四书集注》成为士人的必读书,元代正式开始把《四书章句集注》当作各级学校的必读书,其思想影响至今七百余年。

(陈国代)

---

① 脱脱等:《宋史》卷四二。
② 脱脱等:《宋史》卷四五。

《近思录》

朱子与吕祖谦为了理学体系建构,于南宋淳熙二年(1175年)夏在建阳寒泉精舍合编一本基础读物,"删取诸先生精要之语,以示后学入德之门户"。[①]

朱子和吕祖谦从北宋理学家周敦颐、程颢、程颐和张载的著作《太极图说》、《易通》、《西铭》、《正蒙》、《经学易窟》、《二程遗书》等23种著作中,选出精华内容612条,分编成册,取名《近思录》。逐篇纲目:(一)道体;(二)为学大要;(三)格物穷理;(四)存养;(五)改过迁善,克己复礼;(六)齐家之道;(七)出处、进退、辞受之义;(八)治国、平天下之道;(九)制度;(十)君子处事之方;(十一)教学之道;(十二)改过及人心疵病;(十三)异端之学;(十四)圣贤气象。朱子随后补充细节,"《近思录》近令抄作册子,亦自可观。但向时嫌其太高,去却数段[②],今看得似不可无。如以颜子论为首章,却非专论道体,自合入第二卷(作第二段)。又事亲居家事直在第九卷,亦似太缓。今欲别作一卷,令在出处之前,乃得其序。卷中添得数段,草卷附呈,不知于尊意如何?第五伦事,《阃范》中亦不载,不记曾讲及否?不知去取之意如何,因来告谕及也。"[③]最后由朱子完成定稿。

朱子对初编本有过修改。今传本《近思录》14卷,共622条,较初编本多10条,乃为朱子做了补充,共引述儒家经典不下550处,其中《周易》经传204处,《论语》121处,《孟子》82处,《礼》35处,《春秋》13处,而引用程颐338条,程颢162条,张载110条,周敦颐12条。

朱子说:"康节煞有好说话,《近思录》不曾取入。"[④]即该书阙邵雍讲说之条目,也遗漏程子所言较好者,如"《遗书·晁氏客语》卷中,张思叔记程先生

---

① 朱熹:《晦庵先生朱文公文集》卷六一,《答严时亨书二》。
② 如太极及明道论性之类者。
③ 朱熹:《晦庵先生朱文公文集》卷三三,《答吕伯恭书四十一》。
④ 黎靖德:《朱子语类》卷一〇〇。

语云'思欲格物,则固已近道'一段甚好,当收入《近思录》"。① 又如"《东见录》中明道曰:'学者须先识仁。仁者,浑然与物同体,义礼智信皆仁也'云云,'极好,当添入《近思录》中。'"②朱子有加以完善《近思录》的想法,也对此书最大缺陷做了反思,说:"向编《近思录》,欲入数段说科举坏人心术处,而伯恭不肯。今日乃知此个病根,从彼时便已栽种培养得在心田里了,令人痛恨也。"③尽管如此,《近思录》仍不失其价值。

编书的目的,是为读者提供内容简约而条例清晰的理学入门书。"盖凡学者所以求端用力、处己治人之要,与夫辨异端、观圣贤之大略,皆粗见其梗概,以为穷乡晚进有志于学而无明师良友以先后之者,诚得此而玩心焉,亦足以得其门而入矣。"《近思录》开篇讲阴阳变化性命之说,目的是要后出晚进者识其梗概,"知其名义,有所向望",其余"讲学之方,日用躬行之实,具有科级,循是而进,自近及远"④,即先读懂《近思录》,"然后求诸四君子之全书,沉潜反复,优柔厌饫,以致其博而反诸约焉,则其宗庙之美,百官之富,庶乎其有以尽得之。若惮烦劳,安简便,以为取足于此而可,则非今日所以纂集此书之意也"⑤。"《近思录》是近来人说话,便较切"⑥,是二程理学的阶梯和入门书⑦。

《近思录》是对北宋儒学进行体系化改造的产物,不仅仅只是一本再生性文献。在理学发展史上,《近思录》旗帜鲜明地宣扬儒学,反对异端之学,确实已经成为宋元明清理学的经典。其经典价值在于它包含了理学基础理论和基本功夫,代表了南宋理学所确认的理学体系及其基本结构,也代表了南宋理学自身在整合之后对北宋理学的理解和解释。

《近思录》被钱穆先生当作代表宋明时代主流学术思想的典籍,并推荐为中国人了解国学的必读书之一。在儒学阵营中,程朱派推崇《近思录》,陆王派思想家也多认同"濂洛之学"作为宋以来学术思想的渊源。必须特别指出的是,该书作为士子入门读本,设"异端之学",目的是"使先入之初不惑乎异

---

① 黎靖德:《朱子语类》卷一八。
② 黎靖德:《朱子语类》卷九五。
③ 朱熹:《晦庵先生朱文公文集》卷五四,《答时子云》。
④ 吕祖谦:《吕东莱文集》卷六,《题近思录》。
⑤ 朱熹:《晦庵先生朱文公文集》卷八一,《书近思录后》。
⑥ 黎靖德:《朱子语类》卷一〇五。
⑦ 束景南:《朱子大传》。

端之说"①,发挥积极的预防作用。通过有效的学习,加强涵养,进入儒门,最终使受学者的人格具有"圣贤气象"。

《近思录》由婺州潘景宪负责刻印,随后朱子又改动,在建阳刊刻。淳熙五年(1178年)修补《近思录》②,交由张栻在长沙刊刻。淳熙十年(1183年),廖德明在韶州刊刻大字本。绍熙二年(1191年),朱子在漳州刊刻。在朱子生前,《近思录》一书至少有婺州本、建阳本、长沙本、韶州本、临漳本五种。之后,各种注释本、续编本、仿编本、补编本、心得本相继问世,现存者仍多达140余种。

《近思录》的广泛流传,与朱子是著名理学大师有关。由于朱子在南宋以后在中国哲学思想史上占有权威地位,被视为孔孟思想的正宗继承者和发扬者,其思想学术具有巨大影响力,及其在元明清历代所处的主流地位,使得代表了朱子思想源头的《近思录》也获得了崇高地位。这就使得朱子所主导编辑的《近思录》,一直是读书人案头必备之典籍,对中国社会产生的影响,自然深远。

(陈国代)

① 黎靖德:《朱子语类》卷九七。
② 束景南:《朱熹年谱长编》。

《诗集传》的诗学地位

《诗集传》为朱子研究《诗经》所著。《宋史·艺文志》著录 20 卷,今本 8 卷。朱子生前,《诗集传》即有刻本流传,后不断修改,直到晚年。坊间标点本多为八卷,离朱书原貌已远。《诗集传》现存两部宋刻本,都不全,其一藏北京图书馆,另一部原系杭州丁氏八千卷楼藏书,残存 8 卷。元刻本亦存两部,其一藏国家图书馆,另一部现存台湾。明清刻本较多,《四部丛刊三编》有影印宋刊本《诗集传》20 卷,尚可见原书面貌。

朱子著《诗集传》有一个从尊序到反序的过程。初稿全宗《小序》而阐释诗义,吕祖谦撰《吕氏家塾读诗记》中凡称"朱子曰"者,都是朱子初稿内容。定稿乃宗郑樵之说,与初稿观点迥异,对前儒深信不疑的《诗序》,包括《大序》、《小序》做了全面的批判。书前冠自序,称书成于淳熙四年(1177 年),其中对《诗序》并不指斥,大概作于"方辑诗传"、初稿未定之时。对此,他自己也说:"熹向作诗解文字,初用小序,至解不行处,亦曲为之说,后来觉得不安。第二次解者,虽存小序,间为辨破,然终是不见诗人本意。后来方知只尽去小序,便自可通。于是尽涤荡旧说,诗意方活。"①并认定自己早年所著乃"少时浅陋之说"。经过一个较长时期脱胎换骨的改造,大约在淳熙十三年(1186 年)左右,一部在中国诗学研究史上具有划时代意义的著作终于诞生了。

朱子将《诗经》作为理学的教材,认为读《诗》应该"章句以纲之,训诂以纪之,讽咏以昌之,涵濡以体之,察之情性隐微之间,审之言行枢机之始,则修身齐家、平均天下之道,其亦不待他求而得之于此矣"②。他希望读《诗》者通过熟读讽咏、即文求义的文学方法,明白诗中有美丑善恶,从而警诫自己从善弃恶;明白诗中有三纲五常的"天理",从而抑制自己情胜性动的人欲。

此外,朱子反《诗序》而倡"淫诗"说,但他注"二南"诸诗却一遵《序》说,对

---

① 黎靖德:《朱子语类》卷八〇。

② 《诗集传序》。

《摽有梅》、《野有死麕》等情诗,也绝不斥为"淫诗"。这种自相矛盾的现象,也只有从其《诗》学大纲的角度来认识,才能理解。孔子说过:"人而不为《周南》、《召南》,其犹正墙面而立也与?"①周代举行乡饮酒、乡射及燕礼等仪式时,都要演奏"二南"中的诗歌。圣人既然已对"二南"做了明确肯定,其中自然不能有"淫诗"了。其说强调以诗言理,即主性情,讲义理,认为《诗经》的思想意义在于"人事浃于下,天道备于上,而无一理之不具也";"凡《诗》之言,善者可以感发人之善心,恶者可以惩创人之逸志,其用归于使人得其情性之正而已"。朱子所谓的"恶者",是指《诗经》中那些表现男女爱情之诗,这些被其称为"淫奔之诗",表现了浓厚的道学观点。再者,朱子也需要在《国风》中确立正面教材,所以他不惜置自己发现的"男女相与咏歌,各言其情"之说于不顾,将"二南"中的情诗仍套上"文王之化、后妃之德"的光圈。可以说,把握住朱子的《诗》学大纲,是读通《诗集传》的重要途径。要之,朱子《诗集传》文字简洁明了,至今仍是不可多得的读本,足资参考。

(胡荣明)

---

① 《论语·阳货》。

《韩文考异》的朴学成就

　　韩愈"文起八代之衰,实集八代之成",韩文将秦汉古文的基本特点与"气盛言宜"的理论相结合,开创了"言之短长与声之高下者皆宜"的一代文风,在中国文坛上具有划时代的意义。韩愈殁后,其诗文湮没无闻近二百余年。直至宋初,韩文经欧阳修整理提倡后,大行于世,书坊纷纷刊刻牟利。但由于韩氏诗文遣词用语迥于常人,不易为浅学所理解,以致俗本谬误甚多。南宋孝宗时,方崧卿编纂《昌黎先生文集》,参校诸书,厘舛辨疑,考误征实,撰成《韩集举正》10 卷、《外集举正》1 卷,号为精善。

　　朱子晚年,发现方氏校订不合韩文原意者颇多。绍熙三年(1192 年),他在《跋方季申所校韩文》中言道:"今观方季申此本,雠正精密,辨订详博,其用力勤矣。但《举正》之篇所立四例,颇有自相矛盾者,又不著诸本同异,为未尽善",且"其去取,多以祥符杭本、嘉祐蜀本及李、谢所据馆阁本为定,而尤尊馆阁本,虽有谬误,往往曲从;他本虽善,亦弃不录"。[①] 遂在《举正》的基础上,"悉考众本之同异,而一以文势、义理及他书之可验证者决之"[②]。收集十几种本子,在引文考释方面,除了广泛述引各类诗集、文集之外,还引用了各种韵书、字书、史书、政书、诸子、小说、金石等大量文献资料。在此前提下,核考异同,"凡方本之合者存之,其不合者一一详为辨证"[③],终于在庆元三年(1197 年)撰成《韩文考异》10 卷。《韩文考异》的问世,使韩集得到当时最为精善的校勘考订,故为世所重。

　　此书搜罗甚全,除韩愈弟子李汉所编和《举正》中所收诗文外,还将《顺宗实录》等也逐一详加订正。他本所载遗文佚句为方本所删者,亦附于集后。其有疑问歧说者则存其目,以俟后贤。其择善而从、判断异文正误的原则为

---

　　① 《昌黎先生集考异》卷一。
　　② 《昌黎先生集考异》卷一。
　　③ 《四库全书总目提要》。

"苟是矣，则虽民间近出小本不敢违；有所未安，则虽官本、古本、石本不敢信"①。其精湛缜密如此，奠定了朱子在韩学和校勘学史上的重要地位，对后世学术尤其是清代朴学产生了重要影响，可谓"为清代朴学之先驱"②，主要表现为：

首先，对清代考异类著作产生了影响。朱子考异仿陆德明《经典释文》和司马贞《史记索引》之例，不载韩文全篇，只摘取所校字句，书以大字，而以小字夹注众本之同异和文字考订于其下，别为一书。书既成，文字遂有据依，流传日广。这种校勘原则与体例，为后代考异著作所继承。对于《韩文考异》用古传注例，离文别自为书的做法，清代章学诚《朱子韩文考异原本书后》说："窃谓必当以是为法，刻古人书亦当取善本校雠之，自为一书者，附刻本书之后，俾后之人不惮先后检阅之繁而参互审谛，则心思易于精入，所谓一览而无余，不如反复之校核也。古人离文别自为书，非但自存谦牧，不敢参越前人之书而已。亦欲学者不惮繁难而致功，庶几有益耳。一取便于耳目，未免漫忽而不经心，此意亦可思也。"对朱子颇为赞同。不仅如此，乾嘉时期诸校勘大家翻刻古书时，大都仿朱子《韩文考异》，对文字之异疑，胪列诸本，评论得失，注解其下，体周思密。如胡克家《文选考异》是清代对《文选》及其注疏的考证，而孙志祖的《文选考异》仿朱子《考异》之例更为明显，又如纪容舒所编《玉台新咏考异》，"因徐陵《玉台新咏》，自明代以来刊本不一……故参考诸书，裒合各本，仿《韩文考异》之例……各笺其弃取之由，附之句下，引证颇为赅备"。

其次，对清代校勘精神与方法产生了影响。朱子《韩文考异》可以说是其诸多校雠著作中用力最勤、成就最大、后代批评最少、赞誉最多的一部。此书较好地运用了科学的校勘方法：参考众本、广泛述引各类诗文集及韵书等文献资料，对韩愈诗文搜罗甚全，对异文择善而从，不盲从，不偏信，实事求是，对有疑问歧说者，则存其目。这些方法被清人广泛认同和继承。清代萧穆是桐城后学中致力于校勘之学的大家，也许是受桐城派"学行程朱之后"的学术倾向之影响，故对朱子校勘精神格外青睐，其《记朱文公昌黎先生集考异原本》赞曰："今从新阳赵氏得借，留案头数月，乃知大儒读书精审，信以传信，疑以存疑，不以私意自用如此。"清末王棻则是不立门户的经史学者，博学通经，

---

① 《韩文考异》卷一。

② 张舜徽：《广校雠略》卷五。

重考据,亦尚程朱理学,其《新刊五百家注音辨昌黎先生文集跋》亦有言:"观朱子于韩公之文,一字一句,不肯轻易放过,其服膺昌黎,训诂不苟如此,岂东汉六朝所能驾二公之上者耶!"将朱子与韩子相提并论,高度赞扬了朱子严谨求实的校勘精神。不仅如此,俞樾、焦循等汉学家,在当时"不骂程朱,不得谓之通人"的时代氛围下,亦接受了朱子对版本运用的科学态度与方法。如在具体校勘过程中,朱子采用的版本,博采众本之长,并运用"外证"进行校勘。同时强调"不可以偶有旁证,而强引以从之也"①,证明其运用外证的谨慎态度。与此类似,俞樾所归纳的校书误例中即有"据他书而误改例"。另外,朱子兼采众本,认为旧本、官本不尽可恃,故必多据异本,这种方法即王应麟所谓监本未必是,建本未必非。焦循也说:"汉学不必不非,宋版不必不误";段玉裁亦云:"宋本亦多沿旧,无以胜今本。"可见,朱子《考异》将义理与训诂结合起来的校勘方法实开清代汉宋兼采之先河。

再次,对清代韩文版本及文本校勘产生了影响。钱穆先生尝言:"自有韩文,历四百年,考异出而始勒成为定本。自有考异,迄今又近八百年,诵习韩文者莫不遵用,更少重定。"朱子韩集校理本是宋元以后韩集传本的祖本,通行的王伯大本、廖莹中本都属于这一系统。清代方世举在《韩昌黎诗集编年笺注》自序中说:"《韩五百家注》自朱子《考异》出而遂废。"而清代是韩愈接受史上的第二个高潮,韩愈诗文集的大量编选与评点即是表现之一。由于朱子《考异》保存了大量的异文,为后代复原韩文原貌及韩集传本源流提供了丰富的资料依据。于是在文本的校勘方面,清代韩集整理者对朱子的观点多有赞同与吸收。

尽管有清一代汉宋学术时有论争,时有消长,但宋学的影响都没有沉寂过,朱子的思想与学术一直都是学者们关注的焦点之一,而朱子在韩文考据方面的巨大成就也无疑会影响汉、宋两大阵营,从而使得清代的韩集版本以朱子本为尊。

(胡荣明)

---

① 《韩文考异》卷八。

朱子《春秋》学的特点

朱子是宋代大儒,更是宋代理学集大成者,其学问渊深广博,对儒家的经典如《易》、《诗》、《书》、《三礼》、《四书》都有精深的研究,并对这些经典表彰阐发不遗余力。对于《春秋》一经,朱子虽承认《春秋》是"圣人"的"制作",是"经世之大法","正谊"、"明道"之作,认为"圣人此书之作,遏人欲于横流,遂以二百四十二年行事寓其褒贬",但并不像一般儒者那样无条件地推崇,而是认为其有自身鲜明的特点。

朱子《春秋》学的第一个特点,就是他对《春秋》及其经义抱持了较强疑问与困惑。他在致友人的信中说:"《春秋》之说,向日亦尝有意,而病于经文之太略,诸说之太烦,且其前后抵牾非一,是以不敢妄为必通之计,而姑少缓之。然今老矣,竟未敢再读也。"作为一个正统的儒者,他不能否认《春秋》简单的记事中蕴含着丰富的大义;但他又不肯轻易地相信历代经师那近乎"臆说"的讲解和阐发,因为古来多少《春秋》经义毕竟都不是出自圣人之口,而且今日毕竟不能起圣人于地下而问之,那么比较稳妥的办法,就只有阙疑不讲了。他不唯自己不讲,也常劝别人不如把精力放在研究其他的经典上。① 他甚至以未能及时劝阻别人"编集"《春秋》而自责。② 在朱子看来,与其穿凿逞臆、务作深求,还不如废而不讲之可取。据《语类》,朱子在与人谈到科举之弊时说:"如他经尚是就文义上说,最是《春秋》,不成说话,多是去求言外之意,说得不成模样。某说道此皆是侮圣人之言,却不如王介甫样,索性废了较强。"③ 王安石"断烂朝报"之说,儒者无不以为非圣无法,朱子竟不避嫌疑,出此同情王氏之语,也足见他对逞臆说经是何等的痛恨了。

朱子《春秋》学另一个显著的特色,就是他反对自来《春秋》学者所津津乐

---

① 《答林正卿》。
② 《答路德章》。
③ 黎靖德:《朱子语类》卷一○九。

道的"一字褒贬"说。他说:"人道《春秋》难晓,据某理会来,无难晓处。只是据他有这个事在,据他载得恁地。但是看今年有甚么事,明年有甚么事,礼乐征伐不知是自天子出,自诸侯出,自大夫出,只是恁地。而今却要去一字半字上理会褒贬,却要去求圣人之意,你如何知得他肚里事?"①对传统《春秋》学中的所谓"义例",朱子也大不以为然,他说:"《春秋》传例多不可信,圣人记事,安有许多义例!"但朱子并不绝对否认《春秋》中有"例",只是他认为《春秋》中的"例"当是史官记事的一些规则,与孔子并无关系。他在论及《春秋》之凡例时说:"《春秋》之有例固矣,奈何非夫子之为也。昔尝有人言及命格,予曰:'命格,谁之所为乎?'曰:'善谈五行者为之也。'予曰:'然则何贵?设若自天而降,具言其为美为恶,则诚可信矣。今特出于人为,乌可信也?'知此则知《春秋》之例矣。"所谓"命格",是谈命理的人使用的概念,出自五行家之口,并非"自天而降",故朱子以为不足贵。朱子认为,《春秋》中的"例"源自史官,非孔子所创设,因此对发掘孔子的思想来说,也是没有什么价值的。至于《春秋》中的"变例",那就更不足信了,朱子说:"此乌可信!圣人作《春秋》,正欲褒善贬恶,示万世不易之法。今乃忽用此说以诛人,未几又用此说以赏人,使天下后世皆求之而莫识其意。是乃后世弄法舞文之吏之所为也,曾谓大中至正之道而如此乎?"

朱子《春秋》学还有一个显著的特点,就是他把《春秋》看作是"史",这与北宋孙复、孙觉、刘敞、程颐等人有着显著的不同。朱子与人问答云:"问:'《春秋》当如何看?'曰:'只如看史样看。'曰:'程子所谓以传考经之事迹,以经别传之真伪,如何?'曰:'便是,亦有不可考处。'曰:'其间不知是圣人果有褒贬否?'曰:'也见不得。''如许世子止尝药之类如何?'曰:'圣人亦只因国史所载而立之耳。圣人光明正大,不应以一二字加褒贬于人。若如此屑屑求之,恐非圣人之本意。'"朱子此处虽没有正面反驳程颐之说,但实际上他是不赞成程氏对经传的看法的。朱子以含糊其词的"也见不得"回答有关圣人是否寓有褒贬的提问,而对"许世子止尝药"之类的具体文例,则公然表明这只不过是国史所记如此,并不存在以一二字加褒贬于人的事实。朱子承认《春秋》之中确有大义,如他所说的"诛乱臣,讨贼子,内中国,外夷狄,贵王贱伯"等等。但朱子认为"大义"不过是通过记载实事,"使人自观之以为鉴戒"。基

---

① 黎靖德:《朱子语类》卷八三。

于这样的认识，朱子对前人的解经，大多视之以"杜撰"。由于朱子主张以"史"看待《春秋》，故他特别看重《左传》，认为《左传》所记事实对理解《春秋》最有帮助。他说："看《春秋》，且须看得一部《左传》，首尾意思通贯，方能略见圣人笔削与当时事之大意。"当然，对于《左传》的"义理"，朱子从理学家的立场出发，也提出了更多的指责。

朱子《春秋》学还有一个特点，就是朱子不乏对程氏以及程氏《春秋》学的继承者胡安国氏的批评。朱子是程颐的四传弟子。朱子的老师是李侗（延平），李侗师事罗从彦，而罗从彦是杨时的弟子，二程的高足入南宋时尚存者，唯有杨时。罗从彦甚得杨时的真传，著作中关乎《春秋》者，有《春秋解》、《春秋指归》等。而朱子生活的时代，胡安国传盛行，俨然成为《春秋》学的主流。胡安国是程门私淑，他的《春秋》学继承了程学的学统。朱子的学术，虽然基本上是程、杨、罗、李一系的继承和发展，但在《春秋》学上，他与程颐和胡安国却有较多的不同。有学生问对"诸家《春秋》解"的看法，朱子答曰："某尽信不及。如胡文定《春秋》，某也信不及。知得圣人意里是如此说否？今只眼前朝报差除，尚未知朝廷意思如何，况生乎千百载之下，欲逆推乎千百载上圣人之心！况自家之心，又未如得圣人，如何知得圣人肚里事！某所以都不敢信诸家解，除非是得孔子还魂亲说出，不知如何。"这段话集中反映了朱子对众多《春秋》诠释者作品的看法，既然孔子不能"还魂"，则"圣人之心"终不能明，诸家阐发圣人之心的《春秋》学著作也就都不可信。其实，朱子也并不是反对胡安国等阐发的义理，他只是反对人们以各自的理解对《春秋》穿凿附会与务作深求，于此可见朱子治学的真诚。

可以说，朱子《春秋》学表现了朱子强烈的怀疑精神。当然，由于朱子毕竟是一位正统的大儒，从他的全部言论来看，他还是承认《春秋》的经典地位的，只是在他看来，学者应该从大的方面掌握《春秋》的精神，例如他反复强调过的"正谊不谋利，明道不计功"、"尊王贱伯"、"内诸侯外夷狄"等等，就是《春秋》的大旨。将这些大旨牢记于心，然后再去看《春秋》二百四十二年之史事，自然会对历史发展中的"天理"有深刻的理解，也就会对改造这个"人欲横流"的世界有所助益了。

（胡荣明）

《通鉴纲目》的纲目体特色

　　司马光《资治通鉴》问世后,因其卷帙浩大,读者寥寥,乃撮其精要,编成《通鉴目录》30 卷。晚年又因《资治通鉴》本书太详,《通鉴目录》太简,更著《通鉴举要》,书未成而卒。南宋绍兴初,胡安国因司马光之遗稿,修成《资治通鉴举要补遗》100 卷。是书虽有"文约事备"之称,然尤有"不能领其要而及其评"之憾。有鉴于此,朱子因司马光《资治通鉴》、《通鉴目录》、《通鉴举要》及胡安国《通鉴举要补遗》四书,至少于乾道六年(1170 年)开始着手撰写《通鉴纲目》,乾道八年(1172 年)完成"凡例",并撰写了《资治通鉴纲目序》。淳熙七年(1180 年)之前完成《通鉴纲目》初稿,以后陆续修改到绍熙年间。朱子撰写《通鉴纲目》,先有蔡季通、李伯谏、张元善、杨伯起等帮助编成初稿,后有赵师渊等帮助修改整顿。在门生弟子协助下,兼采他书,增损隐括,历时 30 余载,草成 59 卷。是书记载了上起周威烈王二十三年(前 403 年),下迄周世宗显德六年(959 年)共 1361 年的史事,是朱子生前未能定稿的史学巨著,创造了一种新的纲目体史书体裁。

　　全书纲仿《春秋》,即以大字简叙总括提要,寓褒贬于笔墨之中,从义理上纠正通鉴之失。目效《左传》,以分注方式逐条详叙细节,即朱子所说的"大书以提要,分注以备言"。《通鉴纲目》的记事内容基本上是依据《通鉴》,但在编纂过程中,还是做了三个方面工作,即删去《通鉴》繁文,增补《通鉴》史实,改正《通鉴》记载不当之处。朱子生前一直在对该书进行修改,直到他去世后十年,即嘉定三年(1210 年)方由弟子李方子参定刻印,起初纲、目、凡例还是分别刊行,陈振孙《直斋书录解题》言道:"《通鉴纲目》五十九卷,侍讲新安朱熹元晦撰。……此书尝刻于温陵,别其纲谓之提要,今板在监中。庐陵所刊则纲目并列,不复别也。"至于《纲目凡例》迟至咸淳元年(1265 年)方由门人王柏刻于金华。此后,《凡例》《纲目》才一道合刻,流传于世,直至明清。

　　《通鉴纲目》自问世以来,由于全书强化正统思想,突出纲常名教,因此受到明清两代统治者的重视。明成化九年(1476 年),宪宗"命儒臣考订宋儒朱熹《资治通鉴纲目》,尽去后儒所著考异、考证诸书,而以王逢《集览》、尹起莘《发明》附其后,至是上呈",并亲自为之作序:"朕惟朱子《通鉴纲目》,实备《春秋》经传之体,明天理,正人伦,褒善贬恶,词严而义精,其有功于天下后世大矣。……然则是书诚足以继先圣之《春秋》,为后人之轨范,不可不广其传也。"同年十一月,宪宗又命大学士彭时等编纂《宋元资治通鉴纲目》,彭时去世后,商辂接替主持编纂,至成化十二年(1476 年)编成《续资治通鉴目》。在这过程中,《通鉴纲目》渐被推上了神圣的地位,司马光的《资治通鉴》已经无法与之相比。进入清代,康熙帝于康熙四十六年(1707 年),"因陈仁锡刊本,亲加评定"①,并为之作序。因为有了"御批",科举考试策论,概以本书为准。乾隆初年,高宗又命大臣编纂《通鉴纲目三编》,以续朱子《通鉴纲目》和商辂《续资治通鉴纲目》,以补有明一代史事,并于乾隆十一年(1746 年)四月成书20 卷进呈,高宗亲自为之作序、参定,他认为此书可以"明天统,正人心,昭监戒"。书成不久,因事迹漏落,地名、人名又多舛误,遂于乾隆四十年(1775 年)命赫舒德重修,补遗纠谬,使端委秩然,而卷数比初编加倍。乾隆三十二年(1767 年),高宗又命大臣依纲目体重修一部简明通史,名曰《通鉴辑览》。因高宗曾亲自核定和批注,故亦称《御批通鉴辑览》,全书 116 卷,附南明唐、桂二王事迹三卷。编年纪事,纲目相从,于音训典故与史实考证,则分注于其目之下。起自上古,迄于明末,是简明的编年体通史。其书虽是在前人旧史基础上删繁就简,但自定凡例,立有史料取舍标准,于数千年历史大事之原委始末,叙述简明,颇便于初学历史之入门。

由于简明通俗,提纲挈领,朱子《通鉴纲目》对于那些需要了解历史的人自然方便得多了,且特别适合于士人的科举考试,所以也受到社会的广泛关注和欢迎。《通鉴纲目》成书不久,便有遂昌人尹起莘著成《资治通鉴纲目发明》59 卷,对《通鉴纲目》进行了大力宣扬,起到了为《通鉴纲目》发明义首的作用,魏了翁在《通鉴纲目发明序》中说:"是书若行,《纲目》之忠臣也。"元仁宗延祐五年(1318 年),望江人王幼学著成《资治通鉴纲目集览》59 卷。此书"取朱子《纲目》,悉为训诂,引喻证释"。元文宗天历二年(1329 年),永新人刘友益著成《通鉴纲目书法》59 卷。因为有了这部《通鉴纲目》,朱子在元代已经被推上了孔子以后第一人。而注疏发明《通鉴纲目》的著作,在元代即有数十家

---

① 《四库全书总目提要》。

之多，与《春秋学》著作也已经相当了，其影响之大可见一斑。

由于朝廷和民间对此书都是如此重视和推崇，因此，宋元以来社会上便掀起了《通鉴纲目》热，历明清而不衰。王重民在《中国善本书提要》中说道："是书上自《纲目》纂成，仅三四十年，或四五十年，为发明《纲目》者第一部书，明清以来，翻刻不绝。"其影响之大，于此可见。在明代中后期所掀起的"纲鉴热"中，社会上产生的这类著作是相当多的。钱茂伟在其所著《明代史学的历程》一书，就列举了三十四种之多，而他在《明代史学编年考》中，征引《白眉纲鉴凡例》则云："历代纲鉴之刻，近纂修者不啻百种。"直到清代，还有人在编纂这种"纲鉴"形式的史书，著名的则有山阴人吴乘权等编纂的《纲鉴易知录》，全书107卷，共180万字，是一部纲目体通史，上起盘古，下迄明末。吴乘权自云"读史每苦于篇章枝蔓"，便与周之炯、周之灿一道，利用旧有的编年体史书，摘要删繁，历时六年，于康熙五十年（1711年）全书编成。因其内容简要易读，故称《易知录》，为旧时学习历史入门之书，对传播历史知识曾起过不小的作用。

可见，朱子《通鉴纲目》在史学上的贡献，不仅是创立了纲目体这一新史体，而且更在明代催生出"纲鉴热"，在推进史学走向社会，推进史学走向通俗化的道路起到了预想不到的作用。

（胡荣明）

《八朝名臣言行录》的史学价值

　　《八朝名臣言行录》(以下简称《言行录》),是朱子所撰北宋当代史的人物资料汇编,开创了"名臣言行录"这样一种体裁。朱子原本《八朝名臣言行录》的刊印时间,据清王懋竑撰《朱熹年谱》卷二所载,《八朝名臣言行录》成于乾道八年(1172 年),朱子时年 43 岁。全书共 24 卷,计《前集》(亦称《五朝名臣言行录》)10 卷,录宋太祖、太宗、真宗、仁宗、英宗五朝 60 位名臣的言行事迹(其中有五位属附传);《后集》亦称《三朝名臣言行录》14 卷,录神宗、哲宗、徽宗三朝 44 位名臣的言行事迹。八朝共录名臣 104 位,所录皆以贡献大、影响卓著者为对象。全书由两部分组成,一是小传,二是言行事迹。其宗旨在用历朝名臣言行之迹"有补于世教"①。该书一经刊行,影响深远,此后宋元明清代有续仿之作。其历史价值在于:

　　第一,该书保存文献,有补世教。史学发展到了南宋,出现这样一个尽人皆知的事实:"国史凡几修,是非凡几易",官修国史、实录失实相当严重。于是许多著名的史学家为纠此弊,纷纷搜集当代文献资料,编修当代史书。朱子曾入史院,对官修国史、实录严重失实的情况深有体会,并提出过尖锐的批评。他说:"史甚弊,因《神宗实录》皆不敢写。传闻只据人自录来者,才对者,便要所上文字,并奏对语,上史馆。"朝廷既要干预修史,利用史书攻击别人,直笔的史官反遭殃。这就大大损伤了史家直笔的优良传统,造成"大抵史皆不实,紧切处不敢上史,亦不关报"的局面。实录、国史既已失实殊甚,只有网罗各方文献资料,自成一书,才能反映真实的历史情况。《四库提要》作者即说:"朱子所作《名臣言行录》,原以网罗旧闻,搜载轶事,用备史氏之采择。"《言行录》自序亦云:"予读近代文集及记事之书,观其所载国朝名巨言行之迹,多有补于世教。然以其散出而无统也,既莫究其始终表里之全,而又汩于虚浮诡诞之说。予尝病之,于是掇取其要,聚为少此录,以便记览。"可见,朱

---

　　①　朱熹:《晦庵先生朱文公文集》卷七五,《八朝名臣言行录序》。

子编此书的目的是想把散乱无统的文献资料汇聚于一,便于人们推究考见史事,保存文献,有补世教。

第二,该书采摭浩博,取舍精审。据陈振孙《直斋书录解题》云,朱子是"以近代文集及传记所载本朝名臣言行,掇取其要,辑为此录"。其材料采摭范围相当广泛,以文集、家传、行状、碑铭、墓志、遗事、语录等第一手材料为主,参以别史、杂史、方志、笔记、杂记、小说等书,就是极少运用国史实录的材料。有学者统计,《言行录》一书所引资料竟多达二百余种。它的每篇人物传记,都是参考了几种至十几种材料写成。朱子治学素重求实,《言行录》一书的材料取舍足以证明这一点。对众多的材料,朱子进行了筛选,然后采取增补、并存、考证、存疑、互见、解释等方法,加以编辑。

第三,该书内容详赡,价值很高。关于《言行录》一书的内容价值,南宋黄震曾有过评论,他说:"此录虽杂取传记之言,然诸贤出处之本末备矣。岂独诸贤,凡国朝盛衰之故,亦莫不隐然备见其间矣。"这就点明了《言行录》内容的价值。具体而言,该书详备了北宋一代名臣之事迹,是研究北宋名臣事迹比较完备的资料。其编次方法则完全依人物传记体裁,所收之人,大致按生平前后排列,先简要介绍传主之字号、里贯、时代、官职、谥法等,然后录其主要言行事迹,最后附载其兄弟子孙及同事好友之事迹。黄宗羲议曰:"史之为体,有编年,有列传。言行录,固列传之体也。"每个人物,朱子都能网罗各方记载,将其重要言行事迹一一予以登录。所以有此一卷在手,则其人之进退出处、生平履历便可一清二楚。如朱子根据十九种材料综合分析概括编成的《范仲淹传》,可谓汇集了当时有关范仲淹的所有资料,实是一篇相当全面的传记资料。

尤为可贵的是,朱子于各家记载都是直录原文,从不轻改一字,功过是非留待后人去研究,这就更增添了其内容的真实性。其中有许多材料为今天研究北宋一代人物之仅有的资料,史料价值极高。如朱子直接引用过的九十余种神道碑、墓志铭、行状、行实,大多已不见于宋代其他史籍,是研究碑铭、行状主人之极为宝贵的资料。其他朱子曾多次引用过的野史、杂史、笔记,如《东斋纪事》、《涑水记闻》等等,由于历代传写讹误,亦足据以是正。所以《言行录》一书不仅足以考见北宋一代名臣之事迹,而有宋一代不存罕见之书,亦可赖以传。由于《言行录》所选人物,有以政迹著称的,有以军事著称的,有以学术著称的,他们的传记自然能充分反映当时的政治、经济、军事、外交、文化等各方面的历史情况。如赵普、范仲淹、包拯、韩琦、王安石、司马光等传,反映了北宋一代的政治情况;寇准、狄青诸传反映了北宋一代的军事情况以及民族关系、外交情况;而苏洵、欧阳修、曾巩、苏轼、苏辙、邵雍、陈师道等传,则充分反映了北宋一代学术文化思想界的情况。

对《言行录》一书丰富的内容和较高的史料价值,后人多有肯定的评论。然亦有异于此者,朱子的好友吕祖谦对此书便没有好评。而对《言行录》攻击最激烈者无过《四库提要》,作者在肯定此书使"一代嘉言懿行略具于斯,旁资检阅固亦无所不可"之后,认为:"乃编中所录,如赵普之阴险,王安石之坚僻,吕惠卿之奸诈。与韩、范诸人石列,莫详其旨。……然刘安世气节凛然,争光日月,《尽言集》、《元城语录》今日尚传,当日不容不见,乃不登一字,则终非后人所能喻。"①四库馆臣此处以道学眼光批评该书是不恰当的。

当然,我们也不能说《言行录》就完美无缺。朱子自言:"《言行录》流布甚广,其间多合商量处","尚恨书籍不备,多所遗阙,嗣有所得,当续书之"。其中虽有谦虚成分,也反映一定实际。而《言行录》在当时即已广为流传,影响很大。所以后世相继仿作者亦很多,"言行录"竟成为一种特殊的列传史体为人们广泛地接受。朱子《言行录》在日本也早有流传。日本学者近藤元隆对此书极为推崇,并着意研究,于日本文政元年(1818年)著成《宋八朝名臣言行录辑释》4卷。

(胡荣明)

---

① 《四库全书总目》卷五七,《名臣言行录》。

《伊洛渊源录》的史学特色

　　《伊洛渊源录》成书于宋孝宗乾道九年（1173 年）。宋乾道六年（1170 年），41 岁的朱子，葬母于建阳崇泰里天湖之阳的寒泉坞，并在墓侧建寒泉精舍，讲学著述。朱子在此精舍约经营了五年的时间，是他开展学术文化创造活动的第一个高峰期。《伊洛渊源录》就是他在这一时期编纂而成的。在此书成书之前，他与弟子赵师渊共同完成了史学著作《资治通鉴纲目》（60 卷），为他撰写《伊洛渊源录》这部学术史尝试之作，积累了丰富经验。

　　《伊洛渊源录》共十四卷，卷一为周敦颐，以理学奠基人濂溪先生为首卷，旨在彰显二程学术的师承所自；卷二、卷三为程颢，卷四为程颐，此三卷表明二程倡明道学之功，确立程氏兄弟承接孔孟儒学统绪的正宗地位；卷五为邵雍，卷六为张载、张戬，邵氏、张氏在道学中，各自成一家之学；卷七为吕希哲、范祖禹、杨国宝、朱光廷，用程颐的话来说，称作"同志共学之人"；卷八为刘绚、李吁、吕大忠、吕大钧、吕大临，为程门弟子；卷九为苏昞、谢良佐、游酢，为程门弟子；卷十为杨时、杨迪父子，为程门弟子；卷十一、十二分载尹焞、张绎，及程颐晚年门人刘安节、马伸、侯仲良、王蘋；卷十三为胡安国，宋室南渡之后，以朝廷大臣而护卫程氏道学最力者，首推胡安国，故朱子专取胡安国为一卷；卷十四为附录，所录 22 人，为"程氏门人无记述文字者"，实为以待访名录。

　　从该书的案卷编排来看，卷一至卷六，专记二程及与之在师友之间的前辈学者。在宋代学术史上，第一次确立了以周敦颐为宗主，二程为中坚，张载、邵雍为羽翼的道学统绪。卷七至卷十四，则多属承学于二程的南北诸门人。它以明道、伊川先生为中心，上起北宋中叶周敦颐、邵雍、张载，下迄南宋绍兴初胡安国、尹焞，体现了理学家的学术源流和师承关系。书中所著录 49 人，大致依时间先后为序，各以学术地位区分类聚，或人自一卷，或数人一卷。

　　在编纂内容上，《伊洛渊源录》记述了北宋时期理学家周敦颐、二程、张载、邵雍及其门人后学的言行政事。这些有关理学家的言行政事，大多取材于他们的行状、年谱、墓志铭、祭文、答问和题跋等文献资料。通过辑录二程及两宋间与程氏学术有师友渊源的诸多学者传记资料，据以勾勒出程氏道学的承传关系，即源流统绪。朱子将这些文献资料按理学发展的历史线索来编纂，因而它突破了文献资料汇编的局限，而具有理学史的特色。

在编纂形式上，《伊洛渊源录》一方面借鉴了两汉史学家司马迁《史记》、班固《汉书》的纪传体，以人立传，重在记行，以史述学的传统；另一方面，又借鉴了唐代禅宗史著《宝林传》的灯录体，按禅宗的传法世系排列传主座次的编纂形式，以"人"为线索，重在记言的传统。它除兼有传记体和灯录体之特点外，又在编纂体例方面有所创新，是对两种体裁的继承和发展。《伊洛渊源录》的这种体例特点，开创了学案体之先例。

宋代，是中国古代史学发展的一个重要阶段。司马光的《资治通鉴》、郑樵的《通志》、袁枢的《通鉴纪事本末》，具有划时代意义的史书相继问世。这些史书有一个共同的特点，便是逾越断代史的藩篱，在通古为史中打破旧有格局，实现了史籍编纂形式的创新。朱子的《伊洛渊源录》，其结撰略与袁枢《通鉴纪事本末》同时。如果说袁枢创立纪事本末体，从而成就了中国古代历史编纂学纪传、编年、纪事本末三体鼎立的格局，那么朱子的《伊洛渊源录》则是在无所依傍的情况下，以对史籍编纂传统形式的错综会通，兼容并蓄，别张一军，从而为学案史籍的编纂开了先河。

《伊洛渊源录》的成书，对于辨析理学源流，揭示理学发展的历史线索，了解宋代理学家各自的思想特点和这一时期理学思潮的时代风貌，都具有重要的学术价值。

元代，朝廷为了表彰程朱道学，并与顺帝至正五年（1345 年），据以完成官修《宋史》的编纂。朱子在《伊洛渊源录》中所确定的道学统绪，以《道学传》的特定形式，载入官修《宋史》中。之后，明初修《元史》及清初修《明史》，虽在形式上废《道学传》不立，但奉程朱之学为一代儒学正统，则接《宋史》，一脉相承。周、程、张、朱先后承接道学统绪，便成为数百年间理学源流的定规。清人在评论《伊洛渊源录》时说："其后《宋史》道学、儒林诸传多据此为之。盖宋人谈道学宗派，自此书始，而宋人分道学门户亦自此书始。"①

此外，历元、明、清诸朝，学术史著述接踵朱书，代有成编。受到它影响的

---

① 《四库全书总目》卷五七。

学术史著作,仅今可考者达 89 种,不惟有遵其旧辙,沿例而成的《伊洛渊源续录》、《考亭渊源录》、《洙泗源流》、《心学渊源》、《道南原委》、《洛学编》、《闽中理学渊源考》、《道学渊源录》等,还有变通旧例,而蔚成大观的众多学案体史籍。从朱子的《伊洛渊源录》发轫,中经周汝登的《圣学宗传》、孙奇逢的《理学宗传》承先启后,至黄宗羲的《明儒学案》、全祖望续成《宋元学案》加以发展,迄于民国初,徐世昌的《清儒学案》问世而臻于大备。在中国历史编纂学中,终于形成源远流长的专门学术史编纂体裁——学案。

《伊洛渊源录》这部学术史尝试之作,不仅首创学案体载,在中国古代历史编纂学方面具有发凡起例的意义,而且对于弘扬"道学宗派",确立理学在"圣学"之传中的正统地位,实有首倡之功,因而它被称为中国最早的一部理学史著作。

(杜文霞)

朱子旅游思想

宋代经济文化繁荣,风景佳处楼台、亭榭大量构建,士人漫游成风,史载"一时人士,狭邪冶游,终日疲役而不知倦"①。朱子一生书史之外酷爱山水,曾自称"平生山水心,真作货食饕"②。他常常观山临水,对文物古迹广询博访,以诗酒助兴,游目骋怀,啸傲带风,并形成了深刻的旅游思想。

首先,朱子强调旅游"玩物适情"的作用。他说:"游者,玩物适情之谓也。"③旅游就是旅游者通过品玩事物以调适性情的活动。"适"作为旅游中品玩事物的工夫,要求旅游者对旅游活动适度把握,"时止则止,时行则行"④,以达到身心安适。作为君子就必须时时择中,无过不及,小人则肆无忌惮。"适"是在一定道德准则下的自我满足,而不是智思和情欲向外无限的驰骋。"适"的体验可分为递进的几个层次:身适、心适、身心兼适、忘适之适。朱子诗文中的"可观"、"快赏心"、"心安体舒"、"悠游可忘年"及"乐而忘死"就是代表了不同的"适"的体验层次。旅游所适之情即是"七情",朱子说:"为情者七,曰喜怒哀惧爱恶欲。"⑤这也是为什么有时候旅游会乐而忘死,又会去国怀乡,感极而悲。

其次,朱子强调旅游要"从容潜玩"。他说:"游者,从容潜玩之意。"⑥旅游就是要放下当下生活中的种种牵挂。旅游者唯有"从容",才能安逸舒缓,自由自在;唯有"潜玩",旅游体验才能意味深长。旅游者要"从容"就要求时间上处于"休闲"的状态。朱子说:"深源定是闲中得,妙用原从乐处生"⑦,这也

① 王夫之:《宋论》。
② 朱熹:《晦庵先生朱文公文集》卷五。
③ 朱熹:《论语集注》。
④ 朱熹:《周易本义》。
⑤ 黎靖德:《朱子语类》卷五三。
⑥ 黎靖德:《朱子语类》卷三四。
⑦ 朱熹:《晦庵先生朱文公文集》卷七。

说明了休闲的重要性。朱子诗云："今朝幸休闲,追逐聊嘻嘻。笑语欢成旧,尽醉靡归期"①;又云:"鳣堂偶休闲,杂畜聊从容。不辞腰脚劳,共上西南峰"。② 这两诗中反映了他从容悠游的生活状态。"潜玩"在于玩的深度,属于休闲审美的工夫,目标是要在玩味中发现真、善、美。朱子认为大自然充满"山水之教",远游可以广其见闻,从"鸢飞鱼跃"中,可以随处发现道体,这就需要深度玩味精思。朱子正是本着"近山思无穷,临水心未厌"③的心态,通过"随事省察,即物推明"④,以此构建博大精深的理学体系。

再次,朱子强调旅游要"俯仰自得"。他说:"俯仰自得,心安体舒,是之谓游。"⑤自得之学是儒家力倡的正学。旅游者只有实现了一举一动自得其乐,处于心安体舒的自由从容境界,才称得上实现了旅游中身心修养的主要目标。老师李侗曾对朱子说:"若反身而诚,清通和乐之象见,即是自得处。"⑥要实现自得就必须做到以下几点:一要抛弃凡俗之心,正如朱子说:"洗心咏太素,讯景窥灵诠。"⑦意思是旅游者要抛开世俗功利之心,没有人欲混杂,歌咏大自然,才能从观察到的景物中窥探大自然的奥秘,从而举手投足间无不自得;二要对义理要经常玩味,以求感悟融会而达洒落,"只深造以道,便是要自得之,须是时复玩味,庶几忽然感悟,到得义理与践履处融会,方是自得"⑧,并且"须要自得言外之意始得"⑨;三要通过涵泳于礼、乐、御、射、书、数儒家日用常行的游艺之学达到身心兼适;四要体悟旅游的快乐,"私欲克尽,故乐。与万物为一,无所窒碍,胸中泰然,岂有不乐"。⑩ 朱子最推崇的是自得于中而不为外物所累的"曾点之乐",由此形成了"幔亭之风"。

最后,朱子强调"以游以居"⑪。居是静,游是动,一动一静,动息有养,符

---

① 朱熹:《晦庵先生朱文公文集》卷一。

② 朱熹:《晦庵先生朱文公文集》卷六。

③ 朱熹:《晦庵先生朱文公文集》卷六。

④ 朱熹:《晦庵先生朱文公文集》卷六四。

⑤ 朱熹:《四斋铭》。

⑥ 李侗:《李延平集》。

⑦ 朱熹:《晦庵先生朱文公文集》卷一。

⑧ 黎靖德:《朱子语类》卷一〇五。

⑨ 黎靖德:《朱子语类》卷一一四。

⑩ 黎靖德:《朱子语类》卷一一七。

⑪ 朱熹:《四斋铭》。

合太极之理。"以游以居"构成诗意栖居的理想生活方式。朱子说:"居,只是常常守得,常常做去。"①"以游以居"意思是说要把旅游作为一种诗意性栖居生活的常态。朱子说:"须是看他诗人意思好处是如何,不好处是如何。看他风土,看他风俗,又看他人情、物态。……如此看,方得诗意。"②朱子的旅游活动本身也充满诗意。他观山临水养成了以诗文记游的习惯,"已有经行到处诗"③正是其写照。现存1200多首的朱子诗歌大多是在他外出旅游中完成的。朱子早在19岁赴临安科举考试前就写下了《远游篇》,表现了朱子年轻气盛,想游历四方的豪兴。"筑居"只不过是人们为了生存于世而劳碌奔忙,"栖居"是以神性尺度规范自身,以神性光芒映射永恒,旅游者正是通过诗意栖居对世界进行不一样的"领悟"与"体验"。

从上可见,朱子的旅游思想体现在玩物适情、从容潜玩,俯仰自得,以游以居。在他看来,"玩物适情"是旅游者生命自觉的本质要求;"从容潜玩"是旅游者深层体验的审美方法;"俯仰自得"是旅游者身心修养的主要目标;"以游以居"是旅游者诗意栖居的理想方式。这四者构成了朱子旅游思想的实质性要旨,分别回答了旅游的本质、旅游的方法、旅游的目标以及旅游与人生关系的问题。

(兰宗荣)

---

① 黎靖德:《朱子语类》卷六九。
② 黎靖德:《朱子语类》卷八〇。
③ 朱熹:《晦庵先生朱文公文集》卷五。

朱子学在台湾

朱子学形成于福建,故又称为"闽学"。台湾在郑成功未收复之前,曾一度为西班牙、荷兰殖民者所盘踞。所以,朱子学传入台湾的时间应是在 1661 年郑氏收复台湾之后。

郑成功驱荷复台后,福建大量移民入台。明郑政权为了巩固其统治,在台湾实行以儒家思想治台的方略,建庙学,开民智,提高各族人民的文明意识,加强以大陆根脉的联系。当时,就闽台的渊源而言,许多执教于台湾的官学、书院的教师,甚至学有专精的行政官员本身都是来自福建,这就自然而然地将朱子学传入台湾。由于大陆赴台官员和学者的倡导,朱子学得以在台湾迅速传播。另外,台湾教育之所以特别重视朱子学,是因为早期台湾的书院多为大陆移民,为解决后代读书识文问题而举办。朱子所编写的《小学》、《训蒙绝句》和《童蒙须知》成了主要的普及教材,起到了迅速把朱子文化传播到社会基层的作用。

清代,台湾曾长期是福建的一个府,直到光绪十一年(1885 年)才成为一个行省。随着大陆教育制度在台湾的逐步推广,与之相适应的是将科举考试制度引入台湾社会。科举取士以朱子《四书集注》等为教科书、出题的标准答案。这样,朱子学在台湾的传播就成为制度化了。朱子也随之受到台湾各地官府和士民的景仰,不少州府县学及书院都先后建起了朱子祠。

朱子学作为一种普化为民众日常生活世界里的儒家思想,在相当长的时期成为当时台湾现实社会的生活方式、日常礼节与风俗习惯,在一定意义上构成了广义的台湾民众精神世界。

朱子学在台湾的传播,其思想的启迪、教化、浸润,有效提高了台湾社会的文明程度和台湾各族人民的文化思想素质。在这一历史进程中,朱子学培育了一代又一代维护祖国统一,反对民族分裂和外敌入侵的仁人志士,确保了台湾与祖国大陆融为一体。

清代是台湾朱子学的发展期,经过 200 多年的传播,朱子学已在台湾的土壤里生根,并逐渐发展成为主流文化形态。朱子学在一定意义上,推动了台湾新的人文社会的形成。

1949 年后,从大陆迁台的一大批知识分子,如唐君毅、牟宗三和徐复观等在台湾从事儒学的研究与教学工作。他们注重朱子思想的演变和发展过程的研究,重视朱子学与西方哲学之比较研究,并从传统道德的重建中寻找朱子学的现代社会认同意义,从而有力地推动了朱子学在台湾的发展。20 世纪 50 年代中后期,在台湾形成了新儒学思想体系。

新儒家主要代表人物之一的唐君毅企图调和程朱、陆王等不同思想形态,认为二者不必相互冲突,而可以相反相承。他通过强调"心"这一范畴在整个朱子学中的地位,认为在纯粹心性论方面,朱子同样具有超越一般动静之上的本心或本体,并具有"心即理"的思考。这就大大缩小了朱子之"心"与陆王之"本心"的差距。

牟宗三在借鉴西方哲学方法的基础上,以延续宋明理学之学术精神为主旨,极力使儒家内圣心性之学系统化、理论化,开辟出一条台湾儒学研究的新路径。他主张从陆王心学的发展来讲儒学,常常是站在心学的立场上判释和批评其他学派思想。他提出所谓先秦孔孟、宋明陆王,当代新儒学的"儒学三期说",而把朱子学视为"别子为宗",显然过于偏颇,受到同时代学者的批评。

钱穆虽然定居香港,但其学术思想在台湾影响颇大。他从史的角度把程朱与陆王之思想贯穿起来,强调彼此之间并没有本质的区别,并认为朱子学的核心在"心",不在"理",朱子在形上学的解释方面更显圆融。

新儒学自 20 世纪 50 年代以来,在台湾一直处于一个比较激进的发展态势。1975 年,他们在台湾创办《鹅湖》月刊,刊名就源于朱熹与陆九渊的"鹅湖之会",由此亦可看出台湾新儒学研究主要方向之一,是承继宋明理学之精神。

20 世纪 80 年代以后,台湾儒家学者在发展朱子学的问题上,有一部分学者希望按照前辈的学术思路"接着讲"。比如刘述先的一个着力之处便在于对熊十力、牟宗三哲学进行转述的过程中,努力使之为当代的多元化格局。他强调哲学方法的变革,并重视哲学分析方法对朱子学研究的作用。他反对严格区分程朱为理学家、陆王为心学家,由于前者亦重视"心",后者也重视"理"。

以东海大学教授蔡仁厚、"中央研究院"研究员李明辉等为代表的"护教的新儒学",基本上维护牟宗三、唐君毅等人的儒学思想,如蔡仁厚所言:"朱子能贯彻伊川之思路而独成一型,固然非常伟卓,在文化学术上亦有甚大之意义与作用。但朱子之系统,却不是先秦儒家发展的内圣成德之教的本义与原型。"

以台湾新竹"清华大学"教授林安语为代表的"批判的新儒学",从批判的角度提出一些新儒学现代发展必然需要面对的问题,而批判的观点并没有以否定的形式看待儒学思想。他把批判的方向指向了牟宗三的思想体系,于是在台湾儒学界,尤其是鹅湖学派中引起了争论。他在与李明辉辩论中还不能有力地确立起自己的观点,但是他所指出的新儒学在牟宗三之后所必须思考的问题,却是不可回避的。

20世纪50年代以来,台湾儒家学者将朱子学视为多元思想资源中的一元,寻求与其他文化传统的对话、沟通。他们在现代世界哲学更迭较快,各种新思潮不断涌现的学术形势下,较为自如地把西方哲学的方法论变换为朱子学研究方法资源,包括通过将朱子与西方哲学家的比较研究,在一定程度上弥补了传统儒学只重视体证而忽略抽象方法论的缺陷。

(张品端)

朱子学在韩国

中国与朝鲜半岛之间很早就建立了友好往来关系。13 世纪 30 年代,朱子学开始传入高丽(918—1391 年)。起初,朱子学是通过中国移民传入的。接着,高丽安珦、白颐正、权溥、李齐贤等一批学者,先后作为高丽王朝的侍臣来元大都(今北京)。他们学习朱子学,归国后设馆讲学,传授朱子学。朱子学在高丽从民间传播到官方引入,这是朱子学在朝鲜半岛的初传时期。

朝鲜李朝(1392—1911 年)初期,统治者出于"经邦治国"的需要,崇尚朱子学。李穑、郑梦周、郑道传、赵光祖等一批学者,移植元朝的教育方式,以朱子学为教育内容,并对朱子《小学》作谚解,进行普及。他们还用朱子《家礼》行冠婚丧祭,以取代佛教的仪式,为朱子学取代佛教在社会生活中的地位做出了贡献。以朱子学为中心的儒家哲学上升为朝鲜李朝的建国理念。这为后来朝鲜化的朱子学的形成和发展,奠定了坚实的理论基础和社会基础。

李朝开国之后,朱子学在朝鲜的发展进入了发展创新时期。这时期,朝廷君主比较开明,良好的社会环境为朝鲜化朱子学的形成和发展创造了条件。在统治者的倡导下,朝鲜朱子学有长足的发展,对其理论提出了许多新的见解。当时,各种独立的朱子学派相继出现,形成了以徐敬德(1489—1553)为代表的主气派,以李彦迪(1491—1553)为代表的主理派,还有曹植(1501—1572)开创的南冥学等。

在总结前人研究朱子学成果的基础上,李朝建立 150 多年后即产生了朝鲜朱子学集大成的思想体系。其代表人物为李退溪与李栗谷。他们分别完成了朝鲜朱子学集大成的任务.将朝鲜朱子学推向了新的高潮。

李退溪(1501—1570),精研《朱子全书》,细读朱子书信及真德秀《心经》,辑成《朱子书节要》,著《圣学十图》。此图及其评说,概括性地反映李氏的朱子学思想,体现了退溪学的逻辑结构。李退溪以朱子学为依据,创立了一个以理气二物说、四端七情理气互发说和敬学为核心内容,以主理为特征的性理学思想体系,在朝鲜朱子学发展史上树立了一个里程碑。

李栗谷(1536—1584),生活在 16 世纪,朝鲜王朝已进入中衰期,整个社会面临着严重的政治、经济危机。李栗谷从性理学上为寻求社会治乱之策而进行了一番理论探索。他编撰的《圣学辑要》,是其生平学问和思想的集中反映。他亦以朱子学为依据,创立了一个以理气非一非二说、四端七情气发理乘一途说和心境界说等为主要内容,以主气为特征的性理学思想体系,在朝鲜朱子学发展史上做出了巨大贡献。

退溪、栗谷以后,岭南①学派多从退溪说,其著名学者有丁愚潭、李葛庵、李密庵、李大山、柳定斋、李寒洲和郭俛宇等。畿湖②学派大多从栗谷之说,其门人学统的发展,亦甚可观,著名学者有:金沙溪、金慎独斋、宋尤庵、权遂庵和韩南塘等。此外,这时还出现有折中退栗二说的学派,主要学者有张旅轩、金农岩、李陶庵、吴老洲、洪梅山和田艮斋等。他们对退溪、栗谷"四七理气"之说,则折中之而融合于朱子。这些学派的出现,相互论辩,进一步推动了朝鲜朱子学深入发展。

南宋末朱子学传入高丽后,经过 200 年的吸收消化,到 16 世纪中叶,李退溪、李栗谷各以其精湛的学术,并在与朝鲜社会实际的结合中,围绕着理气、性情等体用、本末、发乘等问题,发展了朱子学,开拓出朝鲜朱子学的新时代,使朱子学融化为朝鲜民族自己的学术文化。从此,朝鲜朱子学遂支配朝鲜政治、教育、学术、社会价值观,其影响极为深远。

李朝后半期,由于社会冲突的加剧,内外危机的深重,朝鲜朱子学者为挽救国家的命运,又提倡"致用于世"的学风,研究对实际生活有用的学问。这时朝鲜出现了与正统朱子学相对抗的汉学和阳明学派。从官方意识形态来看,朱子学仍然具有正统地位,其他学派未能取代朱子的地位。

1894 年中日甲午战争后,朝鲜的宗主权由清朝移交给日本,拥戴中国明、清皇朝 500 年的朝鲜社稷,从此灭亡。此后,朝鲜改称大韩帝国,沦为日本的殖民地,朱子学也从此在朝鲜失去了作为官方哲学的地位。

韩国朱子学又称性理学,这表明它的基本内容是韩国化了的朱子学。它具有"重气"、"重情"、"重实"和"自主性"特征。具有这种特性的韩国朱子学,在韩国社会的发展过程中起过重要的历史作用。

---

① 庆尚道俗称"岭南"。
② 畿指京畿,湖指忠清道等。

　　韩国朱子学"重气"的特性,凸显的是"气"的价值、功能和作用。这种主气学是一种实践性理学。实践性理学不仅成为韩国朱子学的一大特色,而且极大地丰富了 17 世纪东亚朱子学的内容。"重情"的特征,是韩国朱子学在中国朱子学对"性"深入研究的基础上,更加关注"性情"范畴中的"情"的作用,由此构成了韩国朱子学"重情"特色。"重实"的特征,是说韩国朱子学注重实行、工夫、践履,即为学是为了自身的道德修养。

　　此外,韩国朱子学还具有较强的"自主性"。朱子学自从高丽末传入之后,很快就成为朝鲜李朝的建国理念,到 16 世纪中期,朝鲜出现了朱子学集大成的思想体系,即退溪学、栗谷学。在这一发展过程中,朝鲜朱子学的"自主"性有显著的表现。

　　韩国朱子学"重实"的思想,后来发展为实学。实学是韩国"性理学划时代的转换",是一种"改新的儒学"。它主张"穷经以致用",是一种以经世致用、利用厚生、实行实践为标志的新学风。其结果使韩国朱子学向着近代的性格转化,为后来韩国近代"开化思想"兴起的先导意识。

(张品端)

朱子学在日本

中国与日本隔海相望,古代随着海上交通的发展,中日文化经济交往十分频繁。由于这种地利之便,朱子学于日本镰仓时代(1192—1333 年)中叶,就传入日本。朱子学的传播者主要是留学中国的日本僧人和去日本的中国禅僧,以及流寓日本的中国朱子学者。

13 世纪初,日本京都泉涌寺开山大师俊芿(1116—1227)、日本临济宗祖师圆尔(1202—1280)、桂庵玄树(1427—1508)等一大批日本僧人来中国留学,研习佛学,也学习朱子学。他们回国后,在五山禅院介绍二程、朱熹思想,主张儒佛合一。与此同时,中国的兰溪(1213—1278)、大休(1215—1239)、一山(1247—1317)等禅僧,也相继去日本。他们在传播禅学的同时,也介绍张载、二程和朱子的著作和思想。此外,宋末元初流寓日本的儒家学者,如李用等人,把朱子学介绍到日本。

室町时代(1392—1602 年)初,朱子学逐渐摆脱寺院深入宫廷,打破了禅僧独占儒学的局面,日本逐渐形成了博士公卿、萨南、海南等研究儒学的学派。室町末期,日本正处在封建社会的大改组和大动荡时期,重视来世的佛教已不能适应新的时代,而具有现世道德规范的朱子学,却正是当时日本社会所需要的。于是日本上层文臣排佛崇儒思想日渐明显,他们批判佛教的不合理主义和落后主义,深刻地影响了同时代及后世儒者。镰仓时代中叶至室町时代末期,这是日本民族接受朱子学的时期。

江户时代(1603—1867 年)初期,德川家康为了使得饱受战乱之苦的民众能安居乐业,在设立幕府时采取了一系列措施,以巩固其封建统治。他采纳日本朱子学开创者藤原惺窝的思想,以儒学为日本的国学,作为建国理念。于是,德川家康起用朱子学者林罗山为大学总监。在江户汤岛建立圣堂(孔子庙),设昌平坂学问所,倡导全国各藩设立藩校,村镇设立学堂——寺子屋,致力于朱子学的普及。

德川幕府的历代将军及其诸侯崇信朱子学,大肆宣扬朱子学。如五代将军德川纲吉,亲自向大名(藩主)、旗本(幕臣)讲授朱子《四书》,一直坚持了八年之久,共讲240次,这在日本史上是罕见的。经过幕府与诸侯的推崇与宣传,朱子学风靡全国,儒家思想广泛而深刻地渗透到社会的各个阶层。

江户时代是日本朱子学空前觉醒的时代,出现了各种日本朱子学派的争鸣。当时主要的朱子学派有京师朱子学派、海西朱子学派、海南朱子学派、大阪朱子学派和水户派等。藤原惺窝、林罗山是京师朱子学派的代表人物,就其哲学思想性质来说,属主理派。海南朱子学派发源于日本南部四国之土佐地区,始称南学。南村梅轩为其始祖,江户时代的主要代表人物是谷时中(1598—1649)、山崎闇斋(1618—1682)。他们从礼教伦理,道德践履方面修正中国朱子学,把仁、敬看成是礼教的最高目标,道德最完善的准则。

海西朱子学派是日本主气派的代表,其代表人物是安东省安(1622—1701)、贝原益轩(1630—1714)。该学派注重格物笃实,具有经世、求实的特色。从理气世界观、人性论到认识论都进一步发展了中国朱子学。大阪朱子学派是根据大阪这个商业都市发展的特点,本着商人的立场而宣传朱子学的。前期以五井持轩(1641—1721)为代表,后期以中井履轩(1732—1816)为代表。该学派为日本封建社会向资本主义发展,为以后明治维新的产生,做思想上的准备。以水户藩主德川光圆(1628—1700)为首的水户朱子学派,受流寓日本的中国朱子学家朱舜水影响较大。该学派以朱子《通鉴纲目》为模式,编写《大日本史》,用新儒学思想来说明日本的建国精神。此外,还有熊本大冢退野(1677—1750)创立的日本朱子学大冢派等。

朱子学在日本的兴盛,除朱子学派的发展外,还表现为朱子学研究著作的繁荣。朱子学传入之初,由于禅僧兼儒佛于一身,他们对朱子学的理解和阐述,大多都夹杂在禅僧语录中,后来出现了理学研究的系统性专著。江户时代,朱子学研究盛行日本,其学术著作层出不穷,如安东守约著有《初学问答》、《耻斋漫录》、《省安遗集》等,贝原益轩著有《慎思录》、《大疑录》、《自娱集》和《益轩十训》等,藤原惺窝、林罗山和山崎暗斋著述就更多了。大批朱子学研究著作问世,表明了朱子学日本化的发展。

明治维新之后,日本确立了资本主义体制。新政府在进行维新活动中,大力推行"文明开化"政策。因此,以朱子学为代表的儒学被作为"虚学"受到批判。虽然,日本天皇于1890年公布《教育敕语》,确立了以儒学道德为主要内容的国民道德教育方针,朱子学又在近代日本思想中占有重要的地位,但这种影响已经不能与德川时代朱子学同日而语了。

日本朱子学具有很强的民族主义色彩和注重"即物思维"的特性。具有这种特性的日本朱子学,在日本社会近代化过程中发挥过重要的作用。如日本朱子学注重"即物思维",使该民族崇尚"理"的道德价值,重视从即物穷理的观点出发,强调"理"的自然性、实在性的意义,形成了日本民族讲究实际,倡导实用的民族性和努力提倡经验科学、实证科学的良好风气。朱子学的"经世致用"、"格物穷理"思想,使日本追求自然之研究,并以此作为摄取西方科学技术的母本,从而很快实现了现代化,变成亚洲第一个实现现代化的国家。这是日本朱子学与中国朱子学不同的地方,也是日本朱子学一个显著的特点。

(张品端)

东亚朱子学

中日韩三国为近邻,或山水相依,或隔海相望,由于这种地理环境和频繁的学术交流,形成了东亚儒家文化圈。近古,朱子学不仅是中国的主流文化,而且传入日本和韩国,并与其传统文化思想相结合,形成了有别于中国朱子学的日本朱子学和韩国朱子学。三者之间,同中有异,异中有同,各具特色,各有价值,构成了东亚朱子学。

朱子学于 13 世纪,由留学中国的日本僧人以及去日本的中国僧人传入日本,大约经过将近 400 年的传播和发展,在江户时期进入兴盛,出现了日本朱子学。稍晚于日本,朱子学也由中国移民和高丽官方学者自中国传入朝鲜半岛。在朝鲜,朱子学经过 100 多年的吸收消化,到 14 世纪末就成为朝鲜李朝的建国理念,并出现了朝鲜化的朱子学。在韩国,朱子学作为科举考试的主要内容,很快得到推广。而日本没有实行科举制,所以日本对朱子学的接受,用了很长一段时间才实现广泛的普及。这是日本与中国、韩国所不同的。

中日韩三国朱子学具有相同性。其一,中日韩三国都以朱子学为官方意识形态。在中国,南宋后期理宗皇帝赵昀开始体悟到朱子学"有补于治道",有益于治理国家,朱子学受到高度重视。元朝,朱子学成为官学。明清时朝,朱子学上升为国家意识形态,成为官方哲学。在日本,朱子学于日本镰仓时代中叶传入日本后,曾在社会、文化教育和伦理道德层面有深刻的影响。进入江户时代,朱子学与政治相结合,成为德州幕府 250 多年间的官方哲学。在韩国,朱子学于高丽传入后,很快就成为朝鲜李朝的建国理念,融合到朝鲜传统文化之中,成为李朝近 500 年的官方意识形态。

其二,中日韩三国都以朱子学为致用之学。在中国,朱子学具有入世的实践精神,以现世的修养而达到成圣境界。它既是道德形上学,又是百姓日用之学。在日本,朱子学作为批判墨守汉唐旧注训诂之学的武器,五山禅僧在研讨朱子学中,与幕府政权结合一起。江户时期,朱子学对巩固幕府体制和文化教育、伦理道德等都有其切实的效用。在韩国,朱子学用实理精神结合朝鲜现实,为朝鲜李朝的一系列政治、经济、文化制度的改革服务。

其三,中日韩三国都以朱子学为群体道德精神。中日韩作为儒家文化圈的成员,都具有"群体第一,个人第二"的精神。日本的群体意识(即团体精神)是战后经济成功的动力。个体属于某一企业团体,团体中的成员,对个人所属的企业团体,要忠诚和献身。但日本群体精神具有差分性,对团体内倡导"和为贵",对团体外则提倡竞争。韩国的教育宪章曾强调唯有国家的强盛,才有自我的发展,并要求发挥国民的献身精神。这就是以群体道德精神为指导。韩国的新乡村运动的"勤勉"、"自助"、"合作"三原则,亦基于朱子学的群体道德理念。

日本朱子学和韩国朱子学作为中国朱子学的发展,有其相同之处,由于在不同的国度及其与本土文化、社会环境相结合中,又表现出其相异性。

其一,中国朱子学注重形上学道德理性,而日本、韩国朱子学则注重形下学的实践理性。朱子学既是形而上的宇宙本体,是普遍存有的根据,也是最深层的价值源泉。朱子学建构了统摄自然、社会、人生的哲学逻辑结构。在韩国,朱子学在探求人间现实与存有本体时,更关注人间的社会现实问题。如"四端七情"之论争,韩国朱子学发展了朱子学中重实践理性、人间伦理层面。日本朱子学则更重视"格物穷理",更倾注于百姓日用之理的穷究。

其二,中日韩三国朱子学的伦理道德观念各有侧重。中国朱子学强调仁为四德之首,仁包四德;在四端中强调恻隐,恻隐涵摄羞恶、辞让、是非三端。日本朱子学讲忠孝,强调"诚"。江户时代后期,"诚"成为伦理思想的主流。而中国讲"诚",往往道德情感转变为道德形上学,赋予"诚"以形而上本体的性质。韩国朱子学者从四端七情问题契入,重视伦理道德的修养问题,用仁义礼智指导行为,改变人的气质,而达圣人境界。

其三,中日韩三国朱子学对不同学派的冲突和融合的态度各不相同。如何对待相异于自己的学派,中国朱子学具有很大的包容性。从朱子本人来看,他对于佛教和道教思想进行批判,但并不是盲目地否定,而是采取儒、释、道三教融合的立场,吸收佛、道的精神,建构自身的理学逻辑结构。在儒、释、道三教冲突中融合为新的理论形态的理学,开创了宋明理学的新学风、新时代。

日本朱子学与中国、韩国又不相同。朱子学不仅依五山禅僧而传入日本,而且依禅僧的研讨而传播。朱子学与禅教是融合的,而不是一开始就排佛,以佛教为异端。对日本固有的神祇崇拜(原始神道)也不是持否定的态度,而是表现了互相包容性、共存性。韩国朱子学则排斥其他一切学说,并对其他学派进行打压。所以,韩国的阳明学、古汉学都没有得到很好的发展。这与中国朱子对待陆九渊心学的态度,明代居官方意识形态的朱子学对待王阳明心学的态度大不相同。

通过中日韩三国东亚朱子学的比较,可以看到,无论是日本还是韩国,对中国朱子学的引进与吸收,并不是简单地将中国朱子学移植到日本或韩国,而是根据他们所在国的社会实际,与其传统文化及社会需要相融合。因此,东亚朱子学呈现出多元文化现象。研究这种多元文化现象,正是深入各国家、各民族文化细微部分的功夫,也是体认各国家、各民族文化血脉、生命智慧的重要方法。

(张品端)

朱子学在东南亚

朱子学在东南亚的传播，自南宋末就开始了。最早是传入越南，之后通过移民，又被介绍到新加坡、泰国、马来西亚和印度尼西亚等国家。由于东南亚各国的社会、文化结构各不相同，因而对朱子学的接受，以及朱子学所发挥的作用也不相同。

越南是中国的近邻，历来受中国文化的影响较深。据越南正史记载，朱子学是在陈朝初传入的。陈太宗元丰三年（1253 年）九月，"诏天下儒士诸国学院，讲四书五经"。1272 年，陈圣宗又下诏，"求贤良，能讲四书五经之义，入侍经幄"。陈朝统治者重视朱子学，这固然与中越两国都具有大致相同的文化结构和社会结构有关。

朱子学在越南的传播，除统治者的提倡外，还出现了一批积极传播朱子学的先驱者，如朱文安、黎文休、黎括等。早期越南朱子学代表人物朱文安（？—1370）以毕生的精力研究朱子学，同时致力于朱子学的传播与普及。他写的《四书说约》一书，反映了他对朱子思想的继承和发展。

陈朝统治者还仿效中国的科举制度，以朱子《四书集注》取士，这对朱子学在越南的传播无疑起了催化剂的作用。许多越南子弟想通过科举考试，走出家门，跻身仕宦阶层，这又有力地推动了朱子学在社会层面的传播与普及。

1428 年，越南建立黎朝。黎朝继承明代初期在越南所推行的以程朱理学作为正统思想的做法。黎朝造就了一批著名的朱子学家，其中以黎贵惇（1726—1784）最为杰出。他学识渊博，著作甚丰，所著《四书略解》，反映出他对朱子学的深入研究。

1802 年，越南建立阮朝。1835 年，明命帝还诏谕将《四书五经》、《小学集注》、《四书大全》、《五经大全》等书大量印行，同时允许民间印刷销售，使这些书籍流布全国，从而达到广泛传播朱子学之目的。从嘉隆到嗣德年间，是越南朱子学发展的全盛时期。

朱子学自南宋末传入越南后，受到陈朝、黎朝、阮朝三代统治者的褒扬，对越南社会产生了极为深刻的影响。它渗透和支配了越南意识形态的各个领域，影响到社会生活的各个方面，成为越南民众价值体系的核心。故一位英国学者说，儒学在越南取得非凡胜利，他们把"五伦"尤其是家庭关系的伦理在社会中扩展到最大限度。

越南正处于革新开放和现代化建设的进程中，学术界重新评价儒学地位的作用。越南社会科学院汉喃研究所所长潘文阁认为，在越南现代化中应善于开发利用朱子思想体系中那些积极合理的因素。如何改造利用本国深厚的儒家文化资源，为其社会现代化服务，正是越南朱子学发展的重要课题。

新加坡主要是由华人组成的东南亚城市国家。1819年新加坡开埠前后，华人从中国的福建、广东等省移民新加坡。他们为了把中华传统文化传授给下一代，办起学堂、书院，教学宗旨是"究洛闽之奥"，主要课程是"四书"、"五经"，并把朱子的《四书集注》作为主要教材。

新加坡重视朱子学，是与种族认同、文化认同的强烈愿望密切相关的。新加坡前总理李光耀说："我们的历史并不是在祖先初到新加坡时候才开始，它早在五千多年前中国文明初创时就已开始。这段历史是我们的一部分，因为我们继承了这个系统与文化。"因此，新加坡加强华人传统文化的宣传，进行朱子学研究，是必然的趋势。

20世纪80年代中期，新加坡学者对以朱子为代表的新儒学的研究已有不少论文和专著问世，如新加坡大学龚道运博士撰写的《朱熹心学的特质》、《朱熹之乐学》（论文）和《朱学论丛》（专著）。龚氏根据国家提倡儒家伦理学的宗旨，全面研究朱子学的心性践履之学，提出朱子学也有心学。可见，龚氏的朱子学研究，发展了朱子学中的心性践履之学，把朱子学解释为治心之学，显示了新加坡儒学研究的新特点。

朱子的义利观对新加坡经济发展的扩张和经济秩序的建立起了积极的作用。新加坡人极推崇重道义、尊德性的价值追求，并用以处理物质文明和精神文明的辩证关系。在新加坡，"争权夺利"式的价值观在年轻人的心目中并不重要，他们较为看中的是"道德情操"，即个人的道德修养，对于新加坡的热爱，即爱国的价值观处于一个核心的地位。

朱子学在马来西亚、泰国和印度尼西亚等东南亚国家的传播，主要是华人。

马来西亚是一个多元民族社会，华人占总人口约四分之一。华人在马来西亚创办华文日报,创办各类学校,通过多种形式的倡导,包括朱子学在内的中华传统文化在马来西亚有很深的影响。1993年,华人社团对华族文化发展方向做出新的总结:"创造大马华族文化的独特性,提升华族文化内涵……致力使华族文化为国人所接受及认同。"在泰国和印度尼西亚,中国儒家文化得到华人的认同,并有一定的影响。泰国学者郑彝元也说:"宋代儒学融合佛学,特别是朱子把经学和理学共冶于一炉,使儒学大放光芒。"

此外,在老挝、柬埔寨、文莱和菲律宾等东南亚国家,儒家文化都构成了当地华族文化发展的共同基础。华人社团、华文学校和华文报刊都有一定的实力和影响。他们在所在国极力倡导儒家文化,有力地推动了华人的文化认同,并促进了儒家文化在他国的传播和发展。

朱子学在东南亚的传播,是非常广泛的、深刻的,通过华人的倡导,以朱子学为核心的价值观,得到东南亚社会的普遍认同。它作为一种外来文化,将与东南亚各国的主流文化相互交流融合继续存在和发展。

(张品端)

朱子学在欧洲

　　明末清初,欧洲传教士进入中国,沟通中西文化。正是在这一历史背景下,朱子学由来华的传教士介绍到欧洲,成为欧洲近代启蒙思潮的一个重要思想渊源。

　　1582年4月,欧洲耶稣会选派意大利的范礼安、罗明坚和利玛窦等一批"有突出才能"的传教士赴中国传教。1590年,罗明坚第一个将四书翻译成拉丁文。这给16世纪末的欧洲读者留下了深刻的印象。利玛窦于1595年写成《天主实义》,是传播理学最有影响的一部著作。该书对朱子学中的"太极"和"理"等理学范畴做了较为详细介绍。接着,利玛窦的学生龙华民用拉丁文撰写的《孔子及其教理》,用汉文著的《灵魂道体说》,利安当的《论中国宗教的某些观点》,都是向欧洲批判介绍朱子理学的著作。

　　之后,欧洲耶稣会传教士郭纳爵将《大学》译成拉丁文(取名为《中国之智慧》),殷铎泽等人又将《中庸》译成拉丁文(取名《中国的政治道德》)等,向欧洲介绍朱子理学。同时,随着耶稣会士往来中欧之间,大量书信不断寄往欧洲。这些书信成为18世纪欧洲大量流通的,传播朱子理学的读物。

　　作为朱子学在欧洲传播载体的耶稣会士,在中西文化交流还只能借助宗教传播形式而进行的时代,他们把朱子理学介绍到欧洲。尽管他们站在基督教独尊的立场上,评判朱子理学的是与非、有神与无神、唯物与唯心,致使在中西文化交流中带来不成熟、不完满的结果;但是,如果没有耶稣会士对朱子理学的传播,哪怕欧洲对朱子理学这种有限的认识,也许要推迟很长一段时间。因此,从这个意义上来说,他们对中西文化交流的贡献是显而易见的。

　　经过耶稣会士们100多年的传播,从17世纪末开始,欧洲逐步形成了"中国文化热"。这一时期不仅耶稣会士对朱子学有更深的理解,而且欧洲有一批启蒙思想家,通过传教士翻译的西文朱子学著作,间接地了解到朱子理学,并从中获得有益的启迪。

　　17世纪初,法国著名哲学家笛卡儿阅读到利玛窦的拉丁文《四书》和《天主实义》，接触到朱子学。他高举理性这面大旗，批判宗教神学，使唯物主义的发展在 18 世纪的欧洲占据了绝对的地位，为欧洲启蒙运动奠定了思想基础。

德国著名启蒙思想家莱布尼茨极崇拜中国儒家哲学的自然神论，在《致德雷蒙的信：论中国哲学》中说："这种哲学学说或自然神论是从约 3000 年以来建立的，并且极有权威，远在希腊人的哲学很久很久以前。"他从朱子理学中汲取营养，提出了著名的"唯理论"学说。法国启蒙运动领袖伏尔泰，从耶稣会士书信中了解到中国发达的文明。他基于理学为有神论的立场来赞美朱子理学，并认为朱子理学是一种"理性宗教"，人类文明、科学技术的发展，都是首先从中国那里开始的。

朱子理学与欧洲启蒙思想相结合，也为近古欧洲哲学的开创提供了一定的思想资源。德国的康德是一位近古欧洲著名哲学家，他在《宇宙发展概论》中提出的天体起源假说，与朱子的宇宙哲学中的"阴阳二气的宇宙演化论"的观点十分相似。所以，他被人们称为"歌尼斯堡的伟大的中国人"。从近古中西哲学的发展来看，朱子学与康德、黑格尔的哲学建构都存在着相似之处。如朱子与黑格尔，朱子的"理"是先天完备无缺的精神，而黑格尔的"绝对理念"是一种不断自我完善的精神。从哲学体系的内在矛盾来看，朱子哲学体系中最基本的矛盾是理本体与心本体的矛盾，而黑格尔哲学体系中的主要矛盾是作为辩证者却否认物质、自然的辩证发展，事物永恒发展与发展过程终结的矛盾。这表明东西方两种不同哲学都有着相似的思维方式。

近代，欧洲的法国、德国汉学研究机构先后建立；俄国成立了研究中亚和东亚委员会，加强对东亚地区文化的研究；瑞典建立了亚太研究中心，隆德哥尔摩、哥德堡、乌普萨拉等大学的汉学系都以宋明理学研究为重点，斯德哥尔摩大学、皇家图书馆、远东博物馆三家将所收藏的中文图书合并，成立了东亚图书馆，为欧洲人研究中国儒学提供了图书资料服务。这时期，欧洲汉学家对"中学西渐"的课题做了大量的研究，他们出版如《马勒伯朗士的神和朱熹的理》、《对古人朱熹的认识》、《朱熹形而上学研究》等研究朱子的著作，同时还将《朱子家训》译成法文和德文等。

进入现代，随着汉学研究的兴盛，欧洲出现了许多成绩斐然的汉学家，如瑞典著名汉学家吉蒂·卡尔格林，他曾在中国执教多年，以《朱子全书》为对象，用历史统计和对比的方法来分析《朱子全书》中各类词语性质和方言色彩,论证白话文在南宋流行的程度,阐述了朱子语言学对宋代语言的发展,尤其是对白话文的发展起了重要的作用。同时,欧洲出版了许多研究儒学的论著论文;如德国汉学家 Michael Lackner 发表了《朱熹是黑格尔之前的"黑格尔"么?在中国和当代西方之间的理解难题》论文;德国汉学家利奇出版了《十八世纪中国与欧洲文化的接触》,该书指出:"认识中国文化对于西方文化发展的重要性。"

从历史事实来看,包括朱子学的中国文化对欧洲文化发展的影响是很大的。所以,李约瑟在其《中国科学思想史》中立朱子专章,对朱子自然哲学思想给予了高度的肯定。他说:"在中国的文献中,有关山岳成因的论述,是极为丰富的,其中最有名的是新儒家朱熹。"又说:"最现代化的欧洲的自然科学理论基础应该归功于庄周、周敦颐和朱子等人的,要比世人至今所认识到的更多。"

(张品端)

朱子学在北美

朱子学传播于北美,开始于 18 世纪中叶。欧洲耶稣会士翻译的朱子著作,编写的《耶稣会士书简集》相继传入北美。1733 年,欧洲传教士柏应理的《四书直译》传入美国费城。该书有《大学》、《中庸》、《论语》的译文,程颐、朱子对《四书》、《五经》的注疏。同时,《利玛窦中国札记》也相继传入美国。这些欧洲人著译的朱子学书籍,在美国传播经历了一个相当长的沉寂期。

进入 19 世纪后,美国为了打开中国的门户,美国海外传教工作理事会派遣传教士到中国,开始对中国文化进行研究。这些传教士中涌现了一批"东方学者"、"中国通"。裨治文和卫三畏等人是美国最早朱子著作的西译者。他们将朱子的《小学》、《朱子大全》中关于理气、天地、人物等若干片断译成英文。1842 年,美国成立了第一个研究东方文化的学术机构——美国东方学会,专门开展以中国文化为主体的东方学的研究,编辑出版了《美国东方学会杂志》。

20 世纪中叶,美国以哥伦比亚大学为中心的地区性中国哲学讨论会每月举办一次,其《中国哲学学报》于 1978 年曾出版过朱子学专号。1974 年 6 月,美国学联会在狄培瑞的主持下,举行了国际实学会议,专门讨论了日本朱子学诸派别。1982 年 7 月,美国学术团体和夏威夷大学联合首次在夏威夷举办朱子学国际学术会议。

20 世纪 70 年代后,一批中国学者如陈荣捷、余英时、成中英、杜维明等赴美国,为朱子学的传播和研究做出了努力。这个时期,美籍华人学者和美国本土学者共同以一种研究中国哲学为基础的新儒学运动,出现了极为活跃的态势,美国也逐渐成为西方研究中国哲学的重镇。

狄百瑞是美国著名的宋明理学研究专家,为实践儒家"为己之学"的代表人物之一。他探讨了儒家道统的普世价值和个体传承道统的可能性。他通过对朱子思想的诠释,认为朱子的哲学正是一种无比卓越的自由主义学说。

陈荣捷是美国朱子学和宋明理学研究的先驱,他和学侣狄百瑞开始注意从思想内部阐释朱子学,这成为美国朱子学研究的主流。早在1946年,陈荣捷就提出"新传统",指出中国传统哲学,尤其是程朱新儒家理性主义的新发展。而伽德纳从注释理解朱子典籍入手,开展对朱子学的研究。他在朱子学的义理研究上,自成一系,与陈荣捷的"以朱释朱"进路不尽相同。

余英时的朱子学研究特点,即把朱子思想放在一种综合性的历史背景下加以考察,更关注朱子时代的历史政治背景,为研究朱子思想和道学运动的产生发展过程提供更为广阔的视角。

成中英认为,朱子用"超融"的方式吸收与整合北宋诸子的学说,以建立他的哲学义理系统,开辟了一种超融本体论的思考。成中英在朱子超融思想的启示下,进一步提出了"以知识构架实现儒学的超融创新"的主张。他认为,儒学在经济伦理、社会伦理与文化伦理上的发展,正是21世纪的人类所急迫需要的。

南乐山是美国波士顿大学神学院院长,波士顿新儒学河南(查尔斯河之南)派的重要代表人物,他非常重视对孔子原始儒学和朱子新儒学的研究。白诗朗教授赞赏"中国文化较之其他文化更能够与思想和宗教的多元主义共处"。白诗朗与南乐山通力合作,把波士顿大学神学院建成北美神学界发展儒家学说的道场。

杜维明为美国人文社会科学院院士,他在20世纪80年代初提出儒学应在以朱子为代表的第二期儒学(即宋明理学)的基础上,发展第三期儒学(即现代新儒学)。他致力于现代新儒学的发展、文明中国、文明对话及现代精神的反思,认为建立多元开放的全球伦理,而儒家传统可以为现代精神提供具有儒家特色的人文价值。

田浩教授更关注朱子时代的思想运动,而对朱子所处时代的社会政治环境,如书院教育对形成道学群体的影响,道学成员参与的政治斗争等,也有诸多讨论,只是他并不认为这些社会政治环境是左右道学运动进程和朱子思想的决定性因素。

孟旦的朱子学研究特点,是把对朱子的解读置于人性论、道德心理学等当代哲学问题的大背景下,或者说试图实现朱子思想与当代相关哲学问题的结合。他延续了对儒家人性论的关注,转变了之前的哲学人类学视角,转而将儒家人性论与进化心理学、进化生物学的当代理论相结合,再一次对包括朱子在内的儒家伦理学给出了富有启发性的自然主义的解读。

　　加拿大对朱子学的研究要晚于美国,其主要研究力量是旅居加拿大的华人。加拿大政府推行多元文化政策,采取许多支持政策,如赞助华语教学,出版中文杂志,大学承认华语为第二外语,越来越多的大学开设中文课程等。因而儒学在加拿大,特别是华人社会中有广泛的影响,出现了一些儒家学者。

　　秦家懿是一位从事中西文化比较研究的旅加华人学者,她在《朱熹的宗教思想》中,重构客观朱子学的进路,使得这本书成为英文学界中内容相当丰富的朱子研究参考书。梁燕城于 1993 年在加拿大创办文化更新研究中心,并出任院长和出版《文化中国》学术季刊,兼任主编至今。他认为,中国处于两大文明冲突的旁观者位置。中国须从自身文化的价值中,寻找一条化解冲突之路,以中间身份带来两大文明的对话。

　　1997 年,全球 100 多个宗教领袖聚集在美国芝加哥城,举办盛大的世界大会,大会正式发表了《全球伦理宣言》。在 21 世纪,朱子学在北美,会得到更加广泛深入的传播。

(张品端)

朱子学的世界性意义

朱子学是关于自然、社会和人自身的认识成果的总结,它是中华民族的珍贵文化遗产。作为文化遗产,它是超越时代,超越区域的。从朱子学在海外传播的时空性特征而言,朱子学是近古东亚文明的体现,东方文化的杰出代表,并在西传过程中,对西方文化产生了广泛而深刻的影响。它具有世界性的意义。

朱子学与东亚文明 13世纪初,朱子学开始传入韩国和日本,使朱子学迈进了一个新的发展时代。就韩国而言,高丽和朝鲜时期的学者,以朱子理气论为基础,对情感哲学展开了深入细致的探讨,如"四端七情"论辩,就发展了朱子学中重实践性、人间伦理层面,强调伦理道德修养,改变人的气质,而达圣贤境界。就日本而言,日本朱子学着重继承了朱子"格物穷理"中的合理因素,将穷理精神与经验科学相结合,形成了日本民族讲究实用的民族性和提倡实证科学的良好风气。

朱子学传播到韩国和日本之后,于16世纪后成为包括中国在内的三国共同接受的思想文化,即东亚地区的主流文化,影响极为广泛而深刻。清华大学国学院院长陈来教授说:"朱子学在整个东亚实现了完全的覆盖,成为近世东亚文明共同分享的学术传统,成为东亚文明的共同体现。"

朱子学与东南亚社会价值观 由于东南亚各国的文化、社会结构不同,朱子学所产生的影响亦不相同。

越南与中国同属汉文化圈,具有大致相同的文化结构。它仿效近古中国以朱子学作为正统思想,重视制礼乐,创学校,致力于儒学的普及,社会教化。这对越南民族道德水平的提高和精神文明的进步产生过积极的作用。朱子学在越南传承发展600多年,其影响极为广泛而深刻,成为越南民众的价值体系的核心。

近代,朱子学由华人移民,将其传入新加坡、泰国、马来西亚和印度尼西亚等东南亚国家。华人在海外自强不息、安身立命之本就是儒家文化(主要是朱子学),其精神源泉来自儒家的价值观和道德伦理思想。泰国华人领袖郑午楼博士说:"我们海外华人,在保持中华文化传统中占有重要地位。事实上,儒家思想早已通过历史塑造出华人特有的心态和生活方式。我们身居竞争性工商社会,深知社会价值观念西方化所造成的弊端。如果得到经济现代化,却失去了儒家传统,那将是一个时代的悲剧……"通过华人的倡导,以朱子学为核心的价值观,得到东南亚社会的普遍认同。

在东南亚各国资本主义生产关系普遍发展的前提下,朱子学中的价值观、中庸之道等思想,不仅没有妨碍社会经济的运行,反而演变成一种配合经济增长有利的人文因素。

朱子学与欧洲启蒙思潮　明末清初,欧洲的罗明坚、利玛窦和龙华民等一大批传教士,将朱子的著作译成西文。他们还根据各自对朱子学的理解,写了大量书信文章寄往欧洲,为欧洲人了解朱子学,了解中国文化做出了贡献。

经过传教士近百年的传播,从 17 世纪末开始,欧洲形成了 100 多年的"中国文化热"。孟德斯鸠、伏尔泰和莱布尼茨等启蒙思想家在深入接触和研究朱子学的过程中受到了启蒙,如马勒伯朗士从"偶因论"的哲学观点出发,写下中西比较哲学史上的一篇名作——《一个基督教哲学家和一个中国哲学家的对话——论上帝的存在与本性》。这篇文章展示了朱子学与欧洲启蒙思想之间的互动。朱子学作为一种中国文化,因其有人类共同价值与进步因素,为启蒙运动所借鉴吸收。欧洲启蒙思想家对朱子学的阐释,也为近代欧洲哲学的开创提供了一定的思想资源。

从朱子学在欧洲的传播与影响来看,东西文化的交流是一种互动的过程,是一种全球范围内的交互关系。任何国家和民族要想改造、发展、超越自己的文化传统,就决不能把外来文化拒之门外而采取封闭式的内省方式。没有各国与各民族不同文明之间的互渗、互补,要实现本国传统文化的更新与发展是不可能的。本土文化与外来文明的对立互补性,是人类文明发展的普遍规律。

朱子学与北美新儒家　18 世纪开始,欧洲耶稣会士翻译和撰写的朱子学著作传入北美。如狄百瑞通过对朱子思想的诠释,认为朱子的哲学正是一种无比卓越的自由主义学说,并把宋明理学的自由主义传统因素归纳为诸如"为己之学"、"人本主义"、"理性主义"等。成中英在朱子超融思想的启示下,进一步提出了"以知识构架实现儒学的超融创新"的主张。他认为,儒学是一个持续发展的生命体,从先秦儒学发展到宋明理学再到现代新儒学,下一步的走向就是全球儒学。杜维明致力现代新儒学的发展、文明对话及现代精神的反思,并提出儒学应在以朱子为代表的第二期儒学(即宋明理学)的基础上,发展第三期儒学(即现代新儒学)。20世纪70年代后,一批中国港台地区的学者赴美国攻读博士学位,毕业后留在美国大学任教,他们受到西方文化知识的系统教育和西方哲学思维训练,以较为熟练的西方现代哲学语言来阐明朱子学。这些北美新儒家学者对朱子的研究,表现出与欧洲学者迥然不同的研究特点。其中最突出的是重视对朱子思想的研究,推动现代新儒学的发展。

朱子学作为一门学问,作为一种具有重要参考价值的思想学说体系,不仅是中国的,也是世界的。1999年,联合国教科文组织提出的《21世纪伦理的共同架构》宣言,将朱子的"天人哲学"列入宣言的第一条。随着朱子"天人哲学"的普世价值和孔子学院的全球化,朱子学在21世纪会得到更加广泛深入的传播。

21世纪,国际朱子学研究的特点,是在全球视域下探讨朱子学的时代价值。我们要进一步把朱子的处世哲学和人生修养,普遍地介绍给现代人,有效地提升现代人对自身生命价值的重估,建立起引导人生的价值指向。因此,朱子学的传承发展,对于提高中华文化在世界文明史上的地位,促进东西文化"对话",推动世界性的文化交流与合作,加快中国文化走出去的步伐,都具有现实意义。

(张品端)

朱子门人知多少

朱子从考取进士之后,便接纳从学者,特别是顺应时代的发展要求,创办学校,倡修学校,大力开展教学活动,近五十年诲人不倦,"朱公之徒数千百人"①,培养了大批人才,可谓桃李满天下。

人数统计　陈荣捷先生撰《朱子门人》一书,并以朱子《文集》,黎靖德《朱子语类》,陆九渊《象山全集》,黄榦《勉斋集》,真德秀《真西山文集》,《宋史》,李贤《一统志》,戴铣《朱子实纪》318 人,宋端仪《考亭渊源录》379 人,韩国李滉《宋季元明理学通录》411 人,凌迪知《万姓统谱》,朱彝尊《经义考》139 人,张伯行《道南源委》,万斯同《儒林宗派》433 人,黄宗羲《宋元学案》224 人,王梓才、冯云濠《宋元学案补遗》增 298 人,朱玉《朱子文集大全类编》442 人、王懋竑《朱子年谱》及日本田中谦二《朱门弟子师事年考》予以逐一考证,从 629 人中排除了只是讲友或直接与朱子学术无关者 142 人,如误收者如讲友 69 人,非弟子非讲友 72 人,重误 14 人,总计朱子门人知名者 488 人,及门弟子 467 人,未及门而私淑者 21 人。② 笔者结合其他学者研究,进一步排除错误、合并名字分立,以及考明和增补遗漏者,实得 483 人。

地域分布　朱子登第入仕,任职计有泉州同安 4 年,江东南康 2 年,浙东 1 年,漳州 1 年,湖南长沙 4 个月,在朝中 46 日,有两次归故里婺源,和短期外出访友,其余都在交通不发达的武夷山下居住。朱子足迹遍及闽浙赣皖湘,从游者、从学者甚多,"所至必有学者来归",而慕名投书问学者不在少数,曾师从张栻、吕祖谦、陆九渊等人的学者,也转而来问学或深造。问学或从游情况,见朱熹、张栻、吕祖谦、陆九渊、黄榦等人著作中,而史传、墓志与各地方志记其曾从学于朱子者不在少数。故而见载于福建、浙江、江西、安徽、湖南、江苏、四川、广东等通志、府志、县志的朱子门人之人数也多。在《朱子门人》一

---

① 陆游:《渭南文集》卷三六,《方伯谟墓志铭》。
② 陈荣捷:《朱子门人》。

书基础上,笔者考增"谢教"为潮州人谢时,则福建 164 人,浙江 80 人,江西 79 人,湖南和安徽各 15 人,江苏和四川各 7 人,湖北与广东各 5 人,河南与山西各 1 人,里居可知者共 379 人,可谓遍布南宋之全国。

从学概况　南宋时期,地处东南海隅的福建不是政治中心,也不是文化重地,交通也不便利,而武夷山下由于朱子潜心学问、继承儒家道统并发扬光大,被张栻推为"当今道在武夷"①,享誉海内外。有数以百计的学子负笈而来问学,有独自而来,有兄弟同来,有同门师友同来,有父子同来,有叔侄同来,有祖孙三代相续而来,还有师率徒十数人同来,"抠衣而来,远自川蜀"②。来则留住时间或长或短,有居数月以至数年者,问学内容有《小学》、《近思录》、《四书》和《五经》以及其他重要典籍,或当面就正所学,或远程致函请益。

文化特质　尊师重道,敬肃循礼。蔡元定承父教,精研程、邵、张三氏之学说,弱冠便能深含义理象数之学理,特地登门拜朱子为师,侍候四十余年。舒璘与弟舒琪一起于淳熙八年(1181 年)底自四明到绍兴会稽抠衣晋谒浙东提举朱子。陈俊卿子孙淳熙十年(1183 年)冬"抠衣执弟子礼问学"于朱子。窦从周年过五十,听游九言说朱子于武夷精舍讲学之盛,向往之,将家事交给妻子料理,裹粮离丹阳赴闽,于淳熙十三年(1186 年)四月五日从学于朱子,其弟窦从澄也负笈以随。李燔绍熙元年(1190 年)登第,授岳州教授,未上,次年五月不远千里入闽,见朱子于建阳考亭沧洲精舍,受学之,晦翁告以曾子弘毅之语。曾兴宗年十六七时,已厌科举之习,一意于圣贤为己之学,绍熙间不远千里到考亭问学。蔡元定被流放道州还在传播理学,而黄榦在恩师去世后,主动谨慎维持领袖师门。

薪火相传　朱子学人,学术求真,守成羽翼。有的朱子门人学术造诣较高,不仅参与朱子领衔的著书活动,还热衷于著书立说。蔡元定有《律吕新书》,蔡沈有《书集传》,黄榦与杨复擅长《礼》学,张洽擅长《春秋》学,辅广擅长《诗》学,陈淳则撰《北溪字义》,再传弟子真德秀撰《大学衍义》等等。这些著述多具有鲜明的理学特色,多是对《四书》、《五经》的注疏,学习理学的心得体会,师生朋友的往来书信以及各类诗文、史学著作等,与朱子本人的著述一起构成了朱子学派的基本文献资料。朱子门人,可以说是社会精英,不少人进

---

① 脱脱等:《宋史》卷三九五,《王阮传》。
② 黄榦:《勉斋集》卷三六,《朱子行状》。

入地方政府或中央机构,从事行政事务管理。在讲学教育方面,朱子门人当中至少有 25 人担任过各地州县学教授乃至太学博士等职,还有其他一些门人为官时曾主管和整顿官学教育,仿照朱子建立书院招生讲学。教育制度则以朱子《白鹿洞书院揭示》为宗,教材则是《近思录》、《四书集注》、《通鉴纲目》等。

总之,朱子学系之能在元明清大树旗帜者,支配我国思想 700 多年,而操纵韩国、日本思潮亦数百载,其中重要的原因,也是得益于朱子门人群体的薪火相传。如林用中、蔡元定、蔡渊、廖德明、李方子、黄灏等大批门人还帮助朱子刊印图书。因为他们在民间大力传播朱子义理学,扩大了朱子学在当时教育领域的影响,刘爚上殿奏乞开伪学禁,以正士学本源,并请刊行朱子的《四书集注》,作为官学教材,并将朱子手订的《白鹿洞书院揭示》颁示国子监和太学,从而为朱子的学问由民间走向官学铺平了道路。

（陈国代）

朱子家世的渊源

朱氏婺源始祖　朱子先世居歙州歙县长春乡呈坎,相传是朱介从吴郡迁移而来,家庙秋祭率用鱼鳖,但世数不可考。有明确记载的是,到了晚唐天祐中,庐州合肥人陶雅为歙州刺史①,有威望,刚攻打下婺源城,便命偏将朱瓌带兵三千镇守,邑屋赖以安。

朱瓌,又名古僚,字舜臣,五代十国时被主政歙州的陶雅委任为制置茶院使,负责贡茶生产,并"主婺川输赋"。卒葬连同,子孙定居于婺源。朱瓌遂成为婺源吴郡朱氏之始祖,族人尊为茶院府君。朱瓌生三子:廷杰、廷滔、廷隽,都建功立业,使这支朱姓宗族逐渐兴旺起来,成为当地的大姓望族。朱廷隽生昭元,朱昭元生惟则、惟甫,朱惟甫生迪、郢、振,朱振生中立、绚、发、举,朱绚生虬、蟠、耆、森。

朱森,字良材,号退林,生于北宋熙宁八年(1075年)正月,少务学,科举不第,遂不复事进取,娶歙县程氏五娘,生子松、柽、槔,女二。朱森在家乡开办私塾教授学子,每举先训戒饬诸子,谆谆以忠孝和友为本,且曰:"吾家业儒,积德五世矣,后必有显者。当勉励谨饬,以无坠先世之业。"②南唐以来,"家婺源者资产甚富",族人逐步重视文教,而北宋重文抑武的国策影响特别大。朱森随子朱松入闽不久的宣和二年(1120年)五月初十日,卒于政和官舍。淳熙十年(1183年),朱子整理族谱时说:"先吏部(朱松)于茶院为八世孙,宣和中始官建之政和,而葬承事府君于其邑,遂为建人。"③也就是朱家有新安人和建州人。

朱氏建州始祖　朱松,字乔年,号韦斋,生于北宋绍圣四年(1097年),为朱瓌八世孙。朱松于政和四年(1114年)由郡庠贡京师太学,登宋徽宗政和八

---

① 吴任臣:《十国春秋》。
② 朱松:《韦斋集》卷一二,《先君行状》。
③ 重修《新安月潭朱氏族谱》卷首,《婺源茶院朱氏谱序》。

年(1118年)进士第,授迪功郎、建州政和县尉,率父母弟妹八人入闽为官。宣和元年(1119年)十月尉政和县,次年五月初十日丁忧。宣和五年(1123年)守制服除,官南剑州尤溪县尉。绍兴二年(1132年)为泉州石井镇监税。绍兴四年(1134年)除秘书省正字。不久,因母程五娘卒,丁内忧归尤溪,再扶枢往政和安葬。绍兴七年(1137年)八月改宣教郎,除任秘书省正字,后由著作佐郎直升吏部员外郎,参修《神宗正史》、《哲徽两朝实录》。绍兴八年(1138年)与同馆职官六人联名上书反对秦桧卖国和议政策。绍兴十年(1140年)三月出知饶州,不赴,家居请祠,主管台州崇道观。在建州城南筑环溪精舍以居和讲学。绍兴十三年(1143年)三月二十四日病卒,葬崇安县五夫里之西塔山。乾道六年(1170年)七月初五日迁葬于白水村鹅子峰下,庆元五年(1199年)底再迁至崇安武夷乡上梅里寂历山中。朱松娶祝五娘,生子熹。

朱松登仕后二十多年漂泊不定,作为官员,按宋朝户籍管理制度规定,户口应当随迁,归福建路建州管辖,故为朱氏建州始祖。而随朱松入闽者,还有其胞弟朱柽和朱槔。朱柽,字大年,中武举,为承信郎,葬政和县延福寺后将溪。娶吴氏,继丁氏,生子熏。朱槔,字逢年,负轶才,不肯俯仰于世,为建州贡元,其后不详。

朱氏闽地繁衍 朱熹,字元晦,号晦庵,南宋建炎四年(1130年)九月十五日,降生于南剑州尤溪溪南郑氏义馆。朱子自幼接受庭训,十四岁受学于武夷三先生,十九岁登第,赐同进士出身。历仕同安主簿、知南康军、浙东提举、知漳州、知潭州兼荆湖南路安抚使,累官至朝奉大夫、华文阁待制,卒于宋宁宗庆元六年(1200年)三月初九日,享年七十一岁。与妻合葬于建阳唐石里大林谷。朱子娶刘清四,生三子朱塾、朱埜、朱在及五女。

朱塾,字受之,绍兴二十三年(1153年)七月生,受学于朱子、陈焞、欧阳光祖、蔡元定、林择之、吕祖谦、陈亮、潘景宪等人。淳熙六年(1179年),娶金华潘景宪之女为妻,生朱镇、朱鉴,生女朱归、昭、接、满,镇、满皆早卒。朱塾卒于绍熙二年(1191年)正月,葬在建阳县崇泰里大同山天湖之畔。其妻潘氏,寿至九十六岁。

朱埜,字文之,绍兴二十四年(1154年)七月生。其应试不中,以荫奏补将仕郎,淳熙末年到湖州德清县为官,勤政清廉。庆元五年(1199年),得迁为户部激赏酒库。嘉定三年(1210年)卒,赠朝奉郎。葬建阳崇泰里大同山龙隐庵侧。娶崇安五夫刘复之女,生有钜、铨、铎、铚。

朱在,字敬之,乾道五年(1169年)正月初一日生。绍熙五年(1194年)闰十月初八日,补承务郎。庆元五年(1199年)被任命为泉州石井镇监官,次年三月方调官中都。嘉定初为籍田令,后累官大理寺丞,嘉定九年(1216年)知南康军,重修白鹿洞书院。历浙西常平使右曹郎官兼知嘉兴府,召为司农少卿、吏部侍郎、宝谟阁待制,知平江府迁焕章阁待制。后奉祠,嘉熙三年(1239年)卒,葬建安永安寺后黄华山之麓,赠银青光禄大夫。娶吕祖谦之小妹为妻,续娶黄岩赵氏、古杭方氏,仅方氏生四子铉、钦、镈、铅。

朱鉴,字子明,号环溪,朱塾之子,生于金华,未满岁便失怙,随母迁归考亭。由祖父、叔父扶持教养,及冠,以祖荫补迪功郎,官知巢县、漳州、无为军,监进奏院,知兴国军、淮西转运使、湖南总领,后官至大中大夫。宋理宗宝庆三年(1227年),在三叔父的扶持下,作为长房长孙迁居建安之紫霞洲,建朱子祠于所居之左,主奉春秋之祀。娶温州周西麓侍郎之女为妻,继娶吴氏,生二子浚、川。卒后与周氏吴氏合葬于南剑州剑浦县汾常里焙口八仙山。撰《诗传遗说》,辑《朱文公易说》,刊刻《易学启蒙》、《周易本义》,对朱子学说思想的继承与传播做出了贡献。

除长房嫡孙在建州(今建瓯)紫霞洲奉守朱子祠外,也有朱氏子孙迁播到建阳、邵武、政和、延平等县,并逐步外扩到更远的地方,甚至海外。

(陈国代)

朱子学何时成为官方哲学

朱子去世后,其学说被统治者认为有"补于治道",受到推崇。

南宋嘉定二年(1209年)十二月,宁宗皇帝诏谥曰"文"。宝庆三年(1227年)一月,理宗诏曰:"朕观朱熹注《大学》、《论语》、《中庸》、《孟子》,发挥圣贤蕴奥,有裨治道。朕励志讲学,缅怀典型,可特赠熹太师,追封信国公。"①这是一道追谥朱熹为太师,追封信国公的诏文。同年二月,理宗又当面对朱子的三子朱在说:"先卿(朱熹)中庸序言之甚详,朕读之不释手,恨不与同时也"②,亦表达他对朱子的褒奖之意。

淳祐元年(1241年)正月,理宗皇帝又诏曰:"朕惟孔子之道,自孟轲后不得其传,至我朝周敦颐、张载、程颢、程颐,真见实践,深探圣域,千载绝学,始有指归。中兴以来,又得朱熹精思明辨,表里浑融,使《大学》、《论语》、《孟子》、《中庸》之书,本末洞彻,孔子之道,益以大明于世。朕每观五臣论著,启沃良多。今视学有日,其令学官列诸从祀,以示崇奖之意。"③在这里,理宗由孔孟说到朱子的统绪,并将朱子从祀文庙,以示朝廷崇朱子学之意。此后,朱子受到人们的顶礼崇拜。

嘉定五年(1212年),"国子司业刘爚以朱熹论语孟子集注立于学,从之"④,"又请以(朱熹)白鹿洞规颁示太学,取四书集注刊行之"⑤。

可见,朱子学在南宋末年,随着政治上党禁的解除而得到开放,受到尊重。这种尊重,表现在追谥加封,从祀文庙等。这为朱子学在元代成为官学奠定了基础。

到了元代,朱子学被统治者列为官学,这是理学史上的一大转折。这个

---

① 《宋史·理宗本纪》。
② 《宋史·理宗本纪》。
③ 《宋史·理宗本纪》。
④ 毕沅:《续资治通鉴》卷一五九。
⑤ 脱脱等:《宋史》卷四〇一,《刘爚传》。

转折是有其社会政治经济原因的,"发迹漠北"的蒙古人,在他们消灭金国和南宋的过程中,为适应中原地区已经充分发展的社会,不得不接受"汉法",包括吸取中原以儒学为主的汉族思想文化。成吉思汗、窝阔台在南征金国和南宋时,已先后收罗像耶律楚材、许衡、赵复等一批通经能文之士。如赵复本身就是一个私淑朱子的南宋末理学家。他在燕都太极书院,其讲授的内容,主要为孟子至朱子的道统传系与典籍,朱子及其门弟子的学传等。赵复在北方首次有系统地传播程朱理学,是得到蒙古统治者支持的。

延祐二年(1315 年)十月,元仁宗下诏中书省与翰林院"一同商量"科试制度。事后由中书省条陈,请主以明经试士,汰去汉唐专尚词赋取士之法,其"明经内四书五经,以程子朱晦庵注释为主"①。不久,这道条陈即获元仁宗皇帝批准。科试对四书五经的解释,四书用朱子集注,五经用程朱和朱子生前所首肯的传注。

延祐科试程式是本于朱子的《贡举私议》,就是当时人韩性所说的"今之贡举,悉本朱子《私议》"②。显然,朱子理学成为元代科举考试的程式,不同于南宋末年那样,对朱子学仅是尊重,而是成为官学。从此以后,元代试士标准,"非程朱之学,不试于有司"③。因为试士以朱子学为标准,自然要影响读书人的趋向。所以从乡学到太学,"咸尊以为师者,唯朱文公"④。不过,这里要指出的是,元代是一个具有特殊性的王朝,其思想文化界,除了理学外,还有佛教、道教,它们在元代如同理学一样,也具有官方地位,从中央到地方行省,也有它们相应的官方机构。像忽必烈这样的可汗皇帝,既是"儒教大宗师",又是佛教、道教的"大宗师",是三教最高的"宗师"统帅。

朱子学在元代被列为官学,为在明代成为统治思想准备了条件。当然这种情况,从另一角度来说,朱子学在明代成为官方哲学,也是朱子学从宋元发展到明代的结果。

明朝建立,与元蒙氏族进入中原以后建立的元朝不同。明朝是以汉族为基础的一个王朝,它在政治上的统一,与经济上的发展,超过了宋元两代,是

---

① 《通制条格》卷五,《科试》。
② 《元史》卷一九〇,《韩性传》。
③ 《圭斋集》卷五,《赵鼎祠堂记》。
④ 袁桷:《清容集》卷一八,《鄞山书院记》。

一个强大的国家。明朝君主专制主义的加强,自然要求一种与之相适应的思想和理论,作为它的思想统治。朱子学正是适应了这一要求。

明洪武初年,朱元璋采用刘基建议,依袭元代以朱子学为标准的延祐科试程式。此即清代四库馆臣说的"明初定科举之制,大略承元旧制,宗法程朱"①。从法典的意义上看,明朝正式废弃了唐代钦定的《五经正义》,以义理之学代替了汉唐经训。"永乐间颁四书五经大全,废(汉唐)注疏不用"②,"明《大全》出,而(汉唐)经说亡"③。

在朱元璋之后,明成祖朱棣以钦定《四书大全》、《五经大全》、《性理大全》三部理学大全的形式,正式接受朱子学为明朝的统治思想。永乐十三年(1415年)十月,成祖下诏说:这三部大全,不仅用于科试和学校,而且要"行之于家,用之于国",表明朱明王朝治国平天下,是"有赖于斯"。

从上述可见,在宋元明三代,朱子学从它的思想形成,到它最终成为统治思想,这个过程是在宋末,朱子受到尊崇,而元代是用来治学,明代是以朱子学治国,朱子学成为国家指导思想的官方哲学。从明初到清末,朱子学一直是官方的正宗思想。

(杜文霞)

---

① 《四库全书总目提要》经部,《春秋类二》。
② 《明史·选举志》。
③ 顾炎武:《日知录》卷一八。

朱子对中国文化有何贡献

朱子是理学家、思想家、教育家与文献家,以著书立说、修己治人为己任,"以其博大精深的学术思想,奠定了他在中国文化史、思想史上不可动摇的地位,并成为中国社会占统治地位思想达七百余年之久,是中华民族人文精神与社会传统最主导也是最强的精神力量"[①]。

朱子集理学之大成　理学诞生于北宋,代表人物为周敦颐、邵雍、张载、程颢和程颐。朱子编《程氏遗书》、《上蔡语录》、《张载集》、《近思录》,作《太极图说解》、《西铭解》和《通书解》,从诸儒思想理论中提炼出"理"的哲学概念,建构了理学体系中哲学基本理论框架,形成以"理"范畴为核心的庞大哲学体系,将北宋以来的新思想、新学说发展成为一个崭新的理学体系。朱子深入探讨并回答关于自然、人类、社会秩序的重大问题,建构完整的理学思想体系,使儒学进入更高层次,标志着儒家思想的成熟,赢得话语权。清康熙帝称朱夫子"集大成而绪千百年绝传之学,开愚蒙而立亿万世一定之规",显然肯定了朱子理学思想对中国文化有巨大贡献。

重建儒家经典体系　朱子研究儒家经典,研究触角涉及儒家经典的所有领域,"考订讹谬,探索深微,总裁大典,勒成一家之言。仰包粹古之载籍,下采近世之文献,集其大成,以定万世之法。然后斯道大明,如日中天,有目者皆可睹也。夫子之经,得先生而正;夫子之道,得先生而明。起斯文于将坠,觉来裔于无穷,虽与天壤俱弊可也。"[②]朱子对《五经》作诠释,有《周易本义》、《易学启蒙》、《诗集传》、《仪礼经传通解》等,又为《大学》、《中庸》作章句,为《论语》、《孟子》作集注,推出《四书章句集注》,完成诸多理学著作,奠定了儒学振兴的基础。朱子通过讲学,形成《四书》与《五经》并重的经典格局。国子司业刘爚于嘉定五年(1212 年)要求将《论语集注》和《孟子集注》二书立于太

---

① 朱杰人:《朱子全书·前言》。
② 王懋竑:《朱熹年谱》卷四。

学,得到朝廷批准,从此成为官定的教科书。其后,朱子许多著作,被列为科举考试的官方教材,以至于在官学里出现非朱子之说不言、非朱子之书不读的局面。

复兴孔孟之道以补治道　朱子诠释的儒家经典,揭示孔孟之道,有助于修身齐家治国平天下。宝庆三年(1227 年)正月己巳,宋理宗诏:"朕观朱熹集注《大学》、《论语》、《孟子》、《中庸》,发挥圣贤蕴奥,有补治道。"①淳祐元年(1241 年)正月甲辰,理宗下诏:"朕惟孔子之道,自孟轲后不得其传,至我朝周敦颐、张载、程颢、程颐,真见实践,深探圣域,千载绝学,始有指归。中兴以来,又得朱熹精思明辨,表里浑融,使《大学》、《论》、《孟》、《中庸》之书,本末洞彻,孔子之道,益以大明于世。"②宋理宗推崇朱子理学思想,"极高明而道中庸,多闻见而守卓约。凡六籍悉为之论述,于《四书》尤致于精详。纷然众说之殊,折以圣人之正。朕自亲学问,灼见渊源,常三复于遗编,知有补于治道"。③

承继重塑儒家道统　"道之正统,待人而后传。自周以来,任传道之责、得统之正者,不过数人,而能使斯道章章较著者,一二人而止耳。由孔子而后,曾子、子思继其微,至孟子而始著。由孟子而后,周、程、张子继其绝,至先生而始著。盖千有余年之间,孔孟之徒所以推明是道者,既以煨烬残阙、离析穿凿,而微言几绝矣。周、程、张子崛起于斯文湮塞之余、人心蠹坏之后,扶持植立,厥功伟然。未及百年,蹉驳尤甚。先生出,而自周以来圣贤相传之道一旦豁然,如大明中天,昭晰呈露。"④朱子于南宋入祀孔庙,于清代由两庑擢升于大成殿十二哲之序,就是反映其成就与贡献超越汉唐北宋诸儒,占有道统正传之地位。

完备的教育思想体系　朱子登第入仕五十年,终身热心教育,建学兴教,制订学规,编写教材,聚徒讲学,讲学不辍,诲人不倦,以德教化,变化气质,形成完备的教育思想体系。朱子在闽浙赣湘为地方官九年,从政期间,"所至兴学校,明教化,四方学者毕至"⑤。即使跧伏武夷山下,各地学者也负笈而来求

---

① 脱脱等:《宋史》卷四一。
② 脱脱等:《宋史》卷四二。
③ 戴铣:《朱子实纪》卷九,明正德八年鲍雄刻本。
④ 黄榦:《勉斋集》卷三六,《朱先生行状》。
⑤ 脱脱等:《宋史》卷四二九,《朱熹传》。

学,因而培养了大批有道德、有作为的人才。朱子既有理论建树,又有教育实践,明人伦,重教化,集古代教育思想之大成,对教育的影响之大,在孔子之后,无人堪与伦比。

形成影响世界的朱子学 朱子祖述二程之学,对接孔孟学说,吸收濂洛关学之思想精华,探究范畴扩大,推究工夫细致,学术广度和理论深度超过前人与时人,实乃"致广大,极精微,综罗百代"而集理学之大成,故而形成丰富的思想宝库。其学术思想,一般称为朱子学,西方学术界称其学说为"后孔子主义学说",且将其学术思想作为研究的焦点。而朱子学经由不同时代的学人不断诠释、丰富与传播,渗透到社会各个层面,不仅持续影响中华文化达数百年,而且至今还影响着东亚文明,对个人道德修养、构建和谐社会、推动人类进步,都具有积极的现实意义。

(陈国代)

后　记

　　由于朱子学博大精深，涉及思想、政治、经济、文化、教育等各个领域，有必要围绕各界关注的朱子学核心问题，编写一本简明易懂的读本，为广大读者服务。基于朱子学"有补于治道"的认识，由武夷学院朱子学研究中心牵头，组织校内外朱子学研究领域的专家学者，围绕"朱子百题"，先撷取朱子著述之精华，选出题目，并征求专家李存山、朱杰人、黎昕、蔡方鹿、杨儒宾、张品端、徐公喜、解光宇、朱人求、陈昭瑛、张崑将、冯会明等人意见后，再分工编写。

　　参与本书编纂工作的单位有武夷学院朱子学研究中心、厦门大学国学院、上饶师范学院朱子所、武夷山朱熹研究中心，参与编写的专家学者有张品端、朱人求、冯会明、吴吉民、陈国代、王志阳、袁鑫怂、黄柏翰、兰宗荣、马宾、郭文、周接兵、梁从峨、苏敏、任新民、郭翠丽、胡荣明、王凯立、吴剑美、罗小平、杜文霞、张芸等人。每个人承担任务，或多或少，各呈专业所长，完成编写任务，最后由陈国代统稿，肖铮审定，交由厦门大学出版社出版。

　　武夷山是朱子学的发祥地，也是朱子学对外交流的窗口。武夷学院作为新时代的朱子学传承人，对朱子研究与朱子学传播，负有义不容辞的责任。而传朱子理学，作武夷文章，已经成为学校特色发展的主基调。由于现代社会多元化，教育多学科化，人们对通识教育反而有了更多需求，特别是对朱子的了解也就成为普遍需要。编写与出版《朱子百题》一书，是朱子学研究领域集体劳动的成果。每位参与者，都付出了辛勤劳动的汗水。编委会在此一并对各位专家学者表示衷心的感谢。

编　者

2018 年 9 月 18 日